股权激励下
管理层机会主义行为研究

——基于中国上市公司股利政策的视角

郭丹　著

图书在版编目(CIP)数据

股权激励下管理层机会主义行为研究:基于中国上市公司股利政策的视角/郭丹著.—武汉:武汉大学出版社,2020.12(2022.4 重印)
ISBN 978-7-307-21667-9

Ⅰ.股… Ⅱ.郭… Ⅲ.上市公司—管理人员—股权激励—研究—中国 Ⅳ.F279.246

中国版本图书馆 CIP 数据核字(2020)第 128421 号

责任编辑:林 莉 沈继侠 责任校对:汪欣怡 版式设计:马 佳

出版发行:**武汉大学出版社** (430072 武昌 珞珈山)
(电子邮箱:cbs22@ whu.edu.cn 网址:www.wdp. com.cn)
印刷:武汉邮科印务有限公司
开本:720×1000 1/16 印张:14.75 字数:265 千字 插页:1
版次:2020 年 12 月第 1 版 2022 年 4 月第 2 次印刷
ISBN 978-7-307-21667-9 定价:49.00 元

前　　言

股权激励有效性是公司治理领域的核心议题。股权激励计划被视为缓解委托代理问题的创举，在西方发达国家和地区中受到重视和推广，并取得了良好成效。然而在实践中也逐渐暴露出管理层最大化股权激励收益的机会主义行为，使股权激励计划效力遭到质疑。我国上市公司股权激励实践自 2005 年 12 月 31 日《上市公司股权激励管理办法（试行）》公布之后才逐步兴起，实施过程中，一直存在股权激励计划是最大化股东价值的有效工具，还是管理层“自我奖励”的争议。2016 年以来，国务院多次强调要落实、研究和完善股权激励机制。目前，我国股权激励制度建设和上市公司实践处在非常关键的阶段，迫切需要对股权激励中的潜在道德风险和长期激励效应进行理论分析和实证检验，重新审视股权激励契约设计、公司治理机制、资本市场效率和制度环境的完善程度及合理性。

股权激励下管理层机会主义行为表现多样，其中，股权激励下管理层如何影响公司决策实现自利成为国内外研究的热点。本书选取我国监管部门和投资者十分关注的股利政策视角，深入考察股权激励下管理层机会主义行为。迄今为止，国内少量文献考察了上市公司股权激励背景下管理层对股利分配水平的影响，但都基于未行权数据的分析，观察期短使结论一般性不足且尚存以下重要问题有待检验：股权激励计划本身，如股权激励工具、授予对象和数量等关键契约要素对管理层的机会主义行为有何影响？股权激励管理层除了影响股利分配水平外，是否会影响股利分配决策的其他方面？管理层的机会主义行为给管理层带来多大的利益，对公司又造成怎样的影响？对这些问题的研究能丰富股权激励下管理层决策行为文献，有助于揭示现行股权激励计划契约设计和实施中存在的问题，为发挥股权激励制度的长期激励效应提供思路。

基于此，本书选取有完整周期的股权激励样本（授予—分批行权—行权结束），立足于上市公司股权激励计划关键契约要素，考察管理层在股利分配整体决策中的机会主义行为和经济后果。具体而言，本书首先检验股权激励下管理层是否会影响股利分配水平，应用 PSM 模型缓解前期文献尚未考虑的样本选择问题，并探讨关键性契约要素、管理层机会主义动机和实现能力对股利分配水平的影响程度；其次检验股权激励下管理层在股利分配方式偏好中的机会主义行为，分析不同股利分配方式是否存在股价效应差异，进而探明管理层是否利用股价效应差异对股利分配方式有偏好地选择；再次，检验股权激励管理层的机会主义行为和公司股利平滑决策的逻辑关系，应用自由非参数方法构建股利平滑指标，建立多时点的DID模型甄别管理层在股利平滑中的机会主义行为。最后本书对管理层从行权环节中获得的激励收益进行测算，通过计量模型和案例分析检验管理层机会主义行为对公司业绩的影响。

本书的主要结论主要包括以下几点。

第一，管理层在股权激励计划关键契约要素设计中存在机会主义行为，使股权激励契约具有不完备性，从而为管理层在股利决策环节放大股权激励收益提供条件。本书发现行权业绩指标维度与管理层机会主义行为并非线性负相关关系。初始行权价格设定中的管理层自利程度与股权激励工具有关，限制性股票中的管理层机会主义行为远高于股票期权。国有上市公司股权激励契约设计中管理层自利程度更低。股权激励契约设计中的管理层自利程度与管理层权力成正比。

第二，在我国股权激励工具进行股利保护的背景下，管理层通过提高股利分配水平来降低行权或授予价格，放大股权激励收益的上涨空间。限制性股票激励管理层享有分红收益权，使得股票期权和限制性股票两种股权激励工具对股利分配水平的影响存在差异性。股权激励计划授予对象中所含董事长和总经理比例越高，管理层授予数量越多，则管理层机会主义动机越大，相应的股利分配水平越高。以管理层权力衡量的管理层机会主义行为实现能力越强，股权激励上市公司股利分配水平越高。

第三，在我国资本市场缺乏效率的环境下，股权激励上市公司管理层迎合了投资者对股票股利的非理性偏好，优先选择股票股利分配方式，创造了获得股权激励工具溢价的机会。相比于股票期权，限制性股票激励管理层有着更高的股票股利和现金股利偏好程度。股权激励契约设计越向管理层倾斜，则管理层机会主义动机越大，则选择股票股利方式的概率越大。管理层机会主义行为实现能力越强，选择股票股利方式的可能性越高。

第四，股利平滑（修匀股利变动，使其滞后于盈余变化）具有刺激股票价格的效应，相较于非股权激励上市公司，股权激励上市公司实施股权激励计划后，其股利平滑程度显著增强，股权激励管理层通过股利平滑来维持甚至放大股权激励收益。管理层机会主义动机与股利平滑程度成正比。股权激励计划的实施对国有上市公司股利平滑行为的影响不显著，但非国有上市公司实施股权激励计划后其股利平滑程度显著上升。

第五，股权激励下管理层机会主义行为带来负面经济效应。一方面，股权激励计划给管理层带来颇为可观的财富，以管理层报告期薪酬为参照，我国上市公司管理层获得了超额的股权激励薪酬。另一方面，管理层激励收益实现后，公司业绩显著下滑。公司有通过股权激励计划向管理层进行利益输送的嫌疑，公司股权激励计划的激励效应并不能长期持续，反而成为管理层借机操纵、侵占股东利益的工具。

本书试图在以下三个方面有所贡献。

其一，将国内现有文献对股权激励管理层机会主义行为“存在性”检验，扩展到管理层机会主义“动机—行为—后果”的全方位研究，丰富管理层权力理论在中国的应用。进一步，本书从行权环节检验管理层股权激励对公司业绩的动态影响，这为全面评估股权激励的长期效应提供了新的研究视角。

其二，将现有相关研究由公司股利分配的局部环节延伸至其股利决策整个过程。在前期文献集中考察股权激励影响股利分配水平的基础上，本书提供了股权激励管理层通过股利分配方式偏好、股利平滑实现自利的实证证据，使管理层股权激励对股利政策的影响研究更加系统。

其三，本书的研究发现为我国上市公司和监管部门制定相应政策提供了经验支持和政策借鉴。上市公司对管理层进行股权激励时，需重点从行权业绩指标、股权激励工具选择、授予对象等关键契约要素优化股权激励计划，对可能发生的机会主义行为进行约束；监管部门应加大对管理层股权激励薪酬披露力度和范围，同时应引导股权激励上市公司的理性股利分配。

郭　丹

2020 年 6 月

目　　录

导 论

一、研究背景和意义

（一）研究背景

现代公司制下，所有权和经营权两权分离形成股东与管理层之间的委托代理关系。管理层股权激励计划通过股价将股东和管理层的利益联结在一起，吸引、留住并激励管理层谋求股东价值最大化，是缓解委托代理问题的有效手段（Jenson 和 Meckling，1976）。在此理论逻辑下，股权激励计划在美国上市公司中得到广泛应用和发展，尤其是 1990—2000 年，美国上市公司股权激励计划授予从 50%增长到 79%，股权激励薪酬占总薪酬的比重从 21%提高到 42%（Frydman 和 Saks，2010）。同样，股权激励计划在其他国家和地区受到了普遍重视与推广。

然而 21 世纪以来，股权激励计划在实践中逐渐暴露出弊端和漏洞①，实证研究发现股权激励计划原设的激励功能被弱化，成为管理层“抽租”并损害公司价值的工具（Bebchuk 等，2002；Bebchuk 和 Fried，2004）。管理层放大股权激励收益的机会主义行为被证实不仅在股权相对分散的美国上市公司中存在，在股权相对集中的欧盟地区也有所呈现（Barontini 和 Bozzi，2009；Melis 等，2012）。股权激励计划效力遭到质疑，政府、学术界、企业反思和审视股权激励契约设计完善程度和合理性。

我国自 20 世纪 80 年代以来，对国企管理层激励进行了一系列探索和改

---

① 2000 年后，美国大型上市公司，如安然、世通等管理层通过会计造假、利用政策漏洞等手段获取巨额股权激励收益。2005 年，Erik Lie 找到上市公司管理层将股权激励计划授予日“倒签”（Back-dating）至股价较低之时的证据。2007 年次贷危机下，尽管美国金融机构岌岌可危，甚至出现大面积“倒闭潮”，但管理层薪酬只涨不跌，美国 AIG 集团甚至用政府救助金给管理层发放奖金。

革，如“放权让利”“承包责任制”“员工持股计划”“管理层收购”等，但关于上市公司股权激励的法规直到 2005 年末才出现。2005 年 12 月 31 日《上市公司股权激励管理办法（试行）》正式出台，之后相关配套措施不断细化，有力地推动了上市公司股权激励实践。然而，在法律制度不完善、信息披露不充分、公司治理存在缺陷、股权激励契约不完备的环境下，在中国实践时间并不长的股权激励有效性仍有待考证，刚刚起步的我国股权激励制度研究也极容易引发争论。2016 年以来，国务院总理在常务会议、国家科学技术奖励大会上多次强调股权激励制度的重要性，指出要加大完善研究落实股权激励政策的力度。

显然，当前中国上市公司股权激励计划实践和制度建设处在非常关键的阶段，迫切需要对股权激励实践中存在的潜在风险进行理论分析和实证检验，重新审视股权激励制度安排和契约设计，以实现股权激励计划的预期激励效应。

（二）研究意义

自 20 世纪 50 年代以来，股权激励制度被视为能促进管理者实现股东价值最大化的创举，被美国众多公司所采用，并迅速在其他发达国家和发展中国家公司中广为流行。股权激励“实践热”吸引国内外学者对其激励作用展开研究，然而结论并不一致，并形成两种截然不同的假说：有效契约论和管理层权力论。有效契约论强调股权激励的正面功能，即股权激励计划直接将管理者的薪酬和公司业绩表现联系在一起，缓解委托代理问题，提高公司业绩（Jenson 和 Meckling，1976；Jensen 和 Murphy，1990；Hall 和 Leibman，1998）。而管理层权力论认为股权激励存在反面影响，表现为管理层利用信息优势、自身的权力来实现自身股权激励薪酬的最大化（Bebchuk 等，2005；Morse 等，2011），学界称其为股权激励管理层“机会主义行为”。

对美国股权激励计划实践效果的理论支持以美国财务欺诈丑闻事件为分水岭，即 2000 年前“有效契约论”占主导地位，“管理层权力论”后来居上，更多强调管理层机会主义行为在股权激励效应中所扮演的负面角色。迄今为止，国内学者相关研究早期（2010 年以前）集中在股权激励对公司绩效的影响上，并且由于研究期间内上市公司股权激励计划实践时间较短，多采用管理层持股作为股权激励的代理变量，忽视股权激励契约对公司价值的作用。随着上市公司股权激励实践研究的深入，近期研究考察了股权激励计划的作用机理和实现途径，发现我国公司治理内部不完善，使得股权激励管理层凭借权力进行盈余管理（陈胜蓝和卢锐，2011）、设定行权价格（王烨等，2012）、过度投资（汪健等，2013）、影响现金股利分配水平（吕长江和张海平，2012）等方式自利，支持了“管理层权力论”。

但总的来说，我国对股权激励下管理层机会主义行为的研究仍缺乏系统性的理论分析和实证检验的支持。本书拟从我国上市公司股利政策视角，探讨股权激励管理层的行为决策和经济后果。之所以选择股利政策视角，一方面是因为“股利政策”作为热点话题一直困扰学术界和实务界，另一个原因是随着我国资本市场监管和法律环境的不断完善和严格，管理层采用关联交易、内幕交易等手段获得机会主义利益的风险成本越来越高，而股利政策作为一种合法的手段，更有可能被管理层利用以获得私利。对股权激励管理层影响股利决策的动机和经济后果进行深入研究，其理论意义主要体现为两个方面：一是利用中国上市公司数据，从股利政策考察股权激励引起的管理层机会主义行为，以微知著，挖掘我国上市公司股权激励制度存在的问题，丰富“有效契约论”“管理层权力论”在我国转轨经济中公司治理层面的具体应用，扩展管理层薪酬激励理论；另一方面从股权激励角度来对我国上市公司股利政策变动进行解释，丰富股利理论。

自2005年12月31日《上市公司股权激励管理办法（试行）》正式出台之后，股权激励计划在中国上市公司的发展势如破竹，2006年1月至2015年12月期间，共有695家上市公司进行了股权激励计划，占上市公司总数量的24.28%。2008年，股权激励的三个备忘录、国资委和财政部《关于规范国有控股上市公司实施股权激励制度有关问题的通知》出台，2009年对股票期权行权收益的纳税期限、适用范围的明确，2016年《上市公司股权激励管理办法》正式施行，进一步规范了A股上市公司股权激励计划的实施。股权激励制度的不断丰富和完善，为上市公司股权激励实施提供了政策依据，然而，在其实践过程中，股权激励计划背离设计初衷现象屡现：股权激励计划推出和终止随意性性强①，授予价格和行权价格过低使得股权激励计划成为“自我奖励”②，为保证达到股权激励业绩条件进行盈余管理。③ 因此，结合中国制度

① 2015年12月30日，中捷资源（002021）决定实施2015年限制性股票激励计划，然而2016年1月20日，该公司宣告称因受国内证券市场环境影响而终止激励计划，从发布到终止，不到一个月。

② 2016年4月，庞大集团（601258）推出的限制性股票授予价格为1.53元/股，低于该公司2015年前三季度的每股净资产1.88元。

③ 华胜天成（600410）为达到股权激励设定的业绩条件，通过更改坏账准备计提比例，增加净利润超过4500元。

背景和企业实际，抑制股权激励下管理层机会主义行为，提高股权激励计划的有效性，是目前急需解决的问题。本书借鉴西方股权激励理论，结合中国上市公司股权激励实践，对被授予股权激励工具的管理层的股利分配决策进行实证检验，窥探管理层的机会主义行为和经济后果。本书的研究可为我国上市公司管理层薪酬水平和结构的制订、股权激励契约设计与优化、企业股权激励制度改革和深化提供参考方向，具有重要的现实意义。

二、概念界定

（一）股权激励

早期的文献往往将股权激励（Stock Incentive Plans）等同于“管理层持股”（顾斌和周立烨，2007；苏东蔚、林大庞，2010）。2005 年 12 月 31 日《上市公司股权激励管理办法（试行）》正式出台标志着真正意义上的股权激励制度在我国正式建立，该办法明确指出股权激励是指上市公司以本公司股票为标的，对激励对象进行的长期性激励，限制性股票和股票期权适用此办法。为更加明晰真正意义上的股权激励计划下管理层机会主义行为和经济后果，本书所指的股权激励并不是指“管理层持股”，而是指《管理办法（试行）》中规定的长期股权激励计划。《管理办法（试行）》颁布后，绝大多数上市公司选用了股票期权和限制性股票进行激励，较少公司选用了股票增值权激励工具。本书主要探讨了股票期权和限制性股票两种激励工具，股票期权是指上市公司授予激励对象在未来一定期限内以预先确定的价格和条件购买本公司一定数量股份的权利，限制性股票是指激励对象按照股权激励计划规定的条件，从上市公司获得的一定数量的本公司的股票。

（二）管理层

在实证研究中，学者们对管理层的界定并没有统一的标准，管理者、CEO、高管、经理人、管理层等概念反复出现，所包含的实际内容也不尽相同。我国《公司法》规定，公司高级管理人员包括公司总经理、副总经理、财务负责人、上市公司董事会秘书和公司章程规定的其他人员。2005 年 12 月《上市公司股权激励管理办法（试行）》规定，激励对象包括董事、监事、高管、核心技术或业务人员，以及公司认为应当激励的其他员工，但不应当包括独立董事。2016 年 8 月正式施行的《上市公司股权激励管理办法》提出监事不可成为激励对象。基于此，本书将管理层定义为：董事（不包含独立董事）

和《公司法》规定的公司高级管理人员。

（三）机会主义行为

“机会主义”一词（Opportunism）源于新制度经济学中“经济人”的机会主义倾向，最早由威廉姆森所描述，即在不完全契约和自利动机下，“经济人”通过各种隐蔽的手段和狡猾的伎俩谋取私利，其结果是提高了交易成本。① 本书所讨论的机会主义行为是委托代理关系下，管理层利用股权激励计划契约的不完备、股东和管理层之间的信息不对称，追求自身股权激励收益最大化的行为。对于获授股权激励计划的管理层而言，股权激励收益来自股权激励计划标的股票的市场价格和提前确定的授予价格（限制性股票）或行权价格（股票价格）之差，管理层为了最大化股权激励收益，存在尽可能压低授予价格或行权价格，影响标的股票价格的机会主义行为。

（四）股利政策

股利政策是公司就一切与股利分配有关的事项，制定是否发放股利、发放多少股利、以何种方式发放股利等方面的方针和策略。股利政策作为公司财务决策的三大政策之一，关系到公司的未来发展、股东利益的平衡和资本结构的合理性。本书考察了股利政策的三个方面：（1）股利分配水平，即支付多少股利。（2）股利分配方式。股利分配方式通常包括现金股利、股票股利、股票回购。西方发达国家多采用现金股利和股票回购两种股利分配方式，对我国上市公司而言，分配方式主要以现金股利、送红股、公积金转增股本为主，股票回购不是主要股利分配的主要渠道。② 由于送红股和公积金转增股本性质类似，本书两者合并为股票股利。因此，本书所指的股利分配方式指现金股利和股票股利。（3）股利平滑。1956 年，美国经济学家 Lintner 观察到公司存在股利平滑行为，即公司处于不同状态下（萧条或繁荣）都会尽量使股利变化程度趋于平和，并非根据当期盈利状况确定股利发放，而是让股利变化小于盈利

① ［美］威廉姆森著：《资本主义经济制度》，段毅才、王伟译，商务印书馆 2002 年版。

② 笔者根据锐思数据库对 2006—2015 年间我国上市公司股票回购数据进行整理，发现我国股票回购事件呈逐渐上升趋势，但其中 72% 的股票回购事件是因股权激励提前终止而导致的被动回购，而因维持股价而发生的主动回购只有 53 起。主动股票回购数量与现金股利和股票股利方式相比，数量太少，因此，在本书的实证研究中，将此分配方式排除在外。

变化，使股利表现出“黏性”特征。

三、境内外研究现状

基于本书研究目标，本章首先对股权激励制度的激励效应相关文献进行梳理；其次对股权激励下管理层机会主义行为研究进展和主要观点进行概括；最后，综述股权激励对股利政策影响的相关文献。

（一）股权激励计划激励效应

股权激励计划的激励效应，最早是从股权激励计划的市场反应和能否提升公司业绩两个方面进行识别，研究结论有正相关、负相关和非线性相关三种。

Larcker（1983）发现股价对股权激励计划的实施作出正向反应。DeFusco等（1990）首先考察了1978—1982年107家公司股票期权计划的平均累积异常回报率，发现为+0.68%且在统计上显著，进一步对同时有董事会会议日期和美国证券交易委员会邮戳日期的53家公司股票期权计划公告考察，发现平均累积异常回报率为+4%。Kato等（2005）以日本《商业法》中对管理层薪酬股权激励条款修订为契机，考查了日本1997年6月至2001年12月344家上市公司的股票期权授予计划的市场反应，发现样本公司股票期权计划公告日[-5，+5]内，累计异常回报率为+2%。Larcker等（2007）发现业绩无论是用股价还是会计指标来衡量，股权激励薪酬都对其正向影响。Aboody等（2010）考察经重新定价的虚值期权的激励效应时，发现以营业收入和现金流衡量的公司业绩得到实质性的改善。

然而，有些学者发现股权激励计划对公司未来业绩表现有负面影响。Core和Guay（1999）发现公司治理结构越差的公司更容易制订更高的薪酬水平，薪酬过度增加代理成本，从而负向影响公司经营业绩和市场表现。Brick等（2006）用市场模型和三因子模型的超额回报来衡量公司业绩，发现薪酬过度会引致公司业绩表现不良。Cheng和Farber（2008）用CEO股权激励薪酬占CEO总薪酬的比例衡量激励效应，用ROA衡量公司业绩，发现财务重述发生后的两年内，公司股权激励薪酬显著下降，而公司业绩却有所提升，作者推断股权激励薪酬减少时CEO过度投资下降，从而改善了公司的盈利。

还有一些学者发现股权激励计划与公司业绩之间呈现非线性关系。Morck等（1988）发现美国上市公司中，管理层持股比例在0～5%和25%以上时，管理层持股和公司价值正相关，管理层持股比例在5%～25%之间时，两者负相关。McConnell和Servaes（1995）同样发现两者之间的非线性相关关系，回归模型中管理层持股系数显著为正，但管理层持股平方系数显著为负。Short 和 Keasey（1999）对英国上市公司股权激励的效应进行考察，同样发现股权激励和公司业绩之间的非线性关系。他们认为“利益趋同”和“沟壕效应”相互作用使得管理层持股和公司价值关系呈现非线性。① Canarella 和 Nourayi（2008）应用 GMM 估计方法，发现管理层总薪酬和公司业绩之间呈现非线性的不对称关系，市场回报是管理层薪酬的凸函数，而用财务指标来衡量的公司业绩是管理层薪酬的凹函数。

在国内，股权激励激励效应的相关研究也未得出一致的结论。一部分学者认为股权激励对公司绩效的正面影响效果日益显现（周建波和孙菊生，2003；程仲鸣和夏银桂，2008）。高雷和宋顺林（2007）以 2000—2004 年上市公司为研究对象，发现经理、董事和监事三类管理层人员的持股规模显著促进企业的绩效。丑建忠等（2008）实证研究发现公司总经理持股确实有助于抑制大股东对上市公司的侵占。李斌和孙月静（2009）发现民营上市公司对经营者的股权激励更能发挥激励效果。张俊瑞等（2009）认为公司股权激励在财务绩效和市场反应两方面都存在正效应。彭元（2012）从理论分析的角度发现股权分置改革促进了管理层股权激励计划激励效应的发挥，进一步研究发现，不同产权性质的上市公司中，股权激励计划激励效果存在显著的差异性。刘佑铭（2012）以 2006—2009 年实施股权激励计划的上市公司为研究对象，实证发现股权激励计划有助于减少上市公司代理成本，具体体现为能抑制管理者的超额消费、过度投资以及侵占闲置资金行为，实施股权激励计划对上市公司绩效有提升作用。

另一部分学者通过研究发现，股权激励并没有起到初设的激励效果。俞鸿琳（2006）发现控制内生性后，国有上市公司管理者股权激励机制的激励效应并不明显。顾斌和周立烨（2007）在剔除行业影响后，发现我国 2002 年前实施管理层股权激励的沪市上市公司的长期效应并不明显。苏冬蔚和林大庞（2010）从盈余管理角度探讨了股改后股权激励计划的公司治理效应，发现与没有实施股权激励计划的上市公司相比，实施股权激励计划的上市公司 CEO 期权报酬与盈余管理的负相关关系减弱，由此作者推论股权激励计划对公司治

① Jenson 和 Meckling（1976）提出利益趋同假说，即当管理层持股增加时，管理层滥用公司资源的可能性减少，从而公司价值相应提高。Mock 等（1988）提出沟壕效应假说，即当管理层持股超过某一水平时，外部股东难以制约管理层，此时管理层会采取增加在职消费等损害公司价值的行为。

理起负面作用。辛宇和吕长江（2012）以庐州老窖为研究案例，发现该国企股权激励方案兼具激励、福利和奖励三种性质，多项定位的股权激励方案使其无法发挥其应有的激励效果。吴育辉和吴世农（2010）研究股权激励绩效考核指标体系设计存在的问题，发现激励计划使高官提升了自身薪酬，这种自利行为提升了代理成本，从而弱化了薪酬的激励效应。

纵观国内外现有股权激励计划效应研究，可以得到以下几点启示：第一，国内外学者就股权激励计划对公司业绩的影响展开了大量研究并取得了丰富的研究成果，但研究结论并不一致，因此，股权激励计划究竟是促进公司业绩的提升还是有损公司价值仍是一个有待检验的命题。第二，绝大多数学者用会计业绩或市场业绩计量公司绩效，股权激励变量则选择 CEO 持股、股权薪酬占比等，这种直接从股权激励到公司业绩的研究方法忽略了股权激励计划发挥效应的传导机制。实际上，股权激励制度是通过影响管理者的行为决策来改变公司业绩。正因为如此，近年的研究方向更多从管理者行为决策视角出发，探讨股权激励计划对管理者投资、融资、股利分配、盈余管理等行为的影响。

（二）股权激励下管理层机会主义行为

股权激励制度曾被认为是美国公司治理中一项十分有效的长期激励机制，然而，近年来股权激励制度显现的弊端和漏洞，使学者和实践家质疑股权激励计划在缓解委托代理冲突上所扮演的角色，股权激励制度不仅没有起到应有的激励效应，反而引致管理层的机会主义行为，形成新的委托代理问题，典型的表现有：（1）管理层影响薪酬方案设计，使股权激励计划无法发挥应有的激励效应。（2）股权激励薪酬诱发盈余管理行为。（3）股权激励引致“择时”（Timing）信息披露和“倒签”（Back-dating）股票期权授予日期。（4）股权激励影响公司决策。

根据管理层权力论，管理层拥有影响薪酬方案制订的权力，使本能缓解委托代理问题的股权激励计划成为增加代理成本的根源。Bebchuk 和 Fried（2004）提出当 CEO 拥有凌驾于董事会之上的权力时，就会从自身利益出发量身打造薪酬方案，此时 CEO 的薪酬水平更高，薪酬业绩敏感性有所降低。Choe 等（2014）以 1999—2008 年标准普尔指数标的公司为研究对象，用前五大管理层总薪酬占比来衡量 CEO 权力，实证发现 CEO 通过股权激励薪酬来进行抽租，CEO 权力越大则股权激励薪酬占比越大。Essen 等（2015）对 219 篇与管理层权力和 CEO 薪酬有关的文献进行荟萃分析，发现管理层权力论能很好地解释美国薪酬水平过高的现象。Abernethy 等（2015）考察了业绩型股票期权计划，发现 CEO 的权力越大，则期权计划的业绩条件越低，这些企业通常更早实施业绩型期权计划，但该行为并不能增加股东价值。

已有文献证明，管理层在股权激励计划的不同阶段都存在盈余管理行为，在股权激励工具授予之前，管理层因授予日股价下跌、行权时股价上升而受益，所以管理层有动机在授予日前和行权日后进行盈余管理来放大激励收益。Balsam 等（2003）发现管理层在股票期权授予前对可操控性应计利润进行向下管理以降低股票期权的行权价格。Bergstresser 和 Philippon（2006）发现可操控性应计利润处于高位时，管理层行权的概率较大。Kadan 和 Yang（2016）实证研究发现股票期权实施的上市公司中，盈余管理呈现周期性特征：在股票期权授予前，管理层进行向下盈余管理降低行权价格，而在行权期间内，管理层进行向上盈余管理来刺激股价上升，结果是管理层获得更多的股权激励收益。

Yermack（1997）最早关注了管理者期权授予的“机会主义择时”（Opportunistic Timing）行为，他观察了 1992—1994 年 620 份股票期权授予前后的股票收益率，发现授权日前股票收益率正常，但之后的 50 个交易日的股票收益率比市场收益率高 2%，他认为管理层有机会主义动机，将股票期权授予定在预期股票价格上升之前。Aboody 和 Kasznik（2000），Chauvin 和 Shenoy（2001）认为授予日前后股票收益率不同是因为管理层对信息披露进行了操纵。Lie（2005）用 1992—2002 年的 CEO 股票期权授予大样本，发现在期权授予日前股票异常收益率为负，授予日之后为正且计划外期权授予的回报模式有随时间变化而强化的趋势，表明管理层逐渐学会如何作出有利于他们的期权授予时机选择。Bebchuk 等（2013）进一步发现 CEO 的机会主义择时行为与 CEO 对公司决策影响力大小有关，CEO 任期越长、独立董事占比越少的公司 CEO 越可能开展机会主义择时行为。

Bebchuk 等（2010）发现银行向管理层授予股权激励计划会影响其过度风险承担行为，是引发金融危机的因素之一。Hagendorff 和 Vallascas（2011）对银行管理层股权激励薪酬如何影响其过度风险承担行为进一步探讨，在控制薪酬业绩敏感性之后，股权激励薪酬使管理层的过度风险承担增加了银行的违约风险。Tanseli 和 Elif（2016）从经济周期的角度探讨管理层股权激励薪酬和风险承担之间的关系，发现管理层为了维护自身期权价值，在经济衰退期风险承担不足，而在经济高涨期风险承担过度。Shen 和 Zhang（2013）实证研究发现，股权激励薪酬占比越高，则管理层有更强烈的动机投资于缺乏效率的研发项目，最终会损害公司价值。Kahle（2002），Carrion 和 Kolay（2011）暗示管理层股权激励薪酬设计并非符合有效契约论，而体现了管理层凭借权力影响了自身的薪酬契约，管理层出于自利角度作出公司股利发放决策。

肖淑芳等（2009）发现经理人在股权激励公告日前对“操纵性应计利润”进行了向下的盈余管理，目的是降低股票期权的行权价格。陈胜蓝和卢锐（2011）则发现与没有实施股权激励的上市公司相比，股权激励上市公司操控性应计的水平显著较高，管理层为了增加股权激励价值，在股权激励后进行了向上的盈余管理行为。王烨等（2012）以2005—2012年实施股权激励计划的上市公司为样本，发现初始行权价格与管理层权力负相关，认为我国公司内部治理不完善导致管理层利用权力设定较低的行权价格来自利。张治理和肖星（2012）发现我国施行股票期权激励计划的公司倾向于在股价较低时推出股权激励计划。汪健等（2013）以2005—2011年中小板制造业上市公司为样本，发现股权激励上市公司更容易出现过度投资行为。吕长江和张海平（2012）则指出部分股权激励上市公司管理层通过影响股利分配水平来为自己谋取利益。

纵观国内外股权激励下管理层机会主义行为的研究，可以得到以下几点启示：第一，无论是西方发达国家还是中国，管理层有放大股权激励收益的机会主义倾向，一方面通过各种途径来压低股权激励工具的获取成本，另一方面影响标的股票的市场表现。在这种情况下，股权激励计划本身沦为代理问题的一部分，其有效性降低。第二，与西方发达国家相比，我国学者也发现上市公司的股权激励实践中管理层存在不同形式的机会主义行为，但文献并不丰富，研究并不充分。在中国特殊的制度背景下，股权激励下管理层机会主义行为的表现形式和路径有待进一步深入研究。

（三）股权激励计划对股利政策的影响

如果股利支付是减少代理成本的有效工具，则有效的管理层薪酬方案应该能反映股利支付的最佳水平和结构。按照此逻辑，学者们对管理层薪酬方案，尤其是股权激励薪酬与股利政策之间的关系展开研究。股权激励薪酬能有效地反映最优的股利发放，还是会被管理层利用来获取私利？不同国家和地区的学者们纷纷结合股权激励制度背景对股权激励与公司股利支付决策关系进行探讨，得出了不同的结论。

现有的相关文献主要探讨了美国上市公司股权激励如何影响股利政策。美国自20世纪80年代以来，公司股票回购活动大幅增加，Grullon 和 Michaely（2002）统计了美国1980—2000年公司股票回购变化，发现公司因股票回购发生的支出占总公司净利润的比重由1980年的4.8%上升到2000年的41.8%。早期的文献（Lambert等，1989；Jolls，1998，Fenn和Liang，2001；Kahle，2002）指出，管理层在影响公司股利政策支付方式，尤其是股票回购上扮演了十分重要的角色。具体而言，Lambert等（1989）开启了研究管理层期权激励和公司股利政策关系的先河，该文对1956年上榜的财富500强①中制造类企业进行实证研究发现，在其他条件不变时，现金股利支付会减少期权价值，因此会增加管理层支付股利的边际成本，管理层会有动机减少分红来增加股票期权的预期价值。另一方面，从股利发放和管理层薪酬关系来看，如果管理层奖金与公司价值挂钩，则股利发放会减少管理层奖金水平，管理层有动机维持低水平的股利来保护他的奖金，但对于破产可能性小的公司而言，管理层维持低水平股利来保护奖金的动机相对偏小。Jolls（1998）从公司代理人的角度检验了股票期权对公司股票回购或股利发放决策的影响，证实当管理层持有更多股票期权时会增加股票回购，股票期权使经理选择股票回购而非现金分红，因为不同于现金分红，股票回购不会稀释每股市值，盈利的外流伴随着流通股的减少，Jolls实证还发现，股票期权（非限制性股票期权）占薪酬比重较高的公司，比股票期权占比较低的公司更倾向于股票回购。Fenn和Liang（2001）认为股权激励更好地将经理和管理层的利益联结起来，可以缓解自由现金流问题，从而导致总分配水平的提高，他们还指出股权激励使得经理有改变公司股利分配结构的动机。此外，他们认为委托代理问题突出（管理层股权比例低、投资机会小、自由现金流多）的公司，管理层股权激励和高分配水平相联系。Kahle（2002）认为发放股票期权的公司会增加股票回购而减少现金分红，因为现金分红会降低期权价值，而股票回购会增加期权价值。Kahle将公司的这种动机称为“替代财富”或“管理层财富”假设（Substitution/Managerial Wealth Hypothesis）。

显然，以美国上市公司为研究对象的早期相关文献表明，股权激励计划能显著影响股利分配水平和结构。美国施行股权激励计划的上市公司有动机用股票回购来替代现金分红的主要原因有两个方面：一是股票回购行为不会负向影响标的股票的价值，而现金分红则会使股票价格随着除权除息而下降；二是股票回购可以避免稀释效应的发生。

以美国上市公司为研究对象的近期相关文献则围绕着股权激励影响股利发放的背后原因、不同的股权激励工具对股利政策的影响等方面展开。Arnold和

① 财富500强是指《财富》杂志每年评出的按总收入排名的全美国500家最大企业。

Gillenkirch（2005）强调了向管理层授予期权时股利保护的重要性，作者认为无论是公司的投资机会还是股票回购，都不是令人满意的股利保护替代方式，因此为最大化股东的利益，股票期权授予应为股利保护型。Aboody 和 Kasznik（2008）重点关注了 2003 年股利税改后股利分配和期权、限制性股权的关系，他们发现股票期权授予使管理层减少股利发放，但限制性股票却使管理层增加股利发放。可能原因是期权为非股利保护性，但没有数据或证据表明限制型股权是否是股利保护型。Cuny 等（2009）进一步提供了股利分配水平与管理层期权授予负相关的证据。然而可以发现，这些学者研究的管理层期权授予大多数是非股利保护型。如果为非股利保护型，股利支付会降低股票价格，从而减少期权价值。所以管理层有动机减少现金股利分配，而选择股票回购，因为股票回购并不会严重影响股票价格。Carrion 和 Kolay（2011）认为美国 FAR123R① 颁布是影响管理层薪酬的重要事件，可被视为研究股权激励薪酬与股利政策之间关系的一次准自然实验，实证结果表明，在该外部事件发生之后股票期权激励薪酬依然显著影响股利发放，该结果暗示管理层薪酬方案设计并非符合有效契约论，而体现了管理层凭借权力影响了自身的薪酬契约以及公司股利分配决策。Minnick 和 Rosenthal（2014）探讨了不同股权激励工具的使用对股利发放的影响，实证发现股票期权与现金股利发放之间负相关，而限制性股票与现金股利发放之间正相关，作者推测美国对不同的股权激励工具的股利保护程度不同，美国公司极少对股票期权进行股利保护。Espahbodi 等（2016）则探讨 2006 年美国证券交易委员会（SEC）修正管理层薪酬披露要求后，管理层股权激励对公司股利政策的影响，实证研究发现 SEC 对管理层薪酬披露要求的修正弱化了管理层股权激励与股票回购的正相关关系，该结果暗示 2006 年 SEC 作出的信息披露要求缓解了投资者与管理层之间的信息不对称，对有自利倾向的管理层的行为决策起到约束作用。

Eije 和 Megginson（2008），Denis 和 Osobov（2008）发现欧盟地区的公司股利政策变化轨迹与美国相似，自 1980 年许多欧盟地区的公司允许股票回购作为股利发放的方式以来，欧盟地区采用股票回购的公司越来越多，甚至有了用股票回购替代现金股利发放的趋势。与此同时，欧盟地区企业管理层薪酬发

① 从会计角度而言，股权激励计划属于公司的一项费用。2004 年以前，企业只需在财务报表附注中披露股票期权价值，但安然等公司财务丑闻频发，使得美国财务会计准则对管理层股票期权 123 号进行修订，该法条于 2005 年 6 月 15 日生效，要求上市公司于自 2005 年起开始将股票期权费用化。

放也具有与美国企业类似的特征，即股票期权等长期激励薪酬占管理层的总薪酬比重越来越大。然而，欧盟地区的企业与美国企业的最大不同是，其股权集中度相对较高。在这种情况下，管理层的机会主义行为受制约的概率较大。那么，欧盟地区企业的公司治理结构特征是否会导致股权激励计划与股利政策之间的关系与美国不同呢？

Liljeblom 和 Pasternack（2002）实证结果表明，芬兰的股票回购、股利发放与期权授予都是正相关，原因可能是芬兰的大部分期权计划为股利保护型。作者进一步将样本分为股利保护型和股利非保护型来研究芬兰的股利分配，发现若期权计划为股利保护型，则公司没有避免发放股利的倾向，相反股利发放与期权授予正相关，而当期权计划为非股利保护型，则股利发放与期权授予负相关。Amedeo 和 Neslihan（2015）搜集了 2002—2009 年欧盟地区英国、德国、意大利、荷兰、西班牙 5 个国家共 1650 家上市公司数据，实证发现与公司业绩相挂钩的管理层持股、股票期权等管理层激励形式会显著影响公司的股利政策，比如股利分配的方式和分配水平，近年来欧盟地区企业现金股利发放减少和股票回购增加，可以被管理层的薪酬方案变动所解释。Burns 等（2015）考察了欧洲股权激励和公司股利政策的关系，发现股票期权和限制性股票激励与现金股利支付负相关，而与股票回购负相关，进一步研究发现，如果对股权激励薪酬进行股利保护，则现金股利支付水平会增加。Geiler 和 Rennboog（2016）实证研究了英国股票期权和限制性股票对公司股利分配渠道的影响，结果显示，由于英国上市公司为对股权激励工具进行股利保护，所以预期到的现金股利发放会拉低股权激励薪酬价值，然而股票回购相反会增加股权激励薪酬价值，进一步研究发现，管理层的薪酬结构比股东偏好对公司股利政策影响更大。

从以亚洲地区上市公司为研究对象的文献来看，Kato 等（2005）考查了日本 1997 年 6 月至 2001 年 12 月的期权授予对该国股利政策的影响，通过对比样本公司在股权激励计划公告日前一年的每股股利和公告日后两年的每股股利，发现日本公司采取股权激励后，并没有对股利政策造成明显影响。Wu 等（2008）以 2000—2005 年 1035 家中国台湾地区的企业为研究对象，检验股利保护型股票期权与股利政策之间的关系，实证研究发现管理层持有的股票期权和现金股利发放之间正相关，作者指出文章结论之所以与其他文献结论不同是因为台湾地区的企业对管理层股票期权计划进行了股利保护，在这种情况下，现金股利发放不会影响股票价格。Chan 等（2012）进一步考察了台湾地区的股权激励计划和现金股利支付的关系，发现台湾地区的股票津贴（Stock

Bonus）计划使管理层支付更多的现金股利，而台湾地区的股票期权却与现金股利分配水平负相关。

截至目前，我国研究股权激励与股利发放政策关系的文献并不多且未达成共识。强国令（2012）探讨了股权分制改革前后股权激励与股利分配关系的变化，其主要结论是：管理层通过现金股利发放进行利益输送；股改前高股权激励导致公司高分红，而股改后股权激励对现金股利的影响有所降低，即股权分置改革会抑制管理层的利益输送行为。肖淑芳、喻梦颖（2012）以2006—2011年上半年施行股权激励计划的上市公司为研究对象，发现在我国上市公司“两职合一”、公司治理不完善的环境下，拥有股利保护型股权激励的管理层并不会为了避免股权激励工具价值的降低而减少现金分红。吕长江、张海平（2012）以2006—2009年推出股权激励计划的上市公司为样本，发现股权激励公司股利支付倾向、股利支付率明显低于非股权激励公司。

对比境内外股权激励计划对股利政策影响领域研究现状，可以得到以下启示：第一，股权激励计划不同实施背景导致了相关结论的不一致性，但绝大多数文献都发现股权激励管理层有通过影响股利政策来放大股权激励收益的机会主义行为。第二，境外相关研究较为丰富，我国相关研究相对偏少。从20世纪80年代开始，股权激励制度在西方上市公司中开始广泛应用，大量的管理层股权激励实践为学者进行实证研究提供了良好素材。各国学者们围绕股权激励与股利支付政策的逻辑关系展开了充分深入的研究，得出了丰富的结论，并对结论进行了详尽的解释。而我国A股上市公司中真正意义上的股权激励是从股权分置改革之后开始真正实施，较少将股权激励、股利分配置于同一研究框架之下。第三，境内外相关文献研究侧重点不一致。由于制度背景和股利支付政策的差异性，境外文献多探讨股权激励计划与现金股利、股票回购之间的关系、股票期权数量和股票期权收入敏感性对股利政策的影响，研究股权激励是否导致了现金股利和股票回购之间的替代关系。比照之下，我国对股权激励的相关研究以企业价值效应为主，对股权激励和公司股利政策之间关系的研究尚属初步。

（四）简要述评

股权激励计划的初衷是将股权纳入管理层薪酬结构中，使得委托代理问题得以缓解，然而已有实证研究表明，当制度环境、资本市场、公司治理对管理层约束不足时，管理层的机会主义行为导致股权激励计划偏离有效性预期，股利政策作为一种合法的手段，更有可能被管理层利用来放大股权激励收益。

囿于我国股权激励制度正式实施较晚，上市公司股权激励计划实践远不如西方发达国家丰富，我国股权激励制度研究并不够深入，就股权激励管理层影响股利决策主题而言，相关研究存在下列不足：第一，我国现有文献从外生性视角考察股权激励计划对股利政策的影响，即将“是否公告股权激励计划”作为解释变量，而忽视了股权激励计划契约要素本身的影响。事实上，股权激励计划本身并不能完全反映管理层谋利的动机，股权激励计划中的授予对象、激励工具、授予数量、行权或授予价格才是真正反映管理层机会主义动机的变量。第二，我国现有文献忽视了管理层机会主义行为的实现能力对股利政策影响的程度。第三，现有文献并没有考察管理层采取自利股利政策后对公司和股东利益损害的程度。第四，现有文献更多关注股权激励计划对现金股利水平的影响，忽略了管理层对股利政策其他方面，如股利分配方式、股利平滑等方面的影响。

在此研究背景下，本书力图丰富我国股权激励下管理层行为决策相关研究，为提高我国股权激励计划有效性提供思路。本书研究将重点关注以下几个方面。

（1）系统研究股权激励下管理层在股利分配决策中的机会主义行为及其经济后果，不仅考察股权激励管理层对股利分配水平的影响，还关注管理层在股利分配方式偏好、股利平滑中可能存在的机会主义行为，在此基础上，结合股权激励计划的关键时点，以因股利分配而动态调整的行权价格和授予价格为依据，对管理层所获股权激励预期收益进行测算，实证和案例分析管理层获得高额激励收益后对公司业绩的影响。

（2）重视股权激励计划契约要素对公司股利政策的影响。从内生性视角出发，在股权激励计划中的授予对象、授予数量中寻找反映管理层机会主义动机的变量，用管理层权力刻画管理层机会主义行为的实现能力变量，进一步考察管理层机会主义动机、机会主义行为实现能力和股利决策之间的逻辑关系。此外，关注股票期权和限制性股票两种不同的股权激励工具对股利政策的差异性影响。

（3）内生性的缓解。公司治理研究都会受到内生性的困扰，本书用 PSM 模型、多时点的双重差分模型来缓解内生问题。

四、研究内容、思路和方法

（一）研究内容

本书的主要内容包括以下几个方面。

第一部分，导论。介绍本书的研究背景、研究意义；界定本书的主要概念；梳理国内外相关文献；提炼可行的研究思路、研究方法；概述全书研究内容和逻辑框架；指出本书的贡献和可能创新之处。

第二部分，理论分析。本章从新制度经济学对机会主义行为的界定和股权激励有效性理论演进逻辑作为研究的理论起点，以此为基础，对股权激励管理层通过股利政策进行机会主义寻租的目的、路径、实现能力作理论分析，为本书的实证章节提供理论支撑。

第三部分，我国上市公司股权激励制度背景和上市公司实践。本章首先归纳总结我国股权激励制度的发展阶段和相应的制度法规，然后以 2006—2015 年上市公司股权激励计划为研究对象，对我国上市公司股权激励实施现状进行描述性分析，最后重点考察股权激励契约设计中的管理层机会主义行为。

第四部分，股权激励下管理层机会主义行为一：影响股利分配水平。为检验股权激励管理层是否会通过影响股利分配水平来放大股权激励收益，本书首先使用倾向得分匹配法（PSM）对样本进行处理，以缓解样本选择问题。在此框架下，本书用 Logit 和 Tobit 回归模型考察股权激励计划、股权激励工具、管理层机会主义动机、管理层机会主义行为实现能力对股利分配水平的影响。

第五部分，股权激励下管理层机会主义行为二：股利分配方式偏好。本章从迎合理论的基本思想出发，在检验股利分配方式股价效应差异的基础上，应用 PSM 模型控制公司规模、盈利、股权集中度、负债等公司特征差异，然后建立多项 Logit 模型，考察了股权激励管理层在股利分配方式偏好上的机会主义行为。

第六部分，股权激励下管理层机会主义行为三：股利平滑。首先，对经典的 Lintner（1956）股利调整模型进行估计，考察我国上市公司整体的股利平滑程度。在此基础上，构建股利相对盈余波动率来测度股利平滑程度，建立多时点的双重差分模型考察股权激励计划对上市股利平滑的影响。

第七部分，股权激励下管理层机会主义行为的经济后果。首先，本章从管理层股权激励计划行权环节对管理层股权激励收益进行测算，然后对股利分配、管理层股权激励收益、公司业绩三者关系进行实证研究，判断管理层所获激励收益的合理性，并对 A 公司的股权激励计划进行案例研究，为股权激励下管理层机会主义行为的经济后果进一步提供支撑性证据。

第八部分，结论和政策建议。首先提炼出全书的研究结论，然后根据上市公司股权激励所处法律和制度环境、公司治理现状，从上市公司股权激励契约设计、公司治理改进、股权激励监管措施完善等方面提出政策建议。

（二）研究思路

本书的总体分析框架如图 0-1 所示。

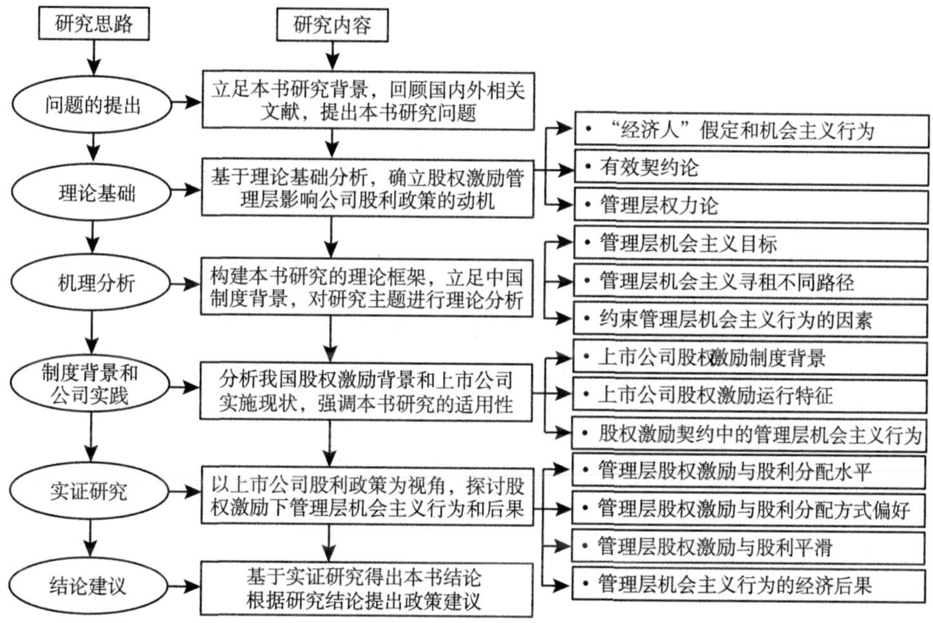

图 0-1　本书的总体分析框架

（三）研究方法

本书综合理论分析和计量经济学模型定量分析，从我国上市公司股利政策视角对股权激励下管理层机会主义行为和经济后果进行研究。数据来源于巨灵金融平台、国泰安研究服务中心、wind 资讯金融终端、上市公司股权激励公告。运用 EXCEL2010、STATA14. 0 进行数据处理和实证分析。具体采用的研究方法有如下几种。

1. 理论研究与实证研究相结合

本书对股权激励下管理层如何影响上市公司股利分配水平、股利分配方式、股利平滑来获得机会主义利益进行理论分析、模型设计、假设检验，并得出实证分析结果。根据该实证结果，针对我国上市公司股权激励契约设计、股权激励计划制度背景和公司治理机制出现的现实问题进行理论分析，并提出可操作性建议。

2. 定性研究与定量研究相结合

本书首先采用定性研究方法对我国股权激励制度背景、股权激励下管理层机会主义行为目标、路径和约束管理层机会主义行为的因素进行定性分析，然后用中国上市公司的数据进行实证研究。本书采用的计量模型主要包括市场模型、多元回归模型、二项 Logit 模型和 Tobit 模型、多项 Logit 模型；使用事件研究法探讨股权激励上市公司股利分配方式的股价效应差异，用倾向得分匹配（PSM）模型、多时点双重差分模型来缓解内生性。估计方法则根据不同的模型分别选用了 OLS，固定效应、系统 GMM 和差分 GMM。

3. 案例研究法

本书通过对 A 公司的股权激励案例进行研究，对公司管理层所获股权激励收益进行了测算，以同期行业公司业绩变化为参照物，比较 A 公司管理层行权完毕节点前后公司业绩变化，为股权激励管理层机会主义行为的经济后果提供支撑性证据。

五、本书创新和不足之处

近年来监管机构同时大力提倡股权激励与规范公司股利分配行为，因此，研究股权激励层如何影响股利分配决策及其带来怎样的经济后果具有明显的现实与理论意义。国内已有少量文献探讨了股权激励与股利政策两者之间的关系，然而因数据的缺乏①，在研究结论的一般性上存在不足之处。同时，前人的角度较单一而且结论并不一致。② 基于此，本书从股利政策的三个方面，进一步结合股权激励计划契约要素，深入考察股权激励下管理层机会主义动机、机会主义行为实现能力和股利决策之间的逻辑关系，并探讨股权激励管理层机会主义行为的经济后果，从而完善并补充了相关研究。本书的创新体现在三个方面。

（1）本书将现有文献对管理层“机会主义行为”存在性检验，扩展到研

① 相关文献大多考察 2011 年以前的上市公司股权激励实践，2006—2010 年，我国实施股权激励计划的公司数只有 90 家，2011 年后，我国股权激励才得到迅速发展。

② 例如，国内相关研究代表文献中，吕长江和张海平（2012）发现股权激励公司股利支付率低于非股权激励公司，肖淑芳和喻梦颖（2012）却得出相反的结论。两篇代表性的文献均从外生性视角，考察“是否公告股权激励计划”对股利分配水平的影响，尚未考虑股权激励计划契约要素、管理层机会主义动机等因素的影响，也未涉及股权激励管理层机会主义行为的经济后果。

究管理层机会主义"动机—行为—后果"的全方位研究。与之前学者将股权激励计划当作外生性变量不同，本书从股权激励计划关键契约要素内化出股权激励管理层机会主义动机，从我国资本市场效率、公司治理机制完善程度、股权激励契约完备性衡量股权激励管理层机会主义行为实现条件和实现能力，并检验股权激励管理层机会主义行为的经济后果，本书研究佐证了管理层权力论对我国股权激励管理层行为的解释力。另外，前期对股权激励效果的研究，多从授予环节检验股权激励的短期效应且因样本时间跨度短、股权激励衡量标准不一致①，导致观点并不统一。本书选取有完整周期的股权激励公司样本（授予—分批行权—行权结束），在相对长的时间跨度内从行权环节检验股权激励对公司业绩的动态影响，这为全面评估股权激励的有效性提供了新的研究视角。

（2）本书在研究管理层股权激励与公司股利政策的关系时，将现有相关研究由公司股利分配的局部环节延伸至其股利决策整个过程。到目前为止，国内学者集中关注股权激励对股利分配水平的影响，然而，发放多少股利只是股利政策的一个方面，并不能刻画公司股利分配决策的全貌，股利政策的其他方面同样反映公司的战略意图和管理层的利益取向。因此，本书考察了股权激励管理层对股利分配决策的三个方面的影响（股利分配水平、股利分配方式偏好和股利平滑），使管理层股权激励对股利政策的影响研究更加系统。

（3）本书研究为我国上市公司股权激励契约设计和监管部门进一步完善股权激励制度和规范公司股利分配行为提供了经验支持和政策借鉴。上市公司对管理层进行股权激励时，需优化公司治理机制和股权激励契约，对可能发生的机会主义行为进行约束；相关监管部门则应加大对管理层股权激励薪酬披露的力度和范围，以提高股权激励制度的有效性，同时应规范上市公司股利分配后行权价格和授予数量的处理，鼓励股权激励上市公司的理性股利分配行为。

本书虽然采用较为科学的方法和较为翔实的数据，从我国上市公司股利政策视角，深入考察股权激励下管理层机会主义行为及其经济后果，但受笔者的学识水平、研究条件等因素的限制，本书可能存在以下不足之处。

首先，管理层股权激励与股利政策关系的影响因素很多，本书检验了股权激励计划关键契约要素、股权性质、治理结构、管理层权力、公司特征等因素

① 在研究股权激励效应的文献中，对股权激励变量衡量并不一致，如顾斌和周立烨（2007）用业绩股票、虚拟股票等衡量股权激励，苏东蔚和林大庞（2010）用CEO股权和期权占薪酬比重来刻画股权激励。

对管理层股权激励与公司股利决策关系的影响机制，然而，尚未将文化、法律、税收等因素纳入分析框架之内。

其次，本书尽可能地利用一切可获得股权激励数据的途径，如金融数据库下载数据、手动整理股权激励公告中的关键契约要素明细、询问证券公司相关工作人员等，但仍对股权激励上市公司的实地考察不够，后续研究可深入企业进行调研，获得更翔实的数据进行后续研究。

第一章 理论分析

本章将新制度经济学对机会主义行为的界定、股权激励有效性理论演进逻辑作为研究的理论起点，然后构建基于股利政策视角的股权激励管理层机会主义行为理论框架，以此为基础，对股权激励管理层通过股利政策进行机会主义寻租的目的、路径、实现能力作理论分析，为本书的实证章节提供理论支撑。

第一节 研究的理论起点

一、"经济人"假定和机会主义行为

亚当·斯密在《国富论》中开创了经济学中最基本的人性假设——"经济人"，该假定构成新古典经济学的"内核"，成为经济分析的前提。斯密认为，人在经济活动中追求个人利益最大化，每个人的利己行为最终促进社会利益。① 从斯密的经济思想中可以归纳出"经济人"的内涵：其一，自利，即经济人追求自身利益的最大化；其二，理性，即经济人总能运用成本收益分析来作出最大化自身利益的决策。之后古典经济学家进一步对经济人假定提出一些补充性条件，如完全竞争、市场均衡、信息完备等，使"经济人"概念被强化成一个完全理性的自利人。

然而，古典经济学对"经济人"过于严格和脱离现实的界定，使其受到许多批判和质疑，其中，新制度经济学结合交易成本、信息成本、预期等新的研究领域对"经济人"假定进行了修正。制度经济学认为人的行为内化于各种关系、规则、角色和阶级的结构，即经济人追求利益最大化的个体行为受规

---

① 亚当·斯密在《国富论》中写道：受看不见的手的指引，去尽力达到并非他本意想达到的目的。在追求自己的利益过程中，能有效地促进社会利益。

则、规范等制度的约束。①

新制度经济学对传统“经济人”假定作了三方面的修正：首先，修正了传统“经济人”假定中的利益最大化动机，认为现实中的人有利益最大化和非经济利益最大化的双重动机，制度变迁过程就是人在双重动机中寻找平衡点的结果。其次，修正了传统“经济人”中的完全理性，而强调有限理性，即人的行为选择是不断适应制度环境的结果。新制度学派强调，正因为人是有限理性，所以需要设计制度对人的行为进行约束。最后，机会主义行为倾向假定，即人有为自己谋取更大利益的行为倾向。制度安排能在一定程度上对机会主义行为起到约束作用。

机会主义行为最早由威廉姆森所描述，即在不完全契约和自利动机下，“经济人”通过各种手段谋取私利，其结果是提高了交易成本。在新制度经济学中，机会主义行为得以发生的前提是契约的不完备性和信息的不对称，正是因为契约不能穷尽每一个利益相关者的利益归属，所以处于信息优势的一方就会以损害他人的利益为代价增进自己的利益。机会主义源于人的自利本性，拥有自利动机的经济主体能否成功实行机会主义行为取决于既定的制度安排，换言之，机会主义行为也必定反映了制度缺陷。

新制度经济学对“经济人”假定的修正，为委托代理问题、股权激励制度的研究提供理论基础。股权激励制度设计的初衷是趋同股东和管理层利益，股东希望借助于股权激励计划来让管理层努力工作，提升公司的长期价值，然而被授予股权激励计划的管理层希望实现股权激励收益的最大化，而非公司价值本身。当法律、制度、公司治理不完备时，处于信息优势的管理层的机会主义行为可能实现，在这种情况下，股权激励制度的有效性达不到预期。

二、有效契约论

经典委托代理理论框架下的有效契约论（Efficient Contracting Approach）认为，可观察的股权激励计划是对现有环境作出的最佳反应：股东通过股东大会选取董事会，董事会选取管理层，董事会的薪酬委员用管理层薪酬发放方式和水平来制约管理层，从而管理层薪酬必然是有效实现股东利益最大化的最优契约。股权激励计划作为一种有效的薪酬契约安排，促使管理层最大限度追求股东利益最大化并减少道德风险，而且行权期的锁定以及股价表现要求等条款

① 诺斯认为，制度是“一系列被指定出来的规则、守法程序和行为的道德伦理规范，它旨在约束追求主体福利或效应最大化利益的个人行为”。

设置，可以避免管理层短视主义的发生。（Hall 和 Liebman，1998；Hall 和 Murphy，2002；Hall 和 Murphy，2003；Huddart，1994；Jensen 和 Murphy，1990）。有效契约论的拥护者坚称现有薪酬水平和结构反映了管理层人才劳动市场的竞争性均衡，管理层激励工具合理得到安排，从而能使公司价值最大化。

学者们运用理论模型对有效契约论提供理论支持。Holmstrom 和 Tirole（1993），Kim 和 Suh（1993）指出在理想的均衡状态下，股票价格和会计财务指标均能传递管理层努力程度的信息，所以有效的激励契约可被业绩表现所体现。Bushman 和 Indjejikian（1993）建立模型，说明与盈利指标挂钩的管理层薪酬可以提高管理层努力程度。Feltham 和 Xie（1994）在此基础上改进模型，结果发现如果包含股票价格评判指标，则薪酬契约可以减少噪音，减少管理层努力程度和股东预期目标之间的差距。Arya 和 Mittendorf（2005）用信息隐藏模型表明，才能不能公开地被观察到，所以股票期权激励是吸引有能力的雇员的有效机制。Beyer 等（2014）通过建立模型，指出有效的股权激励薪酬契约必须能解决道德风险和逆向选择问题，而且必须与公司表现挂钩，而报告盈余指标因操纵的成本高，所以并非十分适合作为评判管理层能力的指标。Edmans 等（2012）、Garrett 和 Pavan（2015）则从跨期的角度分析有效薪酬契约应如何随着时间的变化而变化。

许多文献从实证角度验证有效契约论对股权激励制度的解释力，他们将研究重点放在了管理层薪酬，尤其是股权激励薪酬在多大程度上促进公司业绩上。Jensen 和 Murphy（1990）指出股东财富变动对 CEO 的财富变动敏感，股东财富每增加 1000 美元，则股东财富增加 3.25 美元，然而该比例太低，所以要对 CEO 授予股票期权，激励 CEO 促进股东价值最大化。Dittmann 和 Maug（2007）进一步比较了股权激励薪酬和固定薪酬与公司业绩之间的敏感性，发现与固定薪酬相比，股权激励薪酬与公司业绩之间的敏感性显著更高，由此作者认为股权激励薪酬能有效地减少委托代理成本。Core 和 Guay（2001），Ittner 等（2003）则提供股票期权能激励管理层风险承担而从事更高成长性投资的证据。

三、管理层权力论

有效契约论认为，股权激励薪酬“井喷式”增长是股权激励契约有效的结果，然而，Bebchuk 和 Fried（2004）却断言近年来的管理层股权激励薪酬实践恰恰反映了当前薪酬契约的无效和公司治理的失败，董事会制定的薪酬契约不能最大化股东价值，相反被管理层用来最大化私利。Bebchuk 和 Fried 的论断引起了学者和政策制定者的关注，甚至对随后的规则修订造成了影响，美国证券交易委员会 2006 年强制要求公司披露 CEO 的薪酬，2010 年施行的多德弗兰克法案要求美联储对企业高管薪酬进行监督，2013 年欧盟对银行家奖金收入设定上限，同年美国证券交易委员会对管理层薪酬信息披露对象扩大至中级管理层，瑞士成功将 CEO 薪酬限制在最低员工薪酬的 12 倍以内。

管理层权力论（Managerial Power Approach）认为存在机会主义倾向的管理层凭借自己的能力影响自身薪酬水平和结构，而不顾股东的利益（Yermack，1997；Bebchuk 等，2005；Kaplan 和 Rauh，2010）。管理层权力论的支持者认为现存的薪酬安排偏离了最优契约，他们重点探讨管理层权力在管理层薪酬实践中所扮演的角色。Bebchuk 和 Fried（2004）认为，最优薪酬契约可能源自董事会和管理层之间的公平谈判，或来自市场约束，但也许董事会力量和市场力量都不足以有效地约束管理层薪酬。董事会和管理层的谈判远非公平，在最优契约模型中，董事会和管理层公平谈判谋求股东利益最大化，然而考虑到管理层并非自动地站在股东利益角度行事，因此也没有理由先验地认为董事会也会最大化股东利益，甚至名义上的独立董事也有动机讨好 CEO。即便董事会没有理由讨好 CEO，但他们也没有动机促使最优的管理层薪酬计划来实现股东利益最大化，并且，他们通常缺乏独立信息和专业建议。从市场的角度而言，来自公司治理、资本市场、劳动市场的约束并非十分强烈，背离最优契约完全可能。

受管理层权力的潜在影响，股权激励无法实现股东和管理层的利益趋同，反而强化了管理层的“壕沟效应”，这种现象不仅在股权相对分散的美国十分普遍，同样在股权集中的欧洲国家也同样存在，股权激励被当作管理层抽取租金获得私利的一种手段（Bebchuk 和 Fried，2006；Melis 等，2012）。Benmelech 等（2010）通过构建动态理性预期均衡模型，发现信息不对称的情况下，股权激励使管理层作出次优的投资决策，管理层有动机隐瞒公司未来经济状况的负面消息，避免股价的下降，使股权激励价值得以维持。Pantzalis 和 Park（2014）则发现股权激励契约如果设计不合理，则不仅不能缓解委托代理冲突，而且会造成股票期权的错误定价而加剧委托代理冲突。Abernethy 等（2015）指出当管理层有凌驾于董事会之上的权力之时，会尽可能地调增自己的股权激励薪酬。

大量经验证据表明，管理层权力的存在使得股权激励诱发了管理层的机会主义行为。Melis 等（2012）发现在股权分散的大型公司中，管理层的权力强大，股权激励就演变成管理层侵蚀股东权益的工具。而在那些股权集中的公司中，管理层通常由大股东委任，此时股权激励计划成为大股东和管理层共同蚕食中小股东的工具。Devos 等（2015）发现股权激励管理层操纵了股票分割的时机，通过在股票分割日附近进行股票期权授予，使行权价格定格在股价较低之时。Ndofor 等（2015）发现股东与管理层之间信息不对称程度越高，则持有大量股权激励工具的管理层越有动机对财务报告进行造假，而对管理层的监管越严格，管理层财务欺诈的概率越小。现有文献也强调了投资者保护和制度对抑制管理层获取股权激励私利的作用，如萨班斯-奥克斯利法案要求公司提高对股权激励计划的披露，该项制度明显抑制了管理层操纵行权价格的行为（Liu 等，2014）。

第二节　股权激励管理层机会主义行为的理论分析

以上经典理论说明，如果制度环境、资本市场、公司治理对管理层的约束并非十分强烈，则股权激励计划不仅可能背离最优契约，还可能诱发管理层机会主义行为，损害股东利益。股权激励计划首先作用于高管决策行为，进而产生相应的经济后果，股利分配作为管理层所面临的重要财务决策，势必受到股权激励计划的影响。

本书理论分析立足于中国特殊的制度背景，以基于股利政策视角的股权激励管理层机会主义行为为主线，重点关注以下系列问题：（1）股权激励管理层出于机会主义行为目标，会对公司的股利分配决策产生哪些影响？具体的，股权激励计划实施会显著改变股利分配水平吗？这一影响是否在股票期权和限制性股票两种不同的激励模式下存在差异？股权激励计划会使管理层在不同的股利分配方式之间作出偏好选择？股权激励计划与股利平滑之间是否存在逻辑关系？（2）如果股权激励计划的确对股利分配的不同方面存在影响，那么股权激励上市公司中，股权激励计划对股利政策的影响在多大程度上与管理层的机会主义动机有关？股权激励计划对股利政策的影响程度是否与管理层的机会主义行为实现能力有关？（3）能否结合我国股权激励计划的股利保护背景，测算并评价管理层从股权激励计划中获得激励预期收益是否合理？如果不合理，会给公司带来哪些经济后果？为从理论上回答以上问题，本书构建了基于股利政策视角的股权激励管理层机会主义行为理论分析图，具体见图 1-1。

本书的基本思路如下：第一，中国现有的制度安排对上市公司管理层约束不足，股权激励计划使得管理层存在机会主义行为目标，即最大化股权激励收

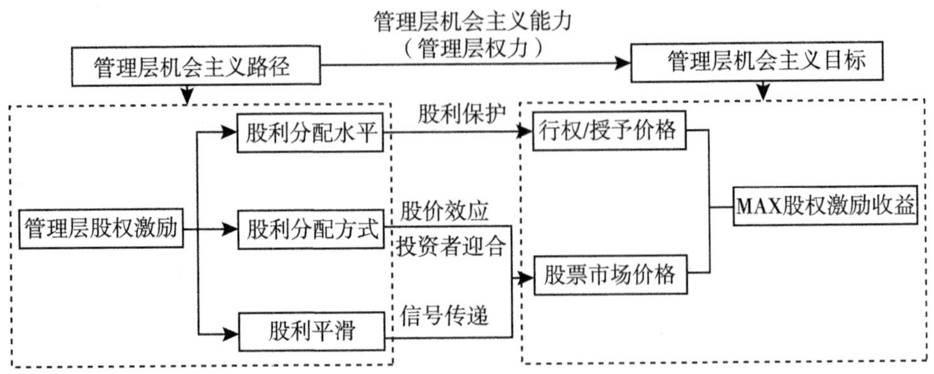

图 1-1　基于股利政策视角的股权激励管理层机会主义行为理论分析框架

益，管理层一方面会尽可能地压低股权激励工具的获取成本，另一方面会影响股权激励工具标的股票的市场价格。第二，股利分配决策对管理层的股权激励收益造成影响，因此，管理层有影响股利政策不同方面为自己谋取更大激励收益的动机。具体而言，我国对股权激励工具进行股利保护，行权价格和授予价格因股利分配而下调，股权激励管理层会提高股利分配水平来压低股权激励工具的获取成本；在我国资本市场缺乏效率的背景下，不同股利分配方式下的股票溢价程度不一，投资者对其作出不同的市场反应，股权激励管理层利用股票溢价和市场反应差异，倾向性的偏好能提升股票市场价格的股利分配方式；管理层认为资本市场和投资者平滑的股利政策传递了公司稳定的盈余信息，所以股权激励后提高股利平滑程度来刺激股票市场价格。第三，管理层通过影响股利政策放大股权激励收益需受管理层机会主义行为实现能力的约束。

一、机会主义行为目标

Jenson 和 Meckling（1976）指出，信息不对称的情况下，代理人会作出对自身利益最大的决策。对于股权激励上市公司管理层而言，最大化股权激励收益是其作出股利分配决策时的出发点。

（一）股票期权激励收益形成和影响因素

1. Black-Scholes 期权定价模型与期权收益

股权激励属于权益工具，实务中，一般按照 Black-Scholes 期权定价模型或二叉树定价模型来测算。在风险资产市场价格遵循布朗运动、没有交易费用和税收、资产价格变动连续、资产交易自由、无风险利率保持不变、没有无风险套利机会、股票不支付股利的假设前提下，看涨期权的初始合理价格可表达为公式（1.1）。

$$C = SN(d_1) - L e^{-rT} N(d_2) \tag{1.1}$$

其中，$d_1 = \frac{ln\frac{S}{T} + (r + 0.5.\ \sigma^2)T}{\sigma\sqrt{T}}$，$d_2 = d_1 - \sigma\sqrt{T}$，$C$ 为看涨期权的初始合理价格，L 为期权的行权价格，S 为标的资产的市场价格，T 为有效期，r 为连续复利计算的无风险利率，σ 为标准差，N 为正态分布的累积概率分布函数。显然，在已知行权价格、有效期、无风险利率的情况下，期权价格依赖于标的资产的市场价格变化。

看涨期权到期期望值可由公式（1.2）表示：

$$E[G] = E[\max(S_t - L),\ 0] \tag{1.2}$$

其中，$E[G]$ 为看涨期权的到期期望值，S_t 为交割日标的资产的市场价格。显然，如果 $S_t > L$，则为实值期权，否则为平值期权或虚值期权。Black-Scholes 期权定价模型对期权持有收益进行了定义，如公式（1.3）所示。$P[G]$ 为实值期权持有收益，为标的资产交割日的市场价格与行权价格的比值，该收益服从对数正态分布。

$$P[G] = ln\frac{S_t}{L} \tag{1.3}$$

显然，Black-Scholes 期权定价模型揭示了看涨期权的持有收益与标的资产交割日的市场价格正相关，与期权的行权价格负相关。

2. 考虑股利分配的 Black-Scholes 期权定价模型与期权收益

Black-Scholes 期权定价模型建立在公司不进行股利分配的假设前提之上，1997 年，莫顿将股利分配考虑在期权定价之内，对 Black-Scholes 期权定价模型进行了拓展。对于公司已知的不连续分红 D_t，需要将其现值从标的股票的市场价格中去除，从而将 Black-Scholes 期权定价模型拓展为公式（1.4）。此时看涨期权到期期望值可表达为公式（1.5），实值期权持有收益可以表达为公式（1.6）。

$$C = (S - D_t e^{-rT}) N(d_1) - L e^{-rT} N(d_2) \tag{1.4}$$

$$E[G] = E[\max(S_t - D_t - L),\ 0] \tag{1.5}$$

$$P[G] = ln\frac{S_t - D_t}{L} \tag{1.6}$$

从考虑股利分配的 Black-Scholes 期权定价模型可以看出，看涨股票期权的持有收益与三个因素有关：标的股票的市场价格、红利的发放水平和期权的行权价格。

（二）限制性股票激励收益形成和影响因素

李耀（2008）① 指出，相比于股票期权，限制性股票的估值方法十分简单，为授予日的股票市场价格减去授予价格，因此，限制性股票并无股票期权所拥有的时间价值，而只有内在价值。对于限制性股票的激励对象而言，授予日当天享受的优惠是授予日股价与授予价格之差，限制性股票的持有成本是授予价格，持有收益是解锁后的出售日的市场价格与授予价格之差。因此，限制性股票的持有收益与授予价格成反比，与股票的市场价格成正比。

从两种常见的股权激励工具的激励收益形成和影响因素可知，管理层的机会主义行为目标是最大化股权激励收益，而压低行权价格和授予价格，提高标的股票的市场价格是最大化激励收益的最直接的方法。

二、管理层机会主义寻租的不同路径

国内外文献说明，存在机会主义倾向的管理层有最大化股权激励工具价值的动机，而股利政策会影响股权激励工具价值，所以管理层会尽量选择能增加股权激励工具价值的股利政策。管理层在作出股利分配决策时，会考虑以下问题：分配多少（分配水平）、以什么样的形式分配（分配方式）、是否需要根据公司长期盈利或过去股利来维持当期股利分配（股利平滑）。股利政策的这三个方面都会对股权激励工具的价值造成影响。具体而言，股利分配水平会影响股权激励工具的行权价格，而股利分配方式的选择和股利平滑行为会影响标的股票的市场价格，所以管理层会通过影响股利分配水平、股利分配方式、股利平滑来放大股权激励收益。

（一）管理层股权激励与股利分配水平

公式（1.6）表明，如果公司在发放现金股利时，行权价格不作出调整，则每发放一次现金股利都会带来股票期权价值的下跌和持有收益的下降。不同国家和地区对股权激励工具的行权价格作出了不同的股利保护安排②，使得管

① 李耀：《股票期权和限制性股票的九大差异》，载《董事会》2008年第10期。

② 对股权激励工具进行股利保护是指公司发放股利时，股权激励工具的行权价格随之下调；不进行股利保护是指行权价格不随股利的发放而调整。

理层对股利分配水平影响方向并不相同。

美国对股票期权激励工具往往缺乏股利保护，使得美国公司减少现金股利而增加股票回购，以此避免行权价格的下跌和维持股权激励收益。Mupphy（2000）在其618份股票期权激励计划中仅发现6例为股利保护型。Fenn和Liang（2001），Kahle（2002）将美国股票期权激励工具缺乏股利保护归因于股利保护型股票期权的会计处理①。Lambert等（1989），Jolls（1998），Weisbenner（2000）等研究发现，非股利保护型股票期权使被激励对象有动机减少现金分红而增加股票回购，因为股票回购并不会减少被激励对象所持股权激励价值。Zhang（2013）调查了2000—2009年间标准普尔500指数标的上市公司，发现近半数被授予股权激励工具的CEO收到了股利或股利等价物，共46次观察值每年收到的股利保护值超过一百万美元，然而，其中大多数股利保护值相对较少，均值约20万美元，大约占到500家上市公司平均现金薪酬的10%。公司与公司间实施股利保护的具体办法不同，但无外乎是在合同中约定，如果CEO拥有将来可实现的股权，则CEO可以获得股利。

相比于美国，其他国家和地区对股权激励实施股利保护更加常见，这些国家和地区的企业则倾向于提高现金股利发放水平来降低行权价格，放大股权激励收益。Liljeblom和Pasternack（2006）用芬兰上市公司的样本，发现股利保护型股票期权与股利发放之间呈现正相关。Wu等（2008）发现台湾地区雇员股票期权有股利保护特征，导致台湾地区股票期权授予与现金股利发放正相关。Burns等（2015）以2003—2012年期间欧盟地区15个成员国的样本为研究对象，发现欧盟地区股票期权和限制性股票与现金股利负相关；作者进一步考察了股权激励工具，发现欧盟地区对限制性股票进行了更大比例的股权保护②，如果股权激励为股利保护型，则股利发放会增加，也就是说股利发放会弱化股权激励和股利发放之间的负向关系，CEO股利保护发生率和规模与股利发放正相关，在那些首次进行股利保护的上市公司中股利增加更为明显，表明股利保护能使公司的股利政策发生改变。

就我国上市公司的股权激励实践而言，2006年1月1日正式实施的《上市公司股权激励管理办法（试行）》第13条规定，上市公司应当在股权激励

---

① 根据美国的GAAP，股利保护型股票期权成本需在损益表中确认为费用，而非股利保护型股票期权只需要在损益表附注中披露。

② Burns等（2015）手动搜集了欧盟地区15个成员国样本公司对股权激励的股权保护情况，发现样本中19%的公司实施了股利保护。

计划中对限制性股票授予价格的确定方法、股票期权行权价格的确定方法作出明确说明。同时，第25条规定，上市公司因标的股票除权、除息或其他原因需要调整行权价格或股票期权数量的，可以按照股票期权计划规定的原则和方式进行调整。可见，该管理办法明确规定股权激励工具行权价格或授予价格可因股利政策而调整，说明我国的股权激励工具为股利保护型。

为验证上市公司是否为股权激励工具设定股利保护型条款，作者详查了上市公司公告，发现我国上市公司的确根据股利分配调整了股权激励工具的行权价格或授予价格。例如，《TCL集团股份有限公司股票期权激励计划（草案）修订稿》第21条的规定，若在行权前公司发生资本公积金转增股本、派送股票红利、股票拆细、缩股、配股、派息等事项，应对行权价格进行相应的调整。在2013年4月25日TCL集团（000100）发布的《关于调整股权激励计划股票行权价格的公告》中，对公司于2012年1月13日首次授予的股票期权和2013年1月8日授予的预留股票期权行权价格作出调整，调整的原因是公司于2012年向全体股东每10股派发现金红利0.38元（含税）。

对于限制性股票激励方式，我国上市公司同样在股权激励计划中设定了股利保护型条款，如南玻集团（000012）在其股权激励计划中规定，在本计划公告当日至激励对象完成限制性股票股份登记期间，公司发生现金红利、送红股或公积金转增股本等影响公司总股本或公司股票价格应进行除权、除息处理的情况时，公司应对限制性股票的授予价格作相应的调整。在此规定下，公司依据2007年的利润分配方案（每10股派送现金1.50元/股，含税）对2008年6月16日的限制性股票授予进行了授予价格的调整。

由此可见，我国上市公司实践操作中为股权激励计划设定股利保护性条款：若股利政策为现金股利，则调整后的授予价格或行权价格等于调整前的授予价格或行权价格减去每股税前现金股利；若股利政策为资本公积金转增股份或派送股票股利，则调整后的授予价格或行权价格等于调整前的授予价格或行权价格除以1与转增比和送股比之和，具体见公式（1.7）和（1.8）①。

派现调整：

① 以南玻集团2010年4月21日对限制性股票授予价格的调整为例：南玻集团2009年的利润分配方案为每10股派现3.5元（含税），资本公积金每10股转增7股。调整前的授予价格为8.48元/股，所以现金股利发放使得调整后的授予价格为8.48-0.35=8.13元/股，转增比为0.7，所以进一步调整的授予价格为8.13/（1+0.7）=4.78元/股。

$$L_t = L_{t-1} - D_t \tag{1.7}$$

公积金转增或股票股利发放调整：

$$L_t = L_{t-1}/(1 + n_1 + n_2) \tag{1.8}$$

其中，L_t 为调整后的授予价格或行权价格，L_{t-1} 为调整前的授予价格或行权价格，D_t 为 t 期每股的派现额，n_1为公积金转增比，n_2为派送股票红利的比率。

通过对比可以发现，不同国家和地区的上市公司对不同类别的股权激励工具股利保护程度不一，导致股权激励计划对股利分配水平的影响存在差异性。具体而言，美国企业对股权激励计划缺乏股利保护，所以公司管理层倾向于减少股利发放来维持股权激励工具价值；芬兰和中国台湾地区企业股权激励计划股利保护实践更加常见，股利保护弱化了股权激励和现金股利发放之间的负相关系；而我国则对所有的股权激励工具进行了股利保护，股权激励工具价值并不因为股利发放而减少，可以预见，管理层并没有减少股利发放的动机。股权激励上市公司管理层增加股利分配水平，目的是为了尽可能降低行权价格，为将来获得非努力型股权激励收益作准备。

（二）管理层股权激励与股利分配方式

将股权激励计划纳入管理层薪酬方案中的初衷是让管理层成为公司的股东，使其专注于提升公司价值，然而管理层的利益倾向则是最大化股权激励计划价值。股利分配方式通过股票价格效应影响激励收益，因此，管理层有动机偏好能提升股权激励计划价值的股利分配方式。

在发达国家中，股利分配主要为现金股利、股票回购两种方式，其中股票回购成为股利分配方式的主流。有学者认为股权激励实践在股利分配方式演变中扮演了重要角色，Fenn 和 Liang（2001）发现美国股票回购的增加趋势与股票期权薪酬占比提升有关，Aboody 和 Kasznik（2008）认为管理层股票期权和限制性股票导致自利的管理层更偏好股票回购，Geiler 和 Rennboog（2016）以英国上市公司为研究对象，发现英国的股权激励实践对公司的股利支付方式变化具有解释力：股权激励程度越高的公司越偏好股票回购。Denis 和 Osobov（2008），Amedeo 和 Neslihan（2015）发现欧盟地区的公司选择用股票回购来替代现金股利。

为何发达国家股权激励公司更偏好股票回购这种分配方式？西方媒体宣称，股票回购被管理层当作操纵股票价格的工具，目的是为了增加股权激励薪酬价值。① 学者们对股票回购的价格效应进行了实证检验，Peyer 和 Vermaelen（2009）发现股票回购事件后 48 个月平均累计异常回报高达 24.25%，Bargeron 等（2011）考察了 1996—2008 年间美国证交所上市公司的股票回购事件，发现股票回购公告日［-1，+1］事件窗内有显著的正异常回报。Dittmara 和 Fieldb（2015）发现股票回购的正异常回报持续了三个月之久。然而，在股权激励工具无保护背景的国家中，现金股利的发放直接会因除权降低股权激励工具的股票价格。因此，股票回购和现金股利对股权激励工具标的股票价格影响的差异性，使得存在机会主义动机的管理层选择用股票回购来替代现金股利。

相比之下，我国上市公司的股利发放方式主要有：股票股利、混合股利、现金股利和全部留存。已有研究表明，我国上市公司热衷于股票股利这种股票分配方式（薛祖云和刘万丽，2009；李心丹等，2014）。然而，股票股利分配方式并没有实质改变公司价值，那为何我国上市公司偏好“高送转”？可能的原因是股票股利的正股价效应。吕长江和许静静（2010）对上市公司的信号传递效应进行检验，发现相比于现金股利变更公告，市场对股票股利变更的反应更加敏感。肖淑芳和彭云华（2014）对股票股利的股票价格效应进行了实证检验，发现送红股和公积金转增宣告后，公司的长期异常超额收益为正。

我国学者认为我国股票股利分配方式的正股价效应能更好地被 Baker 和 Wurgler（2004）提出的“迎合”理论所解释（林川和曹国华，2010；支晓强等，2014），即在缺乏效率的资本市场中，尽管股票股利发放并没有实质改变公司价值，但会刺激投资者对低价股票的非理性需求，使股票股利分配方式长期存在“股票溢价”现象，而管理层为了迎合投资者非理性需求，主动地采用股票股利分配方式来获得投资者自愿支付的溢价，结果是实现了管理层自身利益的最大化。

当上市公司管理层被授予股权激励计划时，管理层更有可能利用我国非理性投资者对股票股利分配方式的“股票溢价”来放大自身的股权激励收益。西方发达国家较少采取股票股利分配方式，股票分割较为常见，而两者具有相似之处。目前，国外学者找到了股权激励管理层利用股票分割事件的正股价效应来自利的证据。股票分割同样并没有改变公司的基本面，但实证发现市场对

① 《哈弗商业评论》报道：数万亿的资金本应用于公司创新和缓解就业，然而却被用做操纵股价的股票回购。参见 William Lazonick. “Profits without Prosperity”. *Harvard Business Review*, September 2014.

股票分割事件作出积极反应，引致股票价格上升。Ikenberry 等（1996）调查了 1975—1990 年间美国证交所上市公司 1275 次股票分割事件，发现平均异常日回报率高达 3.38%，Lin 等（2009）实证发现股票分割事件的异常日回报率为 3%。股票拆分对股价的正向影响诱使股权激励管理层利用股票分割来放大股权激励收益。Devos 等（2015）发现股权激励管理层将股票期权授予定在股票拆分公告日或公告日之前，管理层的机会主义行为使股权激励价值平均增加了 451748 美元。

综上分析，上市公司不同的股利分配方式存在股价效应差异性，对于股权激励管理层而言，股权激励收益直接与股票市场价格成正比，因此，股权激励管理层有更大的动机偏好能带来正股价效应的股利分配方式。

（三）管理层股权激励与股利平滑

股利平滑在西方发达国家和地区的企业股利分配决策中十分普遍。Lintner（1956）调查了 28 家企业管理层，发现企业并非根据当年盈利状况独立地作出分配决策，而是根据企业长期盈利状况来作出是否改变当期股利分配的决定，不到万不得已时企业不会轻易降低股利，同时当企业盈利上升时，也不会立刻增加股利。继 Lintner 的研究 50 年之后，Brav 等（2005）对 384 位财务执行官进行了深入访谈，发现 Lintner 的结论依然成立，Guttman（2010）将此概括为股利发放的黏性特征。在此背景下，我国学者先后应用 Linter（1956）股利调整模型、Guttman（2010）共同均衡（Pooling Equilibrium）模型对我国上市公司股利政策进行检验，发现上市公司同样存在股利平滑现象（李茂良等，2014），股利发放存在黏性（谢获宝和李粉莉，2017）。

大量文献发现不同国家和地区的公司存在股利平滑，学者们也尝试用不同的理论解释股利平滑产生的原因，Leary 和 Michaely（2011）将此划分为两大阵营：股利信号理论和委托代理理论。

早期的股利信号模型（Bhattacharya，1979；Miller 和 Rock，1985；John 和 Williams，1985）指出，在信息不对称环境下，股利政策发挥了传递公司盈利信息功能，公司总会作出最大化公司价值的股利分配决策。这些模型对当期股利分配水平传递的信息作出解释，并没有解释管理层股利平滑行为。之后，股利信号理论的追随者改进了股利信号模型，对股利发放所表现出的平滑性特征进行解释。Kumar（1988）认为只有股利的变化和调整才具有传递公司未来盈利前景信息的功能，然而，管理层有意对股利进行平滑之后，使得股利的信息传递功能弱化。Allen 等（2000）将机构投资者纳入股利信号模型中，认为机构投资者所享有的税收优惠使其更青睐股利发放水平更高的上市公司，为吸引投资者，公司倾向于维持平滑的股利政策，然而，Brav 等（2005）却指出公司股利平滑决策与机构投资者并没有关系。Guttman 等（2010）对 Miller 和 Rock（1985）的股利信号模型进行改进，发现股利平滑行为是管理层有保留地传递信息的结果，管理层越想保留公司当前和未来现金流的私有信息，则越可能采取平滑的股利政策。那些从信息不对称中获利、信息透明程度越差、投资机会越大的公司更有可能对股利进行平滑。Michaely 和 Roberts（2012）发现上市公司比民营非上市公司的股利平滑程度更高，因为民营非上市公司无须关注资本市场对股利政策的反应，而上市公司为了避免股利减少导致的市场负反应而进行股利平滑。Acharya 和 Lambrecht（2015）同样认为，管理层对股利进行平滑的目的是为了达到资本市场的盈利预期。

委托代理理论从管理层与股东的利益冲突来解释公司股利平滑行为。Fudenberg 和 Tirole（1995）认为股利平滑由管理层和股东利益冲突所导致，股东从管理层提交的股利分配报告或财务报表判断公司的当前和未来盈利和现金流状况，一旦发现公司盈利波动明显，则管理层将被解雇或管理被干预。管理层出于自身利益考虑，有动机策略性地修匀股利发放，向股东和相关利益者传递公司运营良好的信息，即当公司当期盈利良好时，管理层倾向于维持先前的股利分配，积累盈余以应对经济不好的年份，而当公司运营状况不好时，也不会轻易地减少股利分配，以掩盖“坏消息”。Leary 和 Michaely（2011）发现代理成本越高的公司股利平滑程度越高。Lambrecht 和 Myers（2012）构建了动态委托代理模型分析管理层寻租动机对股利平滑的影响，理论分析发现股利发放不仅随公司长期盈利动态调整，而且受公司管理层特征的影响，公司盈利波动性越大，厌恶风险的管理层越可能积累盈余并长期维持低水平的股利发放，进一步地，管理层股权激励薪酬作为管理层寻租的代理变了，同股利平滑也同步跟着变动，管理层对平滑租的需求引致了股利平滑。

显然，股利信号理论和委托代理理论都认为管理层努力进行股利平滑，从中可以归纳出管理层股利平滑的动机。首先，管理层利用内部信息优势，操纵外部投资者对公司的盈利预期。股东从管理层的股利分配报告中判断公司经济状况，管理层通过股利平滑，对业绩较好的年份进行低估，对业绩不好的年份进行高估，同时保留了公司当前和未来现金流和盈利的内部信息（Fudenberg 和 Tirole，1995；Guttman 等，2010；Acharya 和 Lambrecht，2015）。其次，管理层对股利进行平滑是为了迎合投资者，以促进股票价格的上升。管理层认为投资者对实施平滑的股利政策的公司进行“股票溢价”，资本市场会对股利减少作出惩罚（Karpavicius，2014；Michaely 和 Roberts，2012；Larkin 等，2016）。第三，管理层为了获得平稳的经济租来进行股利平滑（Lambrecht 和 Myers，2012）。

然而，理论和实证研究表明，如果公司长期进行股利平滑，将带来不好的经济后果。Kumar 和 Lee（2001）发现股利平滑和破产概率（以现金占流动负债比率和利息保障比率来衡量）正相关，Karpavicius（2014）指出当公司业绩不良持续时间比较久时，股利平滑会增加公司的违约风险。Brav 等（2005）发现管理层将股利平滑决策的优先等级排在投资决策之前，这意味着管理层为了维持平滑的股利，不惜裁员、负债甚至放弃净现值为正的投资项目。Kumar（1988）认为股利传递公司信号的功能被股利平滑所削弱，Chen（2012）实证研究发现"二战"前（1872—1945 年）公司股利变化能预测公司收益状况，然而"二战"后股利和公司收益之间的关联不复存在，原因是公司在"二战"后进行了很大程度的股利平滑，其结果是股利传递公司信息作用失真，投资者应用股利分配信息来指导投资行为的难度增加。

如果管理层被授予股权激励计划，那么，管理层对股利进行平滑的动机会增强还是减弱呢？经前文分析可知，管理层有最大化股权激励收益动机，该激励收益的大小主要依赖于标的股票的市场价格和行权或授予价格，如果股利发放的动态变化对股票的市场价格造成直接影响，则管理层会根据股利发放动态调整给股权激励收益带来的影响大小，来作出是否对股利进行平滑、平滑程度的决定。一方面，已有实证研究表明资本市场对减少股利会作出负反应，Michaely 等（1995）发现不发放股利的公告后果很严重，平均股价会下跌 6.1%，Grullon 等（2002）发现股利增加公告的市场反应与股利减少公告的市场反应并不对称，股利增加公告带来股价的幅度是 1.34%，而股利减少公告会导致股价下跌 3.71%。基于此，被激励的管理层为维持股权激励计划价值，不会轻易地减少股利发放。另一方面，有研究发现资本市场对平滑的股利作出积极的市场反应，Beer（1994）以 181 家比利时上市公司为研究对象，发现市场对平滑的股利政策作出积极反应，Rozycki（1997）指出，股利平滑最小化投资者预期所得税的现值，从而具有提升股票价格的作用，Larkin 等（2016）发现机构投资者对股利进行平滑的上市公司股票作出"溢价"反应，Karpavicius（2014）通过构建零增长股利贴现动态模型，得出的结论是上市公司进行股利平滑的目的是最大化股票价格。综上分析，被授予股权激励计划的管理层更有倾向进行股利平滑行为。

三、约束管理层机会主义行为的因素

显然，股权激励计划是否能对股利政策造成影响，管理层的机会主义行为是否能得以实现，依赖于我国的制度环境、资本市场完善程度和公司治理机制。下面，本书结合我国上市公司面临的环境和公司治理特征，对我国上市公司股权激励影响股利政策的现实可能性作一基本判断。

（一）我国法律制度对管理层机会主义行为的约束

目前我国有相当多的法律条款来约束公司管理层行为，如《公司法》(2014)① 规定，有限责任公司可设经理，由董事会决定聘任或解聘，监事会有权对高级管理人员的违法行为或侵害公司利益的行为提起诉讼。《上市公司治理准则》(2015)② 规定，管理层违反法律、法规和公司章程规定致使公司遭受损失的，公司董事会应积极采取措施追究其法律责任。此外，《证券法》(2014)③、《合同法》（1999）等法律以及公司内部章程中均明确了管理层的职责和行为规范以及应承担的违约责任。尽管法律法规在实践中规范着管理层的职务行为，但在法律实践过程中仍不尽如人意。一方面，我国法律对管理层不当行为规定了可诉性，但实际诉讼过程中，制裁和执法力度等因素增加了诉讼的难度，使得管理层违规收益大于违规成本；另一方面，行业和市场对管理层行为约束弱化，我国部分行业组织对政府依赖性强，并不能真正履行保护投资者利益职责，也无法形成对管理层行为的监督力量。

（二）我国资本市场对管理层的约束

以资本市场上的股价来评判股东和管理层的委托代理问题是否得以缓解有

① 2014 年 2 月 17 日最高人民法院审判委员会第 1607 次会议通过了《关于修改关于适用〈中华人民共和国公司法〉若干问题的规定的决定》。

② 中国证监会和国家经贸委于 2015 年 2 月 6 日联合发布了《上市公司治理准则》，该准则参照国外公司治理实践中普遍认同的标准，针对我国上市公司治理方面存在的突出问题，提出了一套兼原则性和操作性的措施，在我国上市公司治理结构的制度建设方面迈出了重要一步。

③ 自 2005 年《证券法》修订以来，我国资本市场规模和容量迅速扩大，《证券法》发挥了重要的引导、支持和保障作用。但随着市场改革创新的不断深入，《证券法》相关制度规定客观上面临着需要进一步补充、完善的现实问题。2014 年 8 月 31 日，第十二届全国人民代表大会常务委员会第十次会议通过了《关于修改〈中华人民共和国证券法〉的决定》。

失公允，甚至会加剧委托代理问题。股权激励计划加强管理层和公司股价表现之间的关联，此时管理层更关注的是资本市场这个反映公司未来信息的“预期”市场，而非公司产品市场。过于关注资本市场可能会导致很多问题，如管理层企图用各种途径提前知晓会影响股价的内幕信息，或通过控制信息公告的公开节奏来影响股价，更关注公司短期股价变动而非公司的长期价值。与发达资本市场相比，中国资本市场完善程度不高，中小投资者的理性程度不高，存在各种市场“异象”①，信息不对称也较为严重，监管体制不健全。资本市场缺乏效率，投资者非理性行为明显的背景下，凸显拥有公司内部信息管理层影响公司股价的能力。

（三）我国公司治理层面对管理层的约束

越来越多的文献证实良好的公司治理能约束管理层的机会主义行为。Klein（2002）研究发现审计委员会的独立性与操纵性应计利润的规模成反比，Cornett 等（2008）发现机构投资者持股比例增加时会减少操纵性应计利润。一方面，我国企业管理层权力在国家不断放权让利的改革历程中不断得到强化（杨兴全等，2014），另一方面，公司内部治理仍形同虚设，我国公司治理结构齐全，但这些形式上的机构，并不能发挥对管理层的监督作用，引入独立董事的上市公司的独立董事基本上独立性不强，无法对管理层权力形成有效制约和监督。在公司治理内部机制不健全时，上市公司管理层凭借权力影响公司决策制定以实现股权激励收益最大化难以避免。

本章小结

本章首先概述了新制度经济学提出的机会主义行为理论，然后探讨股权激励制度有效性研究的理论基础。“有效契约论”指出股权激励计划是一种有效的薪酬契约安排，能促进公司价值和股东利益的最大化，而“管理层权力论”则认为如果制度环境、资本市场、公司治理对管理层的约束并非十分强烈，则股权激励计划可能诱发管理层机会主义行为，弱化激励契约的有效性。

在以上经典理论分析的基础上，本书立足于中国特殊的制度背景，构建基于股利政策视角的股权激励管理层机会主义行为理论框架，对管理层机会主义

① 许年行、于上尧、伊志宏：《机构投资者羊群行为与股价崩盘风险》，载《管理世界》2013 年第 7 期。

目标、路径、约束机会主义行为的因素进行详细的理论分析，得出以下结论。

第一，股权激励管理层的机会主义目标是最大化股权激励收益，从股票期权估值模型和限制性股票的估值方法来看，股权激励收益与标的股票价格成正比，与行权价格或授予价格成正比。

第二，股利分配决策对管理层的股权激励收益造成影响，因此，管理层有影响股利政策不同方面为自己谋取更大激励收益的动机。(1) 我国对股权激励工具进行股利保护，行权价格和授予价格因股利分配而下调，股权激励管理层会提高股利分配水平来压低股权激励工具的获取成本。(2) 在我国资本市场缺乏效率的背景下，不同股利分配方式下的股票溢价程度不一，投资者对其作出不同的市场反应，股权激励管理层利用股票溢价和市场反应差异，倾向性的偏好能提升股票市场价格的股利分配方式。(3) 管理层认为资本市场和投资者平滑的股利政策传递了公司稳定的盈余信息，所以股权激励后提高股利平滑程度来刺激股票市场价格。

第三，管理层通过影响股利政策放大股权激励收益的机会主义行为能否实现取决于现有的制度安排，由于中国现有的法律制度、市场因素、公司治理机制对上市公司管理层约束不足，使得管理层通过影响股利政策自利的行为得以实现。

第二章　我国股权激励制度的背景与上市公司实践分析

20 世纪 50 年代开始，美国公司将股权激励计划列入管理层薪酬方案，在美国管理层薪酬模式的影响下，其他国家和地区的公司也纷纷引入股权激励计划，希望借此计划激励管理层最大化股东利益。与西方股权激励制度实践相比照，我国股权激励制度实施的历史较短。股权激励制度有效性离不开政府制定的监管制度和实施细则、上市公司实践与股权激励契约的完备性。本节首先归纳总结我国股权激励制度的发展阶段和相应的制度法规，然后对我国上市公司股权激励运行特征进行描述性分析，并重点考证了上市公司股权激励计划设计的有效性，发现管理层在股权激励计划关键契约要素设计中存在机会主义行为。

第一节　我国股权激励制度的发展进程与制度演变

一、探索试点和萌芽阶段

现代股权激励制度在我国开展较晚，直到 20 世纪 90 年代初期，我国企业才开始逐步尝试。20 世纪 90 年代初期，中国正在贯彻落实搞活国有大中型企业的各项政策和措施，如 1990 年首钢、1991 年桦林橡胶厂实行“封死基数，超包全留”的激励机制提高了国企的留利水平和员工工作的积极性。1992 年邓小平南方视察后，深圳以及上海、河南、湖南、湖北等地国企开展了年薪制试点工作。1993 年，万科集团发布《员工股份计划规则》，进行员工持股计划试点。1994 年，深圳市率先出台《试点企业董事长、总经理年薪制办法》为年薪制的试点提供了法律依据，企业开始对年薪制进行了实践探索，一种做法就是将年薪中的一部分转化为期股，在对主要经营者进行期股激励的同时，上海有些国企将期股激励对象扩大至经营者群体，除了上海之外，北京和武汉也对国企经营者实施期股激励。① 1999 年，十五届四中全会发布《关于国有企业改革和发展的若干重大决定》，提出在国有企业中进行股权激励试点，这是我国中央政府首次对股权激励的明确表态，国企逐渐进行股权激励试点的同时，部分城市还专门制定了股权激励制度办法，推进企业对股权激励的探索。

然而在我国资本市场并不成熟的背景下，该阶段企业实行股权激励的实际内容和效果与真正意义上的股权激励存在较大差异，具体表现为企业实施的股权激励的实质是股票奖励，是年薪制中的一部分，是对高级管理人员经营业绩的直接肯定，而并非激励管理层在未来作出最大化企业价值的决定。这一阶段的股权激励相关法规汇总见表 2-1。

表 2-1 **我国现代股权激励制度萌芽阶段相关法规汇总**

序号	发布时间	法规名称	相关提法
1	1999 年 5 月	《武汉国有资产经营公司关于企业法定代表人考核奖励办法》	提出在武汉中商、武汉中百和鄂武商中实施股票期权制度
2	1999 年 9 月	《中共中央关于国有企业改革和发展若干重大问题的决定》	第一次提出经营者持股试点
3	1999 年 10 月	《上海关于对国有企业经营者实施期股（权）激励的若干意见》	提出通过购买国有股或期权对经营者实施激励
4	2000 年 1 月	《济南市关于企业经营者实施股权激励与员工持股试点的指导意见》	规范并支持济南市企业经营者和员工激励
5	2000 年 2 月	《沈阳市国有企业经营者年薪制补充办法》	将期股期权列为年薪制的补充
6	2001 年 3 月	《国民经济和社会发展十五计划纲要》	提出国有企业可以实行期权制，同时要建立严格的约束、监督和制裁制度
7	2002 年 11 月	《（财政部、科技部）关于国有高新技术企业开展股权激励试点工作的有关意见》	提出国有高新技术企业开展股权激励试点，激励方式包括奖励股权、股权出售、技术折股

① 武汉国有资产经营公司、绍兴百大、天津泰达、福建三木斯公司都是我国较早实行期股激励的企业。

续表

序号	发布时间	法规名称	相关提法
8	2004 年 1 月	《国务院关于推进资本市场改革开放和稳定发展的若干意见》	提出建立健全上市公司管理层人员的激励约束机制

资料来源：笔者自行整理。

二、监管规范和迅速发展阶段

2005 年 12 月 31 日，中国证监会发布《上市公司股权激励管理办法（试行）》（2006 年 1 月 1 日起施行），提出已完成股权分置改革的上市公司，可遵照该办法实施股权激励，建立健全激励与约束机制。以该办法推出为分水岭，股权激励机制在我国正式建立。该办法意味着无论是国有企业还是非国有企业，其股权激励计划受到法律保护和支持，同时也受到法律严格的监管。在该办法的指导下，我国上市公司推出的股权激励计划成为真正意义上的股权激励，由此我国股权激励制度进入了一个规范和迅速发展的阶段。

为促进股权激励制度的发展，国家税务总局于 2005 年先后发布了《关于个人股票期权所得征收个人所得税问题的通知》《关于企业高级管理人员行使股票认购权取得所得征收个人所得税问题的批复》《关于个人股票期权所得缴纳个人所得税有关问题的补充通知》，明确授予人行权时根据实际收益纳税。2006—2008 年，国资委又先后出台管理办法，对国有控股上市公司股权激励进行明确。此外，根据股权激励监管的实际需要，证监会又陆续发布了 3 个股权激励相关事项备忘录和 2 个问答，进一步完善并公开了股权激励备案标准。这一阶段的股权激励相关法规汇总见表 2-2。

表 2-2　　**我国现代股权激励制度规范和发展阶段相关法规汇总**

序号	发布时间	法规名称	相关提法
1	2005 年 8 月	国家证监会、国资委、财政部、人民银行、商务部联合颁布《关于上市公司股权分置改革的指导意见》	提出完成股权分置改革的上市公司可以实施管理层股权激励

续表

序号	发布时间	法规名称	相关提法
2	2005年10月	修订《公司法》和《证券法》	修改后的《公司法》提出公司可以回购本公司股份用于奖励本公司职工；修改后的《证券法》提出非公开发行新股可以用于股权激励
3	2005年12月	证监会发布《上市公司股权激励管理办法（试行）》	提出一整套规范上市公司实施股权激励的办法
4	2006年1月	国务院国资委公布《国有控股上市公司（境外）股权激励试行办法》	明确境外国有控股上市公司的股权激励工具类别、实施激励的条件
5	2006年10月	国务院国资委和国家财政部联合发布《国有控股上市公司（境内）股权激励试行办法》	明确境内国有控股上市公司的股权激励工具类别、授予数量、实施激励的条件
6	2007年10月	国务院国资委出台《关于严格规范国有控股上市公司（境外）实施股权激励有关事项的通知》	要求相关企业检查在实施股权激励过程中存在的问题，并将整改意见上报国资委
7	2008年5月	证监会同时发布《股权激励有关事项备忘录1号》《股权激励有关事项备忘录2号》	进一步明确授予价格、激励对象、行权条件、行权资金来源、股份预留等问题
8	2008年9月	证监会发布《股权激励有关事项备忘录3号》	对激励方案的变更与撤销、会计处理、激励对象、行权期调整、行权或解锁条件进行进一步明确
9	2008年10月	国务院国资委发布《关于国有控股上市公司规范实施股权激励有关问题的补充通知》	进一步严格股权激励制度，强化国有控股公司实施股权激励的条件和授予方式

资料来源：笔者自行整理。

在这一阶段，上市公司实施股权激励的积极性不断提高。股权激励在促进形成资本所有者和劳动者的共同利益体、调动公司管理层及核心员工积极性、稳定员工队伍、完善公司治理机制等方面发挥了积极效果，但实践中也暴露出现行股权激励制度的不足，例如事前备案影响激励效率，不符合简政放权的要求（目前已取消）；股权激励条件过于刚性，上市公司自主灵活性不强；市场剧烈变化时，行权价格倒挂致使激励对象无法行权；现行的股权激励规则体系不统一，包括规章、备忘录、监管问答等。因此，有必要根据实施情况和市场发展状况对《激励办法》作出一些调整和完善，以适应市场发展的需要。

三、监管强化和完善阶段

为贯彻落实十八届三中全会《中共中央关于全面深化改革若干重大问题的决定》《国务院关于进一步促进资本市场健康发展的若干意见》和《国务院办公厅关于进一步加强资本市场中小投资者合法权益保护工作的意见》关于优化投资者回报的相关要求，结合实践发展及市场需求，中国证监会对《上市公司股权激励管理办法（试行）》及相关配套制度进行了修订，于2016年5月4日经中国证券监督管理委员会2016年第6次主席办公会议审议通过，自2016年8月13日起正式施行。

表2-3梳理了《上市公司股权激励管理办法》与《上市公司股权激励管理办法（试行）》的对比情况，显然，修订后的上市公司股权激励管理办法更加重视股权激励实施程序的规范化，强调信息的全流程披露，突出了公司内部治理如独立董事、监事会在股权激励计划中的作用，以及外部治理如律师事务所等中介机构应发挥的效果。从监管政策制定的演变历程来看，政府在企业改革的过程中，逐渐重视股权激励计划对企业经营者的激励作用，从探索试点开始，不断地用政策法规加以规范，力图以市场化导向来不断完善制度，推进上市公司股权激励的实践工作。新办法便是监管层针对旧办法出台后实践中不断出现的新问题作出的经验教训总结，是对上市公司股权激励监管制度和运行规范的进一步完善。

表2-3 **《上市公司股权激励管理办法》政策变化**

变化项目	新办法规定	旧办法规定	调整之处
股权激励方式	限制性股票及股票期权，适用本办法；其他激励方式参照本办法有关规定执行	限制性股票及股票期权及其他激励方式，适用本办法的规定	新办法对除限制性股票和股票期权之外的激励方式设计预留空间

续表

变化项目	新办法规定	旧办法规定	调整之处
激励对象范围	激励对象：董事；管理层；核心技术或业务人员；其他对公司业绩和发展有直接影响的员工；境内工作的外籍人士 不可激励对象：独立董事；监事；单独或合计持股5%以上的股东或实际控制机器配偶、父母、子女；12个月内遭受处罚的；知悉内幕而买卖本公司股票的	激励对象：董事、监事、管理层、核心技术或业务人员，以及公司认为应当激励的其他员工，但不应当包括独立董事 不可激励对象：最近内被证交所公开遣责或宣布为不适当人选的；近三年因重大违法违规行为被中国证监会予以行政处罚的	被相关主管部门处罚过的员工成为激励对象的条件由3年减少至12个月；对外籍员工进行股权激励放开限制；对激励对象持股比例进行限制；强化内幕信息相关人约束；监事不可成为激励对象
激励数量	激励工具标的股票累计不得超过总股本的10%；非经股东大会特别决议批准，单个对象激励工具标的股票累计不得超过总股本的1%；预留比例不得超过每次股权激励授予权益的20%	激励工具标的股票累计不得超过总股本的10%；非经股东大会特别决议批准，单个对象激励工具标的股票累计不得超过总股本的1%	预留股权比例上限提升至20%
激励工具标的股票来源	向激励对象发行股份；回购本公司股份；法律、行政法规允许的其他方式	向激励对象发行股份；回购本公司股份；法律、行政法规允许的其他方式	无调整
资金来源	激励对象参与股权激励计划的资金来源应当合法合规；上市公司不得为激励对象依股权激励计划获取有关权益提供贷款以及其他任何形式的财务资助	上市公司不得为激励对象依股权激励计划获取有关权益提供贷款以及其他任何形式的财务资助	无调整

续表

变化项目	新办法规定	旧办法规定	调整之处
定价	行权价格不得低于股票票面金额且原则上不得低于下列价格较高者：股权激励计划草案公布前1个交易日的公司股票交易均价；股权激励计划草案公布前20个交易日、60个交易日或者120个交易日的公司股票交易均价之一	股票期权行权价格不应低于下列价格较高者：股权激励计划草案摘要公布前一个交易日的公司标的股票收盘价；股权激励计划草案摘要公布前30个交易日内的公司标的股票平均收盘价	票价格由收盘价全部变更为交易均价，由某一时点价格改变为一段时间内交易的均格，均价更能真实企业股票价格；定价增加了授予价格、行权价格的定价时间窗口基准数，增加了价格弹性；对授予价格、行权价格不作强制性规定，仅作原则性要求，给予公司更多的灵活空间
绩效考核条件	公司绩效条件可选用本公司、同行业可比公司相关指标进行考核；激励对象个人绩效指标由上市公司自行确定	激励对象为董事、监事、高级管理人员的，上市公司应当建立绩效考核体系和考核办法，以绩效考核指标为实施股权激励计划的条件	明确提出要求有个人绩效条件；绩效指标改变了旧办法侧重财务业绩指标的做法，而是绩效指标关注是否企业实际情况，有利于体现公司竞争力的提升
重大事项期间是否可以实行股权激励计划	上市公司启动及实施增发新股、并购重组、资产注入、发行可转债、发行公司债券等重大事项期间，可以实行股权激励计划	备忘录2规定上市公司提出增发新股、资产注入、发行可转债等重大事项动议至上述事项实施完毕后30日内，上市公司不得提出股权激励计划草案	使上市公司推出股权激励的时机上有了更大灵活度
会计处理	要求披露股权激励会计处理方法、限制性股票或股票期权公允价值的确定方法、涉及估值模型重要参数取值合理性、实施股权激励应计提费用及对上市公司经营业绩的影响	上市公司应根据股权激励计划设定的条件，采用恰当的估值技术，分别计算各期期权的单位公允价值；上市公司应在股权激励计划中明确说明股权激励会计处理方法，测算并列明实施股权激励计划对各期业绩的影响	新办法关注股权激励的期权公允价值的确定及披露

资料来源：笔者自行整理。

第二节　上市公司股权激励运行特征

上市公司实施股权激励计划之前须完成以下步骤：首先，由薪酬委员会递交股权激励计划草案，然后董事会在两日内作出是否通过并公布该草案的决定，同时，该草案提交至中国证监会，证监会在20日内作出是否批准的回复。如果证监会并没有通过该草案，由上市公司提交修正版本，否则该草案需经过股东大会的通过。最后，上市公司在中国证券登记结算公司完成登记和备案工作。

为了解我国上市公司股权激励计划运行情况，本节对国泰安数据库（CSMAR）中的股权激励授予方案明细表进行描述分析。2006—2015年，共667家上市公司实施了907份股权激励草案①，为更加直接地描述上市公司股权激励整体实施情况，本书并没有对数据作任何合并或删除处理。

一、年份、行业与所属市场分布

（一）上市公司股权激励计划年份分布特征

图2-1为2006—2015年上市公司股权激励的年份特征。② 从图中可以看出，2010年以前，我国上市公司实施股权激励数量很少，但从2010年开始，上市公司实行股权激励计划的数量逐年增多，2011年几乎是2010年的三倍，而到2015年，194家上市公司实施股权激励次数高达221次。图中也反映出实施股权激励次数与实施股权激励上市公司次数的差距也越来越大，说明越来越多的公司在同一年中实施多次激励，或实施不同类别的激励工具。

---

① 这些公司中，ST二重（601268）与2015年5月21日摘牌。为描述我国上市公司股权激励整体概况，本章并未将该公司排除在外，但在实证分析章节中，对这些特别处理公司进行了处理。值得说明的是，2016年7月15日，新华网新闻中指出，截至2015年年底，推出股权激励计划的上市公司总共有808家，涉及的股权激计划达到1110个，该数据与国泰安数据库中的相关数据存在一定的出入。由于无法获得新华网公布数据的来源，本书分析以国泰安数据库中的股权激励授予数据为依据。参见新华网，http://news.xinhuanet.com/fortune/2016-07/15/c_1119228086.htm，2016年8月17日访问。

② 对图2-1中股权激励公司数量加总为804家，而样本期间国泰安数据库中有667家公司公布股权激励方案，之所以数据不一致是因为同一家公司在不同的年份发布了股权激励计划。

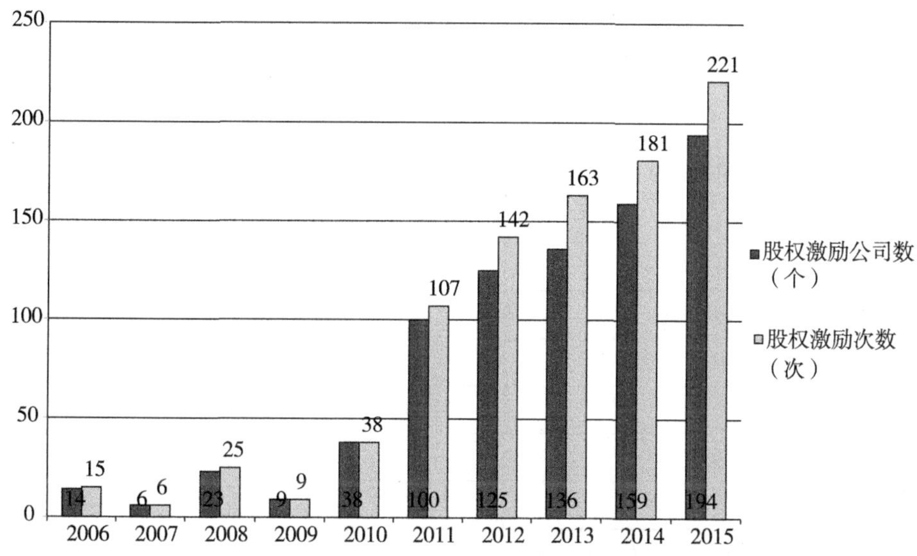

图 2-1　2006—2015 年上市公司股权激励计划年份概览

资料来源：笔者根据国泰安数据库中的股权激励计划数据自行整理。

（二）上市公司股权激励计划行业分布特征

表 2-4 为股权激励的行业特征。可以看出，制造业上市公司施行股权激励计划的家数最多，高达 459 家，占比 68.82%，其次是信息传输、软件和信息技术服务业，占比 12.14%，其他行业上市公司股权激励家数总占比仅为 19.04%。

表 2-4　　**2006—2015 年上市公司股权激励方案行业分布概览**

行业名称	上市公司家数	比例（%）
A 农、林、牧、渔业	9	1.35
B 采矿业	1	0.15
C 制造业	459	68.82
D 电力、热力、燃气及水生产和供应业	6	0.90
E 建筑业	17	2.55
F 批发和零售业	23	3.45

续表

行业名称	上市公司家数	比例（%）
G 交通运输业、仓储和邮政业	3	0.45
H 住宿和餐饮业	1	0.15
I 信息传输、软件和信息技术服务业	81	12.14
K 房地产业	28	4.20
L 租赁和商务服务业	7	1.05
M 科学研究和技术服务业	9	1.35
N 水利、环境和公共设施管理业	3	0.45
Q 卫生和社会工作	7	1.05
R 文化、体育和娱乐业	4	0.60
合计	667	100

资料来源：笔者根据国泰安数据库中的股权激励计划数据自行整理。

由于制造业有较多子类，所以表 2-5 罗列了制造业中排名前六的施行股权激励上市公司子类别，可以观察到，计算机、通信和其他电子设备制造业子类占比最高，高达 83 家，占到制造业类的 18.08%，其次是电气机械及器材制造业激励家数达 66 家，占到制造业类的 14.38%，排在第三位的是化学原料及化学制品制造业，占到制造业的 10.68%，紧跟其后的是医药制造业。显然，股权激励公司的行业特征非常明显，即大多数实施股权激励计划的上市公司所属行业为技术密集型，这些行业对人才的依存度非常高，股权激励计划则是吸引和留住人才的重要手段。

表 2-5　　**股权激励上市公司数量排名前六的制造业子类**

制造行业名称	家数	占制造业总激励家数的比重（%）
C39 计算机、通信和其他电子设备制造业	83	18.08
C38 电气机械及器材制造业	66	14.38
C26 化学原料及化学制品制造业	49	10.68
C27 医药制造业	44	9.59
C35 专用设备制造业	33	7.19

续表

制造行业名称	家数	占制造业总激励家数的比重（%）
C34 通用设备制造业	25	5.45
合计	300	65.36

资料来源：笔者根据国泰安数据库中的股权激励计划数据自行整理。

（三）实施股权激励计划上市公司所属市场分布特征

表 2-6 为股权激励上市公司所对应的股票市场情况。该表说明，实施股权激励的上市公司多集中于中小板和创业板，其中，中小板占比为 40.18%，创业板占比 31.33%，两板块合计占比为 71.51%，而深沪主板市场合计 28.49%。显然，中小板和创业板的上市公司是推行股权激励计划的主体，究其原因是中小板和创业板上市公司多为中小型高成长性、高科技和新兴企业，人力资本对这些企业价值形成和增加起着非常关键的作用，因此，这些企业更倾向于激励经营者获取剩余索取权，希望以股权激励的方式将管理层、核心技术和业务人员的利益与企业利益绑定在一起，达到有效的激励效果。

表 2-6　　**股权激励上市公司市场分布概览**

股票市场类别	沪市主板	深市主板	中小板	创业板
激励公司家数	133	57	268	209
比例（%）	19.94	8.55	40.18	31.33

资料来源：笔者根据国泰安数据库中的股权激励计划数据自行整理。

二、股权激励上市公司特征

为观察施行股权激励计划的公司特征，本书以 2006—2015 年间实施股权激励计划数量排名前七位的行业作为研究对象，按行业将样本分为激励上市公司和非激励上市公司两组，选取资产对数、资产收益率、企业自由现金流、托宾 Q 值、资产负债率、营业收入增长率的六个指标，分别进行组间均值 T 检验，结果见表 2-7。

表 2-7　　代表性行业股权激励上市公司特征描述（2006—2015）

股权激励排名前 7 位的行业	样本类别	资产对数	资产收益率	企业自由现金流（亿）	托宾 Q 值	资产负债率	营业收入增长率
信息传输、软件和信息技术服务业	非激励	7.089	0.232	7.647	0.968	116.7	11.19
	激励	7.202	0.084	1.785	0.28	4.491	0.764
	均值差	-0.113	0.148	5.862	0.687*	112.3	10.42
计算机、通信和其他电子设备制造业	非激励	7.51	0.069	3.214	0.396	3.394	0.886
	激励	7.657	0.07	3.56	0.341	3.354	0.644
	均值差	-0.147**	-0.001	-0.346	0.055**	0.04	0.242
电气机械及器材制造业	非激励	7.676	0.056	2.603	0.423	2.758	0.502
	激励	7.627	0.069	3.119	0.343	2.876	0.467
	均值差	0.049	-0.012***	-0.516	0.080***	-0.118	0.036
化学原料及化学制品制造业	非激励	7.748	0.066	3.818	0.45	2.471	3.316
	激励	7.649	0.069	2.922	0.362	2.737	0.306
	均值差	0.099	-0.003	0.896	0.088***	-0.266**	3.01
医药制造业	非激励	7.519	0.086	2.621	0.47	3.511	3.298
	激励	7.584	0.105	2.408	0.248	4.262	0.28
	均值差	-0.065	-0.019**	0.213	0.222***	-0.751***	3.019
专用设备制造业	非激励	7.707	0.059	3.534	0.39	3.008	0.583
	激励	7.747	0.082	3.199	0.402	2.967	1.489
	均值差	-0.04	-0.023***	0.334	-0.013	0.04	-0.906
通用设备制造业	非激励	7.8	0.063	3.008	0.467	2.677	0.486
	激励	7.564	0.059	1.569	0.332	2.526	0.37
	均值差	0.237**	0.005	1.439**	0.136***	0.151	0.116

说明：***、**、*分别表示 1%、5%、10%的显著性水平。

虽然 2016 年前股权激励相关法律并没有指明上市公司在实施股权激励公告之前必须达到的财务与业绩指标门槛，但从施行股权激励计划最多的行业实践情况来看，股权激励上市公司的部分指标与同行业非施行股权激励上市公司存在明显差别。具体而言，电器机械及器材制造业、医药制造业、专用设备制造业中，股权激励上市公司的资产收益率（ROA）显著高于非股权激励上市公司，说明在这些行业中，实行股权激励的公司的盈利能力普遍较高；从反映公司成长性的指标托宾Q值来看，除了专用设备制造业，其他代表性行业激励上市公司的托宾Q值显著低于非股权激励上市公司，说明股权激励公司的市场价值与重置成本的比率更低，其被低估的概率越大；从财务杠杆指标资产负债率来看，化学原料及化学制品制造业和医疗制造业中，股权激励上市公司有着更高的资产负债率，而且这两类行业股权激励上市公司的盈利能力更强，说明盈利能力更强的股权激励公司更擅长利用财务杠杆。其他三个指标，如资产规模、企业自由现金流和营业收入增长率，除了计算机、通信和其他电子设备制造业行业股权激励公司的资产规模略高之外，两类上市公司并没有显著的差异。

三、股权激励工具选择

无论是2005年出台的《上市公司股权激励管理办法（试行）》还是2016年公布的《上市公司股权激励管理办法》都明确指出股权激励是指上市公司以本公司股票为标的，对激励对象进行的长期性激励，明确指出限制性股票和股票期权适用此办法。然而，两个法规都没有具体指明其他股权激励工具类别。在上市公司股权激励实践中，绝大多数上市公司选用股票期权和限制性股票进行激励，较少公司选用了其他股权激励工具。

（一）概览

图2-2为2006—2015年期间股权工具概览（公司占比）。从图中可以看出，单一股权激励工具中，实施限制性股权（R）公司家数最多，其次是股票期权（O），最少的是股票增值权（A）。混合激励工具中，最多的是股票期权和限制性股票混合激励（O+R），最少的是限制性股票和股票增值权混合激励（R+A）。

表2-8分别反映了股票期权激励、限制性股票激励的次数和上市公司家数的年份特征，自2012年以来，上述的三类激励次数和激励上市公司数的差距越来越大，说明近年来越来越多的公司同一年份实行多次激励。表中还可以看出股票期权与限制性股票两类激励工具的动态变化：股票激励虽然2014年前逐年增加，但增速放缓，2015年比2014年减少；限制性股票却逐年增多，近年来呈倍数增长，自2014年起，限制性股票便成了股权激励的主力军，数量几乎是股票期权的三倍。

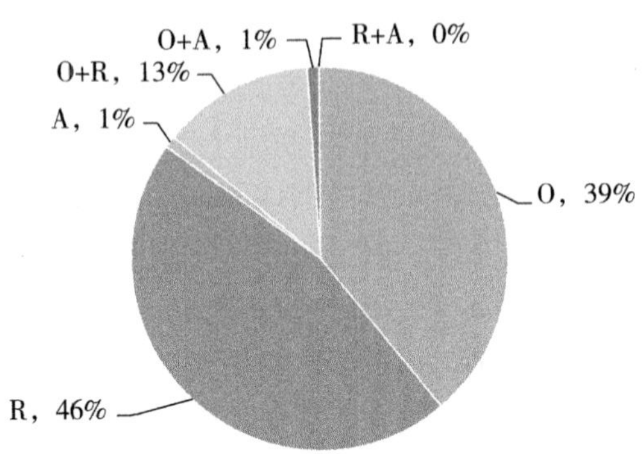

图 2-2　股权激励工具概览

资料来源：笔者根据国泰安数据库中的股权激励计划数据自行整理。

表 2-8　　**2006—2015 年股票期权和限制性股票激励年份分布表**

年份	股票期权激励次数	股票期权激励家数	限制性股票激励次数	限制性股票激励家数
2006	12	12	2	2
2007	1	1	4	4
2008	18	18	4	4
2009	9	9	0	0
2010	27	27	10	10
2011	74	71	28	28
2012	81	70	56	55
C2013	79	70	84	78
2014	60	45	119	106
2015	54	39	165	133

资料来源：笔者根据国泰安数据库中的股权激励计划数据自行整理。

（二）股票期权

《上市公司股权激励管理办法（试行）》（2005）明确股票期权是指上市公司授予激励对象在未来一定期限内以预先确定的价格和条件购买本公司一定

数量股份的权利。激励对象获授的股票期权不得转让、用于担保或偿还债务；股票期权授予日与行权日之间的实践间隔不得少于一年；自授予日起算的有效期不得超过10年；标的股票来源可向激励对象发行股份、回购本公司股份以及法律或行政法规允许的其他方式。

以2006—2015年实行股票期权激励工具的上市公司为研究对象，分别对授予条件、行权条件、有效期、等待期、标的物来源进行分析，可以发现：（1）授予条件主要是对拟施行股权激励计划的上市公司和激励对象加以限制，如保证上市公司最近会计年度财务会计报告未被注册会计师出具否定意见或无法表示意见的审计报告、最近一年内不存在被中国证监会予以行政处罚的重大违法违规行为、不存在中国证监会认定的不适合股权激励的其他情形；对激励对象则要求最近三年未被证券交易所公开谴责或宣布为不适当人员、近三年未因重大违法违规行为被中国证监会予以行政处罚、未被公司董事会认定严重违反公司有关规定等。（2）行权条件主要是指公司和激励对象需达到股票期权行权的业绩指标，实践中上市公司多采用全面摊薄净资产收益率、归属于上市公司股东的净利润增长率为业绩指标，激励对象须达到指定的考核指标标准。（3）有效期介于3至10年，均值为4.9年，中值为5年，25%分位值为4年，75%分位值为5年，说明大部分股票期权激励工具的有效期为5年左右。（4）等待期介于1至3年，均值为1.2年，中值为1年，25%分位值和75%分位值都为1年，说明大部分股票期权激励工具行权等待期为1年。（5）股票期权激励工具标的物来源包括股票回购、定向发行和股东转让三种，股票回购方式占比0.46%，定向发行方式占比99.42%，股东转让方式占比0.12%。①

（三）限制性股票分析

《上市公司股权激励管理办法（试行）》（2005）明确限制性股票是指激励对象按照股权激励计划规定的条件，从上市公司获得的一定数量的本公司的股票。② 规定的条件一般包括激励对象获授股票的业绩条件和禁售期限。标的股票来源可向激励对象发行股份、回购本公司股份以及法律或行政法规允许的其他方式。

① 文中出现的数据由笔者根据国泰安数据库中股权激励计划授予数据进行整理。

② 《上市公司股权激励管理办法》（2016）第22条对限制性股票的定义更正为“是指激励对象按照股权激励计划规定的条件，获得的转让等部分权利受到限制的本公司股票”。该定义更强调限制性股票的“权利受限”特性。

以2006—2015年施行限制性股票激励工具的上市公司为研究对象，分别对授予条件、解锁条件、有效期、禁售期进行分析，可以发现：（1）授予条件比股票期权激励工具更加严格，除了应具备股票期权激励工具授予对上市公司和激励对象的要求之外，部分上市公司提出施行限制性股票激励方案须满足一定的业绩考核条件，如加权平均净资产收益率、主营业务增长率等要求。（2）解锁条件主要是指公司和激励对象需达到限制性股票解锁的业绩指标，实践中上市公司多采用全面摊薄净资产收益率、归属于上市公司股东的净利润增长率为业绩指标，激励对象则根据具体岗位设置达到指定的考核指标标准。（3）有效期介于3至10年，均值为4.4年，中值为4年，25%分位值为4年，75%分位值为5年，说明大部分限制性股票激励工具的有效期为4年左右。（4）禁售期介于1至3年，均值为1.1年，中值为1年，25%分位值和75%分位值都为1年，说明大部分限制性股票激励工具禁售期为1年。（5）限制性股票激励工具标的物来源包括股票回购、定向发行和股东转让三种，股票回购方式占比7.04%，定向发行方式占比92.07%，股东转让方式占比0.89%。

四、股权激励授予对象分析

美国股权激励计划十分普遍，企业员工以员工持股、股票期权激励工具等形式享有参与企业剩余索取权分配的权利，在欧盟地区，对员工进行股权激励的比例也逐年增加（Hashi和Hashani，2013）。部分实证研究表明，扩大员工股权激励的范围使得公司价值增加（Blasi等，2016），然而，反对者认为员工股权激励范围越广，则“免费乘车者”效应和稀释效应越明显。钟朋荣（2001）① 指出，股权激励的效果随着激励对象增加而递减。显然，学者对授予对象的广度对股权激励计划的激励效果影响结论并不一致。截至目前，国内对上市公司股权激励对象选择与分布尚处于理论演绎和规范分析层面，尚缺乏实证研究的支持。

（一）上市公司股权激励授予对象广度概览

20世纪90年代，我国上市公司进行了内部职工股实践。2006年1月1日施行的《上市公司股权激励管理办法（试行）》明确上市公司股权激励计划的激励对象包括董事、监事、高级管理人员、核心技术（业务）人员，

① 钟朋荣著：《中国企业为谁而办》，中国税务出版社2001年版，第204页。

以及公司认为应当激励的其他员工，独立董事不应作为激励对象。2008 年证监会出台备忘录禁止监事成为股权激励对象。本书选取上市公司管理层激励数量占总激励数量的比例、激励对象不包括管理层的上市公司数量作为衡量上市公司股权激励授予对象广度的衡量指标，结果见表 2-9。从表中可以看出，激励对象不包括管理层的上市公司的数量呈逐年增多的趋势，由 2006 年的 0 家至 2015 年的 58 家，说明越来越多的上市公司向非管理层授予了股权激励工具；从管理层激励占比均值来看，2011 年以前，管理层激励数量占总激励数量比重均值更高，2011 年之后，管理层激励占比波动幅度相对平稳，维持在 0. 22 附近，说明近年来我国上市公司股权激励授予对象广度并没有明显扩大。

表 2-9　　**2006—2015 年股权激励公司管理层激励情况**

年份	管理层激励占比均值	激励对象不包括管理层的上市公司数量
2006	0. 6661	0
2007	0. 1600	3
2008	0. 3820	2
2009	0. 2543	1
2010	0. 3082	5
2011	0. 2162	14
2012	0. 2095	24
2013	0. 2172	31
2014	0. 2197	43
2015	0. 2267	58

资料来源：笔者根据国泰安数据库中的股权激励计划数据自行整理。

（二）上市公司股权激励授予对象广度的行业分析

为进一步分析上市公司股权激励授予对象广度是否依行业不同而不同，表 2-10 列示了不同行业管理层激励占比数据。可以看出股权激励授予对象广度的行业差异明显。I 行业授予对象为管理层的占授予数量比重为 0. 1569，说明信息传输、软件和信息技术服务业股权激励对象分布相对较广。

表 2-10　　　　不同行业的股权激励授予对象广度

行业名称	家数	管理层激励占比（授予数量）
A 农、林、牧、渔业	9	0.2894
B 采矿业	1	0.1150
C 制造业	459	0.2377
D 电力、热力、燃气及水生产和供应业	6	0.4266
E 建筑业	17	0.2028
F 批发和零售业	23	0.3218
G 交通运输业、仓储和邮政业	3	0.2383
H 住宿和餐饮业	1	0.1793
I 信息传输、软件和信息技术服务业	81	0.1569
K 房地产业	28	0.2681
L 租赁和商务服务业	7	0.1054
M 科学研究和技术服务业	9	0.1588
N 水利、环境和公共设施管理业	3	0.2531
Q 卫生和社会工作	7	0.1094
R 文化、体育和娱乐业	4	0.2892
合计	667	0.2298

资料来源：笔者根据国泰安数据库中的股权激励计划数据自行整理。

由于制造业的样本数较多，表 2-11 对制造业进行进一步划分，可以发现计算机、通信和其他电子设备制造业激励数量最多，其管理层激励数量占比为 0.1913，远低于制造业管理层激励占比均值 0.2377。而信息传输、软件和信息技术服务业、计算机、通信和其他电子设备制造业属于典型高科技行业，由此，我们可以推断，与其他行业相比，高科技行业上市公司有更广泛的股权激励对象。

表 2-11　　　　激励对象广度排名前十的制造行业子类

制造行业名称	家数	管理层激励占比（授予数量）
C26 化学原料及化学制品制造业	67	0.2445
C27 医药制造业	60	0.3548

续表

制造行业名称	家数	管理层激励占比（授予数量）
C29 橡胶和塑料制品业	26	0.2046
C30 非金属矿物制品业	18	0.2565
C33 金属制品业	17	0.2013
C34 通用设备制造业	29	0.1701
C35 专用设备制造业	45	0.2945
C36 汽车制造业	22	0.2015
C38 电气机械及器材制造业	98	0.2216
C39 计算机、通信和其他电子设备制造业	116	0.1913

资料来源：笔者根据国泰安数据库中的股权激励计划数据自行整理。

第三节　股权激励契约设计中的管理层机会主义行为

股权激励契约设计是股权激励计划有效性的关键，是约束和遏制管理层机会主义行为的源头。自 2006 年 1 月 1 日《上市公司股权激励管理办法（试行）》发布以来，上市公司积极进行了股权激励实践，截至 2015 年 12 月 31 日，有 795 家上市公司披露了股权激励计划草案。这些激励草案设计要素能否有效地约束管理层的机会主义行为？哪些因素影响股权激励契约设计中的管理层机会主义行为呢？本节通过对 2006—2015 年上市公司的股权激励计划草案展开调查，探究股权激励计划契约设计中存在的机会主义行为及其影响因素。

股权激励计划设置一系列的限制条件，使激励对象努力工作，只有当既定的条件满足时，激励对象才予以行权。一方面，激励期限体现激励对象获得股权激励收益的时间约束；另一方面，为避免激励对象通过操纵股价来获利，上市公司通过设置行权的业绩条件来提高股权激励计划与公司业绩的关联程度，因此，业绩条件构成股权激励对象获得股权激励收益的绩效约束。此外，行权价格构成股权激励对象付出的成本，自利的管理层有动机在股权激励计划授予环节尽可能地压低行权价格，放大股权激励收益。基于此，本节以重点考察上市公司股权激励计划草案中约束管理层机会主义行为的三个关键性要素：激励期限、业绩条件和行权价格，分析上市公司股权激励计划的实践效果。

一、激励期限约束与短期化行为倾向

股权激励计划的激励期限包括限制期、行权期和有效期。限制期常称为等待期，为授予日至股票期权可行权日、限制性股票解锁日之间的时间间隔；行权期则是可行权日或解锁日至失效日之间的时间间隔；有效期则指行权日至失效日之间的期限。股权激励期限设计对管理层的机会主义行为的约束明显。首先，较长的激励期限能约束管理层短期内操纵公司股价和业绩指标的行为，因为在长期内管理层操纵行为暴露的概率会增加；其次，当激励期限较长时，行权批次增多，每批行权数量减少，管理层的股权激励收益实现速度变慢，相应的，管理层机会主义动机减弱。

Bebchuk 和 Fried（2010）指出，较长的激励期限能有效地将管理层股权激励和企业的长期业绩联结在一起，美国的股票期权激励计划有效期一般在 10 年左右。① Liljeblom 等（2011）发现行权期更长的公司设定更高的行权价格，股权激励计划持续的激励效应也更加持久，1987—2001 年芬兰股权激励计划的行权期平均为 6. 16 年。② 相对长的行权期能限制管理层最大化股权激励收益的机会主义行为，延伸股权激励计划的激励界限并留住管理层。③ 因此，股东希望股权激励期限相对较长，然而，出于机会主义动机的管理层希望公司行权期较短，以尽快地实现股权激励收益。

吕长江等（2009）考察了 2005—2008 年的股权激励计划草案，发现样本期间 25%公司激励期限在 5 年以下，75%公司激励期限在 5 年及 5 年以下，并将 5 年作为将股权激励公司划分为激励型和福利型两种类别的界限。本书在剔除数据缺失的样本后，整理得到 766 份股权激励计划草案的有效期，见图 2-3。如图所示，2006—2015 年，上市公司股权激励计划有效期介于 2—10 年，均值是 4. 77 年，中值是 4 年，样本期间中 4 年有效期占比最高，高达 48. 96%，其次是 5 年，比例也达到 36. 16%，5 年及 5 年以下的样本占比为 86. 65%。对比吕长江（2009）的样本结果可以发现，尽管我国上市公司的股权激励计划推行的数量逐年增加，但激励期限不仅没有延长，反而有所缩短，说明我国上

① Bebchuk L. , Fried J. . "How to Tie Equity Compensation to Long-Term Result" . *Journal of Applied Corporate Finance*, Vol. 22, 2010, pp. 99-107.

② Liljeblom Eva, Pasternack Daniel, Rosenberg Matts. "What Determines Stock Option Contract Design? ". *Journal of Financial Economics*, Vol. 102, 2011, pp. 293-316.

③ Cadman Brian, Sunder Jayanthi. "Investor Horizon and CEO Horizon Incentives". *Accounting Review*, Vol. 89, 2014, pp. 1299-1328.

市公司的股权激励计划本身没有对高管行为形成时间约束效应，高管凭借权力尽可能缩短激励有效期限。远低于发达国家的股权激励期限助长了管理层的短视行为，为管理层以较快的速度获得可观的股权激励收益提供条件。

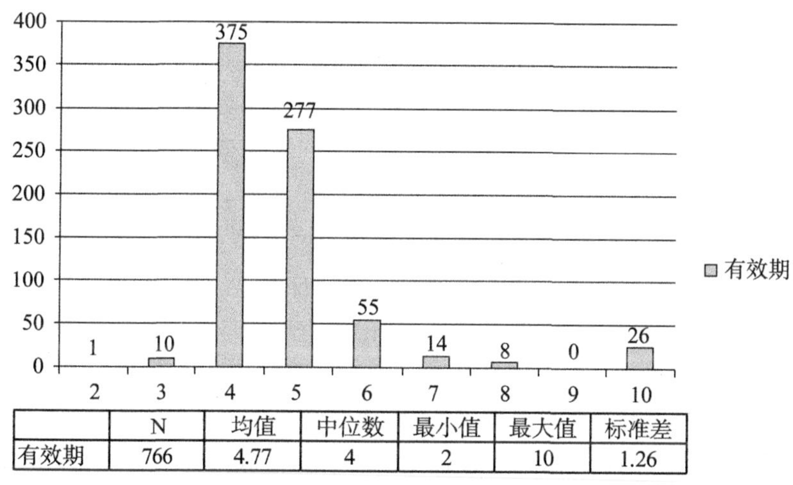

	N	均值	中位数	最小值	最大值	标准差
有效期	766	4.77	4	2	10	1.26

图 2-3　2006—2015 年上市公司股权激励计划有效期分布

二、行权业绩条件设置与福利化倾向

行权条件是激励对象行使其股权索取权的特定契约条件，即在何种条件下激励对象才可以行使其权利。我国《股权激励有关事项备忘录 1 号》《股权激励有关事项备忘录 2 号》都明确规定股权激励计划的行权条件，即需达到事前约定的绩效考核指标。20 世纪 90 年代以前，美国 50%的股权激励计划仅以激励期限作为约束条件①，20 世纪 90 年代中期以来，美国企业逐渐为股权激励计划设置业绩行权条件（Bettis 等，2010）。美世人力资源报告称，美国 2006 年推出业绩性股权激励计划的公司占比达到了 50%。同样，Qin（2012）发现英国上市公司逐渐推出业绩行权型股票期权（Performance-vested Stock Options）。Brisley（2006）认为行权条件可以提高股管理层财富与公司业绩的敏感性，基于公司绩效的行权条件设置比仅靠激励期限约束的股权激励计划有着更好的激励效果。此外，行权条件还可以辨别管理层的能力，作为解雇或留

① Kole S.. “The Complexity of Compensation Contracts”. *Journal of Financial Economics*, Vol. 43, 1997, pp. 79-104.

住管理层的评判标准。①

尽管有证据表明股票期权计划业绩行权条件设置能正向影响管理层的努力程度，然而有学者认为该项契约要素会产生不好的经济后果。Kuang（2008）指出业绩性股权激励计划会滋生管理层的盈余管理行为，管理层在行权期间进行向上盈余管理以达到行权条件。Conyon 和 Murphy（2000）则认为管理层权力较大时，管理层影响业绩指标的设置，降低行权的难度来实现股权激励收益。显然，合理设计的行权条件应是管理层经过全力努力后才能实现，过低的行权条件会背离股权激励计划初衷，对股东利益造成侵害。吕长江等（2009）选取我国股权激励上市公司前 3 年数据为基准，发现 2005—2008 年股权激励计划草案的行权业绩条件存在门槛低的现象，82 家样本公司中有 26 家公司业绩条件低于前三年基准值，即我国股权激励计划绩效条件有福利化倾向。徐宁和徐向艺（2010），吴育辉和吴世农（2010）直接用业绩指标的维度度量行权条件的宽松程度。

显然，我国学者认为我国股权激励计划业绩条件契约要素设计中存在管理层机会主义行为，即管理层通过设计单一的、门槛低的行权条件来降低未来行权的难度。然而，我国相关研究仍然存在可推进之处：一方面，前者研究结论基于对我国股权激励制度初期的考察，样本量十分有限；另一方面，前者研究直接将业绩指标的维度当作行权条件的宽松程度，而并没有实证检验业绩条件维度和行权条件难易程度的关系。因此，本书手动整理了 2006—2015 年我国上市公司股权激励计划草案中的行权条件，并进行详细调查，研究结论与已有研究存在不同之处。

表 2-12 列示了 2006—2015 年我国上市公司股权激励计划草案中的业绩条件，可以发现绝大多数公司采取了会计指标，采用股价或其他指标的非常少，只有 9 分股权激励计划以股价为绩效条件，占比仅为 1.17%，这与西方发达国家有所不同。美国的业绩条件以股价或市值为主，如 Conyon 和 Murphy（2000）发现最常见的会计指标是每股收益（EPS）增长率，Cater 等（2009）发现股东回报率是主要的股价业绩条件，Bettis 等（2010）研究样本中，将股价作为行权条件的股权激励样本占比为 46.28%，会计指标样本为 22.48%，股价和会计指标共同作为行权条件的样本仅为 4.88%。从业绩指标分布来看，排名最靠前的是净利润增长率，其次是净资产收益率，然后是主营业务收入增

① Berry T., Bizjak J., Lemmon M., Naveen L.. "CEO Turnover and Firm Diversification". *Journal of Corporate Finance*, Vol. 12, 2006, pp. 797-817.

长率。

表 2-12　　**2006—2014 年间上市公司股权激励计划行权业绩指标**

行权业绩指标	采用的股权激励计划份数	百分比
净利润增长率	681	88.90%
净资产收益率	403	52.61%
主营业务收入增长率	166	21.67%
净利润水平	46	6.00%
每股收益/每股收益增长率	20	2.61%
主营业务收入占营业收入比重	18	2.35%
营业收入水平	11	1.44%
股价	9	1.17%
研发费用增长率/发明专利数量增长率	6	0.78%
经营性现金流净额占净利润的比例	3	0.39%
总资产周转率	3	0.39%
经济增加值	2	0.26%
合计	766	—

料来源：笔者对国泰安数据库中的股权激励计划数据进行手工整理。

显然，我国上市公司主要以净利润增长率（NIG）和净资产收益率（ROE）作为行权的业绩条件，为进一步观察行权业绩指标的特征，本书详细考察了 NIG 和 ROE 的分布情况，见图 2-4 和图 2-5。从图中可以看出，NIG 的中位数为 20%，均值为 33%，ROE 的中位数为 10%，均值为 9.47% 。从分布来看，NIG 集中分布在 5%~30%，而 ROE 则集中分布在 5.5~10.5。有趣的是，进一步分析发现，有 117 份股权激励计划同时将 NIG 定在 20%水平上（在 681 份以净利润增长率为业绩条件的股权激励计划中，占比为 17.18%），有 87 分股权激励计划同时将 ROE 定在 10%水平上（在 681 份以净资产收益率为业绩条件的股权激励计划中，占比为 21.59%），这说明我国上市公司在选择业绩条件时，随意性非常大，科学论证不足。

本书进一步考察了业绩指标维度、业绩指标宽松程度与管理层机会主义行为之间的关系，见表 2-13。吕长江等（2009）通过比较业绩条件与公司前三

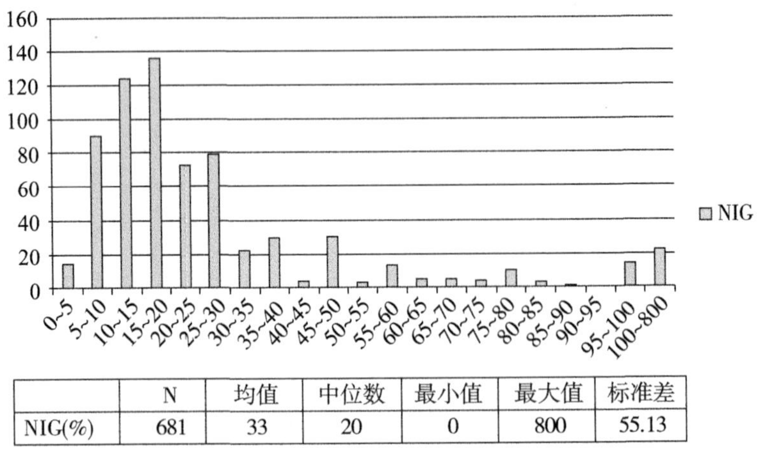

	N	均值	中位数	最小值	最大值	标准差
NIG(%)	681	33	20	0	800	55.13

图 2-4　股权激励计划业绩指标（净利润增长率）分布

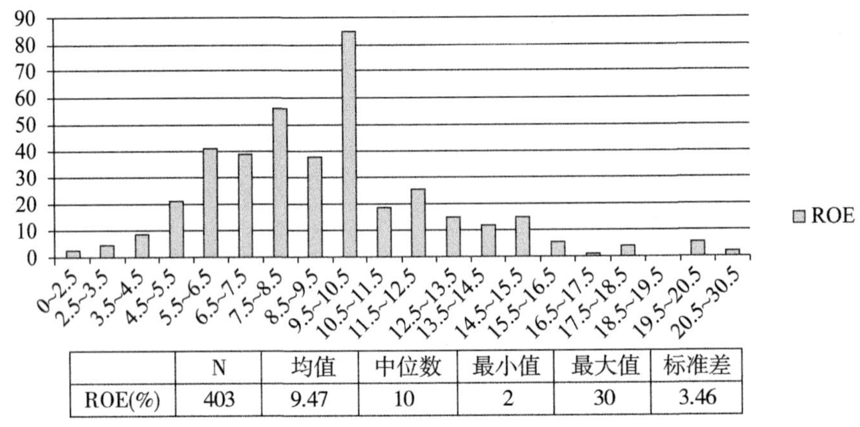

	N	均值	中位数	最小值	最大值	标准差
ROE(%)	403	9.47	10	2	30	3.46

图 2-5　股权激励计划业绩指标（净资产收益率）分布

年相应指标大小，来判断业绩指标的宽松程度，将高于前三年指标的业绩条件定义为严格型。笔者在调查上市公司股权激励计划草案中的业绩条件时发现，公司业绩参照的标准有授予年度，授予前一年度和授予前三年度，因此，本书将授予年度、前一年度、前三年度的相应业绩指标实际值作为参照标准，将业绩指标低于前期实际值定义为“业绩指标宽松”，并统计业绩指标宽松的计划数量占比。① 可以发现，当股权激励计划业绩条件只有 1 维指标时，“业绩指

① 如果业绩指标多维，只有所有的指标都低于基准指标时才确定为“业绩宽松型”。

标宽松”的计划高达70%，使用2维指标时，“业绩指标宽松”占比迅速下降，约在40%左右。然而，当使用3维指标时，“业绩指标宽松”占比并不比2维指标下降明显。该结果说明，单一的业绩指标设置中，管理层机会主义行为更加明显，然而，并不是业绩指标维数越多，越能抑制管理层机会主义行为。因此，上市公司应尽量避免设置单一的业绩指标，但也不应追求高维的业绩指标，同时，在设置业绩指标时，应进行科学论证，避免盲目模仿。

表2-13　　**业绩指标维度与宽松程度**

指标个数	样本数量	业绩指标低于前期实际值的公司计划数量和占比					
		低于授予年度实际值		低于授予前一年度实际值		低于授予前三年实际值均值	
		数量	占比	数量	占比	数量	占比
1	223	166	74.43%	160	71.75%	185	82.95%
2	481	206	42.83%	171	35.55%	204	42.41%
3	52	23	44.23%	22	42.30%	19	36.54%
多于3	10	—					

资料来源：笔者对国泰安数据库中的股权激励计划数据进行手工整理。

三、行权价格设定与管理层自利倾向

Hall和Murphy（2000）认为行权价格是管理层股权激励计划中最关键的要素之一。管理层希望尽可能压低股权激励成本来最大化股权激励收益，所以，管理层会尽可能地影响股权激励计划中初始行权价格的设定。通常美国上市公司将初始行权价格定于授予日标的股票的市场价格，为最大化股权激励价值，管理层通过授予日倒签、择时信息披露、股票拆分等机会主义行为来降低授予日的股票价格。Yermack（1997）发现公司在好消息公布之前进行期权授予，使CEO所持期权价值在授予日20交易日内显著增加；Aboody和Kasznik（2000）发现公司在期权授予前发布坏消息来降低授予日的股票价格；Lie（2005）揭露了美国上市公司股票期权授予日倒签至股价较低之时的丑闻；Devos（2015）发现上市公司在股票期权授予日附近进行股票拆分来降低行权价格。

相比之下，我国证监会规定，股票期权行权价格不低于股权激励计划草案公布前一个交易日和前30个交易日内的公司标的股票平均收盘价的较高者。吕长江等（2009）认为我国对初始行权价格确定方法的规定使管理层并没有操纵行权价格的空间。然而王烨等（2012）实证检验了2005年7月1日至2011年6月30日256份股权激励计划，发现初始行权价格与公告日前一个月公司平均股价和草案公告日前一天股价的较高者，仍然存在差额，即管理层依然对初始行权价格进行了操纵。王烨等（2012）对初始行权价格确定中的管理层机会主义行为研究存在可完善之处。首先，作者将初始行权价格与公告日前一个月公司平均股价和草案公告日前一天股价的较高者进行比较，然而事实上，证监会规定初始行权价格的确定依据是公告日前30个交易日公司平均股价和草案公告日前一天股价，用前一个月平均股价替代前30个交易日平均股价会导致计算偏差；其次，作者用公告日前一个月公司平均股价和草案公告日前一天股价的较高者与初始行权价格的差额来衡量管理层的自利程度，然而，绝对上的差异并不能完全反映自利程度①；最后，作者并没有考虑股权激励工具的影响。

基于现有研究的可推进之处，本书考察了2006—2015年上市公司股权激励计划的初始行权价格，发现初始行权价格设定中缺失存在管理层机会主义行为且该行为受到股权激励工具类别的影响。具体而言，本书用初始行权价格与公告日前30个交易日公司平均股价和草案公告日前一天股价的较高者的相对幅度来衡量管理层的自利程度（初始行权价格减去公告日前30个交易日公司平均股价和草案公告日前一天股价的较高者，然后再除以公告日前30个交易日公司平均股价和草案公告日前一天股价的较高者），然后分别制作了股票期权和限制性股票两类股权激励工具下的管理层自利程度分布图，见图2-6和图2-7。横轴代表自利程度区间，当横轴的值为负值时表示在行权价格确定上存在机会主义行为，值越小表明自利程度越高。

① 公告日前一个月公司平均股价和草案公告日前一天股价的较高者与初始行权价格的绝对差额并不能反映管理层自利程度，因为会受到起始值的影响。比如A公司股权激励公告日前一个月公司平均股价和草案公告日前一天股价的较高者为10元，初始行权价格为9元，差额为1元；如果B公司公告前一个月公司平均股价和前一日股价较高者为2元，初始行权价格为1元，按照王烨等（2012）的衡量方法，差额为1元。按照王烨等（2012）的衡量方法，A公司和B公司管理层的自利程度相同，然而事实上，B公司管理层的自利程度显然高于A公司。

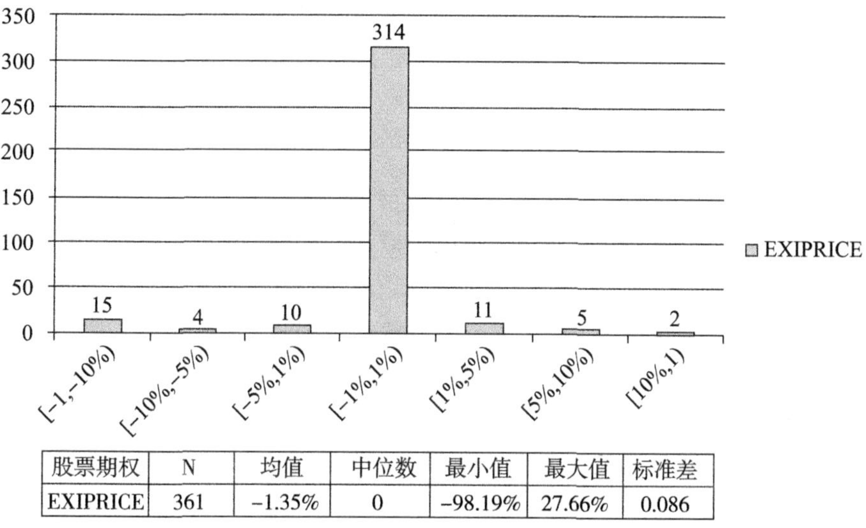

股票期权	N	均值	中位数	最小值	最大值	标准差
EXIPRICE	361	-1.35%	0	-98.19%	27.66%	0.086

图 2-6　股票期权行权价格设定中的管理层自利程度分布

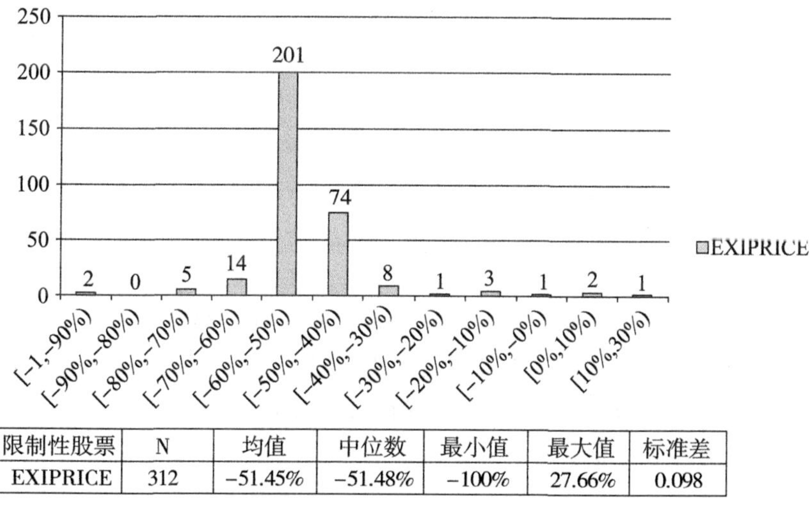

限制性股票	N	均值	中位数	最小值	最大值	标准差
EXIPRICE	312	-51.45%	-51.48%	-100%	27.66%	0.098

图 2-7　限制性股票行权价格设定中的管理层自利程度分布

图 2-6 表明，股票期权激励工具中，管理层的自利行为并不明显，361 份股权激励计划中，有 314 份股权激励计划的初始行权价格与公告日前 30 个交易日公司平均股价和草案公告日前一天股价的较高者的相对差额在［-1%，1%］之间，占比高达 86.98%。

图 2-7 表明，限制性股票激励工具中，管理层的自利程度很高，312 份股权激励计划中，只有 3 份位于［0，30%］区间内，即高达 99.04%的限制性股票激励计划中，高管存在压低初始行权价格的机会主义行为。

四、股权激励契约中的管理层机会主义行为影响因素分析

前文通过对 2006—2015 年上市公司股权激励计划草案进行考察，发现在激励期限、行权业绩条件、初始价格确定设计中隐含管理层机会主义行为，股权激励期限相对较短、行权业绩相对宽松、初始行权价格相对较低，使管理层轻易且较快地行权并获得丰厚的股权激励收益。那么，有哪些因素影响股权激励契约中的管理层机会主义行为呢？这是本部分要回答的问题。

本书从公司特征和 CEO 特征两个角度考察股权激励契约中的管理层机会主义行为。用计划有效期限变量、业绩指标操纵变量、行权价格操纵变量来衡量管理层机会主义行为，具体而言，计划有效期变量，即自授予日算起的股权激励计划的有效期，该值越小则表明管理层自利程度越高；业绩指标操纵变量衡量业绩指标的宽松程度，如果业绩指标低于授予年度前三年均值定义为“业绩指标宽松”，业绩指标操纵变量取 1，否则取 0；行权价格操纵变量衡量初始行权价格确定中管理层的自利行为，为初始行权价格与公告日前 30 个交易日公司平均股价和草案公告日前一天股价的较高者的相对幅度①，该值如果为负值则表明存在自利行为，值越小则表明自利行为程度越高。

方法选择上，我们选择分组分析，即按照公司特征、CEO 特征指标进行分组，来比较不同组别的计划有效期限变量、业绩指标操纵变量、行权价格操纵变量差异。值得说明的是，在数据处理时，如果分组变量是哑变量，则按 0—1 分组，例如产权性质变量可分为国有和非国有，如果分组变量是连续变量，则将大于 50 分位值确定为高组，小于 50 分位为低组，例如将高于第一大股东持股比例变量 50 分位值确定为高持股组，低于第一大股东持股比例变量 50 分位值确定为低持股组。

（一）公司特征对股权激励契约中的管理层机会主义行为的影响

管理层权力论认为，公司因素在股权激励计划契约要素设计中非常重要。

① 行权价格操纵变量的计算过程：初始行权价格减去公告日前 30 个交易日公司平均股价和草案公告日前一天股价的较高者，然后再除以公告日前 30 个交易日公司平均股价和草案公告日前一天股价的较高者。

首先，公司治理机制与股权激励契约设计有关。治理较弱的公司更可能设计出有利于高管的股权激励契约，原因是治理较弱的公司高管有凌驾于董事会、影响股权激励契约设计的能力（Bebchuk 等，2010）。Brown 和 Lee（2010），Sautner 和 Weber（2011），Cadman 等（2013）发现公司治理相对较弱时，其股权激励计划的激励期限相对较短，包含行权业绩条件的概率也越小；其次，我国存在终极产权性质不同的两类公司，国有和非国有，两类公司所需遵循的股权激励制度规范不同，这必然会导致两类公司中股权激励契约设计存在的管理层自利程度有所不同；最后，公司规模、成长性、资产负债情况也可能对股权激励契约设计有影响。因此，本书对产权性质、董事长和总经理兼职情况、第一大股东持股比例、公司规模、托宾 Q 值和资产负债率六个公司特征变量进行分组，考察公司特征对股权激励计划契约中的管理层机会主义行为的影响。

我国分别于 2006 年、2008 年专门针对国有控股上市公司发布股权激励管理办法（见表 2-2），显然，我国对国有上市公司有着更加严格的制度约束，因此，我们预期国有上市公司股权激励契约设计中管理层自利程度较小；相对集中的股权结构能减少股东和管理层之间的信息不对称，约束管理层潜在的机会主义行为（Bettis 等，2010；Qin，2012）。因此，我们预期第一大股东持股比例较高的公司中，股权激励契约设计中的管理层自利程度较小；董事长和总经理的兼职情况对董事会的独立性造成影响，两职合一的 CEO 对董事会的控制能力更强（Jensen 和 Meckling，1976）。因此，我们预期董事长和总经理兼职时，管理层自利程度较高。Jenson（1986）指出，债务融资约束限制了管理层自由支配公司自由现金流的权力，能起到缓解委托代理问题的作用。Kuang 和 Qin（2010）认为资产负债率较高的公司中，业绩型股权激励计划的广泛使用增加了债权人的风险，因此，债权人会根据风险增加程度来决定利率提高的幅度。因此，我们预期融资约束越强的公司中，管理层自利程度较低。此外，考虑到公司生命周期因素，本书预期规模越小、成长性越高的公司中管理层自利程度越高。

表 2-14 报告了不同公司特征组别三类股权激励契约中管理层机会主义行为变量均值 T 检验结果。可以发现，国有上市公司中，其股权激励期限均值显著更高，行权价格操纵变量均值也接近于零，说明国有上市公司管理层在股权激励契约设计中的自利行为显著更少；董事长和总经理兼职情况与管理层机会主义行为变量相关关系并不显著；第一大股东持股比例较高组公司中，激励期限更长、行权价格操纵程度更小，说明第一大股东持股比例越高的公司中管

理层自利程度更低；公司规模越大的公司（以资产对数来衡量）激励期限显著更长；成长性越高的公司有着更低的激励期限和更高的初始行权价格操纵程度；融资约束越强的公司，激励期限、相对价格操纵程度显著更低。

表 2-14 股权激励契约中管理层机会主义行为变量均值 *T* 检验结果（按公司特征分组）

分组依据	组别	计划有效期限变量		业绩指标操纵变量		行权价格操纵变量	
		均值	*T* 检验	均值	*T* 检验	均值	*T* 检验
产权性质	国有组	6. 3115	1. 6698***	0. 4318	-0. 1071	-0. 0610	0. 1980***
	非国有组	4. 6417		0. 5389		-0. 2590	
董事长和总经理兼职	兼任组	4. 6979	-0. 1213	0. 4974	-0. 0504	-0. 2412	0. 0050
	分任组	4. 8181		0. 5478		-0. 2462	
第一大股东持股比例	高持股组	4. 9611	0. 2711**	0. 5061	-0. 0583	-0. 2083	0. 0570**
	低持股组	4. 6900		0. 5644		-0. 2653	
公司规模	高规模组	5. 1236	0. 4598***	0. 5644	0. 0123	-0. 2081	0. 0385
	低规模组	4. 6638		0. 5521		-0. 2467	
托宾 Q 值	高成长组	4. 6522	-0. 2921**	0. 5588	0. 0773	-0. 2920	-0. 0944***
	低成长组	4. 9443		0. 4815		-0. 1976	
资产负债率	高负债组	4. 9929	0. 3235**	0. 5122	-0. 0427	-0. 2059	0. 0693***
	低负债组	4. 6694		0. 5549		-0. 2751	

说明：***、**、*分别表示 1%、5%、10%的显著性水平。

（二）CEO 特征对股权激励契约中的管理层机会主义行为的影响

CEO 个人特征对股权激励契约要素设计有显著的影响。一方面，董事会在设计股权激励契约时，会考虑 CEO 特征与 CEO 自利行为之间的关联（Qin，2012）；另一方面，CEO 某些特征使 CEO 能影响股权激励计划契约的设定（Conyon 和 Murphy，2000）。本书考察了四个可能影响股权激励计划契约设计的 CEO 特征：CEO 的年龄、CEO 任期、CEO 持股和 CEO 是否薪酬与考核委员会成员。

首先，CEO 的年龄影响其风险偏好程度，年龄较大的 CEO 更加厌恶风险，而且年龄越大的CEO越临近退休，他们更可能存在尽快积累股权激励收益的动机，也相对不太关注其行为对经理人劳动市场的影响。Rajgopal和Shevlin（2002）发现年龄越大的CEO越可能通过短期盈利的投资项目，Antia等（2010）实证找到临近退休的CEO更可能从事机会主义行为的证据。因此，我们预期高年龄的CEO更可能在股权激励契约中存在自利行为。其次，CEO任期长短、CEO持股与否与其权力大小直接相关，任期越长、持股的CEO有更大的权力来影响股权激励计划契约的设计。Chatterjee和Hambrick（2007），Qin（2012）认为CEO如果在董事会中拥有话语权，则可能避免设置严格的行权条件。最后，CEO是否薪酬与考核委员会的成员对薪酬契约制订造成直接影响。在西方发达国家，薪酬委员会在制订管理层薪酬方案上扮演十分关键的角色，Newman和Mozes（1999）发现当薪酬委员会中包含公司内部人员时，CEO的薪酬水平相对较高，而当CEO本身就是薪酬委员会成员时，更有可能设计出有利于CEO的薪酬方案。

基于以上分析，本书按CEO年龄、CEO任期、CEO持股、CEO在薪酬委员会中的任职情况进行了分组，表2-15报告了不同组别三类股权激励契约中管理层机会主义行为变量均值T检验结果。可以看出，CEO任期较长组、CEO持股组的计划有效期限显著低于CEO任期较短组、CEO非持股组，说明任期较长、持股的CEO有更大的权力影响股权激励契约设计，选择更短的激励期限来获利；从业绩指标操作变量上来看，CEO特征影响并不显著；从行权价格操纵变量来看，CEO年龄、CEO任期、CEO持股对其有显著影响，CEO年龄较高组、CEO任期较长组、CEO持股组行权价格操纵变量显著更小，说明这些公司中，股权激励计划初始行权价格相对更低。以上结果表明，CEO特征显著影响股权激励设计中的管理层机会主义行为，在那些CEO权力更大的公司中，管理层在股权激励计划契约设计中自利程度更高，该结果支持了管理层权力论。

表2-15　股权激励契约中管理层机会主义行为变量均值T检验结果（按CEO特征分组）

分组依据	组别	计划有效期限变量		业绩指标操纵变量		行权价格操纵变量	
		均值	T检验	均值	T检验	均值	T检验
CEO年龄	较高组	4.8196	-0.0093	0.5260	-0.0086	-0.2751	-0.0894***
	较低组	4.8289		0.5346		-0.1857	

续表

分组依据	组别	计划有效期限变量		业绩指标操纵变量		行权价格操纵变量	
		均值	T 检验	均值	T 检验	均值	T 检验
CEO 任期	较长组	4.5002	-0.5926***	0.6067	0.0969	-0.3211	-0.1750***
	较短组	5.0929		0.5098		-0.1461	
CEO 持股	持股	4.6764	-0.3099***	0.5477	0.0533	-0.2580	-0.0440**
	不持股	4.9863		0.4944		-0.2140	
CEO 薪酬委员会任职	任职	4.7598	-0.0175	0.5633	0.0381	-0.2399	0.0052
	不任职	4.7773		0.5253		-0.2451	

说明：***、**、* 分别表示 1%、5%、10%的显著性水平。

本章小结

本章归纳总结了我国股权激励制度发展阶段和相应的制度法规，对2006—2015 年我国上市公司股权激励实践情况进行描述性分析，重点考查了股权激励计划关键契约要素设计的有效性。得出以下主要结论。

第一，上市公司股权激励实践是制度环境的产物，且随着制度环境的变化而不断演进。政府对上市公司股权激励实践的监管和配套制度的推进，使我国上市公司股权激励得到快速的发展。

第二，自我国真正意义上的股权激励制度建立以来，上市公司施行股权激励计划的数量逐年增多，股权激励工具呈现出由股票期权向限制性股票转变的趋势，股权激励上市公司多集中于中小板和创业板且行业特征和公司异质性明显，成长性高、盈利性强的技术密集型上市公司更倾向于实施股权激励计划。

第三，尽管我国政府推出一系列规章制度监管和约束上市公司股权激励实践中可能存在的失范行为，然而自利的管理层仍然在股权激励计划关键契约要素设计中存在机会主义行为，使股权激励契约并不完备。股权激励契约设计中的管理层机会主义行为表现在三个方面：较短的激励期限，助长了管理层短视行为，为管理层较快获得股权激励收益提供条件；单一、随意性大的业绩行权条件，为管理层轻易获得股权激励收益提供方便；较大范围的低初始行权价格设定，扩大了管理层获得股权激励收益的空间。

本章的研究丰富了股权激励契约中存在的管理层机会行为文献，并对政策制定者和公司股权激励实践有一定的政策含义。本章在前者研究的基础上有如下增量发现：(1) 单一行权业绩指标设计中，管理层机会主义行为更加明显，但并非业绩指标维数越多，则越能抑制管理层机会主义行为，因此，上市公司应科学设计业绩指标，避免盲目模仿。(2) 初始行权价格设定中的管理层机会主义行为与股权激励工具有关，股票期权初始行权价格设定中管理层自利程度很低，然而限制性股票初始行权价格设定中管理层自利程度较高。(3) 政府对国有上市公司股权激励监管更严，实证发现国有上市公司股权激励契约设计中管理层自利程度更低。(4) 第一大股东持股比例、融资约束能制约股权激励契约设计中的管理层机会主义行为。(5) 股权激励契约设计中的管理层机会主义行为受管理层特征的影响，管理层权力越大（任期越长、持股）则公司选择较短股权激励期限、较低初始行权价格的概率越大。

第三章　股权激励下管理层机会主义行为一：影响股利分配水平

如果现有资本市场是Miller和Modigliani（1961）所预想的那样，资本市场完美且管理层充分按照股东意愿行事，则股权激励并不会影响股利分配水平。然而，现实中制度环境不完善、资本市场不完美、股权激励契约不完备，使得管理层谋求股权激励收益的最大化而非公司价值本身。基于西方发达国家资本市场的实证研究表明，股权激励计划使管理层有影响股利分配水平以放大激励利益的动机。那么，在我国资本市场远远偏离"完美"的环境下，股权激励管理层是否会影响股利分配水平来获得机会主义利益？这是本章试图回答的问题。

我国股权激励制度正式实施得较晚，国内早期学者囿于样本的限制对股权激励制度研究并不足够深入，就股权激励和公司股利分配水平研究而言，更多从外生性视角探讨股权激励如何影响现金股利分配水平，而忽视了股权激励计划契约要素本身的影响，管理层机会主义动机和机会主义行为实现能力也没有引起足够的关注。通常而言，股权激励契约性关键要素，如授予对象、激励工具、行权价格或授予价格等才能真正反映管理层机会主义行为的动机，公司治理环境下的管理层权力则能代表管理层机会主义行为实现能力，只有综合考虑这些因素，才能更深入地分析管理层影响股利分配水平的动机，得出管理层为何且如何影响股利分配水平的结论。因此，本章在前人研究的基础上，探讨股权激励契约要素、管理层机会主义动机和实现能力与公司股利分配水平之间的逻辑关系。本章的研究弥补了前期文献研究角度较单一的缺陷，对上市公司股权激励契约设计与优化具有重要的现实意义。

第一节　理论分析和研究假说

一、理论分析

有效契约论认为，股权激励计划作为一种有效的薪酬契约安排，能促进管理层最大限度地追求股东利益最大化并减少道德风险行为（Hall 和 Murphy，2003），因此，被授予股权激励工具的管理层会选择更优的股利分配水平。然而事实上，Bebchuk 和 Fried（2004）提出的管理层权力论能更好地解释西方发达国家的管理层股利分配水平变化，即股权激励管理层凭借自身的权力，通过影响股利分配水平来放大所持股权激励工具的价值。

Lambert 等（1989）对 1956 年上榜的财富 500 强中制造类企业进行实证研究发现：公司采用管理层股票期权后，现金股利发放水平有所减少。一方面，现金股利支付会减少股票期权价值，因此，管理层有动机减少分红来增加股票期权的预期价值；另一方面，由于现金股利发放会减少管理层奖金水平，管理层有动机维持低水平的股利来保护其自身的奖金。由此，作者认为股权激励背景下管理层会出于个人利益动机对公司股利分配水平施加影响。Fenn 和 Liang（2001）以 1993—1997 年美国非金融企业为研究对象，实证研究发现，样本企业的管理层股权激励计划与股利分配水平显著相关，管理层股权激励计划与现金股利分配水平负相关，但与股票回购正相关，由此作者认为股票期权计划使用增加趋势有助于解释美国企业用股票回购替代现金分红现象。Hual 和 Kumar（2004），Chetty 和 Saez（2005），Cuny 等（2009）的实证研究同样表明，在美国企业中，被授予股权激励计划的管理层有动机减少现金分红，而选择并不严重影响股票期权价值的股票回购。

随着股权激励计划在美国以外的其他国家和地区企业中广泛使用，学者们纷纷探讨股权激励计划对该国或该地区企业股利分配水平的影响。Liljeblom 和 Pasternack（2006）以 1996 年 4 月至 2001 年 9 月间芬兰赫尔辛基证券交易所的上市公司为研究对象，考察了股权激励与现金股利发放、股票回购三者之间的关系，发现 41%的样本公司对股权激励计划进行了股利保护，这类公司的股权激励计划与现金股利分配水平呈现显著正相关。Amedeo 和 Neslihan（2015）搜集了 2002—2009 年欧盟地区英国、德国、意大利、荷兰、西班牙 5 个国家共 1650 家上市公司数据，实证发现与公司业绩相挂钩的管理层持股、股票期权等管理层激励形式会显著影响公司股利分配水平，近年来欧盟地区企业现金股利发放减少和股票回购增加，可以被管理层的薪酬方案变动所解释。Burns 等（2015）考察了欧洲股权激励和公司股利分配水平的关系，发现股票期权和限制性股票激励与现金股利支付负相关，而与股票回购负相关，进一步研究发现，如果对股权激励薪酬进行股利保护，则现金股利分配水平会增加。Geiler 和 Rennboog（2016）实证研究了英国股票期权和限制性股票对公司股利分配水平的影响，结果显示，由于英国上市公司未对股权激励工具进行股利保护，所以预期到的现金股利发放会拉低股权激励薪酬价值，然而股票回购相反会增加股权激励薪酬价值，进一步研究发现，管理层的薪酬结构比股东偏好对公司股利分配水平影响更大。

以上的文献研究表明，股权激励对现金股利分配水平的影响显著，但在不同的国家和地区，股权激励对现金股利分配水平影响方向并不一致，在那些没有对股权激励工具进行保护的国家和地区中（美国、英国、德国等），管理层倾向于减少现金分红，因为现金分红会减少股权激励工具价值，而在对股权激励工具进行保护的国家和地区中（以芬兰为典型），股权激励工具的行权价格随着股利发放而下调，管理层倾向于增加现金分红，来降低股权激励工具的行权价格。

相比之下，我国《上市公司股权激励管理办法（试行）》第 13 条明确规定，上市公司向外支付股利时，应对股权激励权益数量和价格等相应作出调整。显然，我国为股权激励计划设计了股利保护型条款。那么，在我国对股权激励工具进行股利保护的背景下，管理层是否会提高股利分配水平来降低行权价格或授予价格，以最大化激励收益呢？

二、研究假说

股利分配水平变化直接影响管理层股权激励价值，当股权激励计划为非股利保护时，管理层会减少现金股利分配水平以维持股权激励工具价值。Zhang（2013）提出，只有对管理层的股权激励薪酬设计股利保护条款，管理层才会有维持现金股利分配水平的动机。然而，芬兰地区上市公司股权激励实践说明，当公司治理环境较弱时，即便为股权激励计划设计股利保护性条款，管理层依然能通过影响股利分配水平来放大股权激励收益。

对于股权激励管理层而言，其所持股权激励工具的预期收益主要来自标的股票的市场价值和行权价格（股票期权）或授予价格（限制性股票）之差。由于股权激励计划有禁售期和锁定期，标的股票的市场价格只有在可行权日或解锁日到了之后才能明晰，而当公司进行股利分配时，行权价格或授予价格随着除权除息下降，因此，对于股权激励管理层而言，因股利分配导致的行权价格或授予价格下降是看得见的利益，基于此，有自利倾向的管理层会提高股利分配水平来增加股权激励工具的预期价值。另一方面，从我国股权激励工具的演变来看，自 2011 年以来，采用限制性股票激励工具的上市公司越来越多，2014 年起，限制性股票激励次数超过了股权激励次数，与股票期权相比，限制性股票激励对象享有分红收益权，随着限制性股票占总股权激励比重越来越大，更高的股利分配水平将给管理层带来更大的利益。

基于以上分析，我们提出以下研究假说：

H3-1：与非股权激励上市公司相比，股权激励公司股利分配水平更高。

股利发放决策会受到股权激励工具选择的影响。Weisbenner（2000），Fenn 和 Liang（2001），Chetty 和 Saez（2005），Brown 等（2007），Chan 等（2012）证实股票期权和股利发放之间是负向关系，原因是这些国家和地区并没有对股票期权进行股利保护。Aboody 和 Kasznik（2008）发现美国限制性股票授予和股利发放之间有正向关系，由此作者推测该结果可能与美国限制性股票为股利保护相关。那么，既然我国的股权激励工具同为股利保护型，是否限制性股票和股票期权对股利分配水平的影响是一致的呢？从被授予不同激励工具的管理层的综合利益来看，不是。就被授予股票期权的管理层而言，即便该股票期权是股利保护型，股利分配会使其所获股票行权价格和数量进行调整，但由于该管理层持有股票期权而非股票，所以其并不享有分红收益权。但从被授予限制性股票的管理层来看，分红给其带来直接收益，现金分红会直接增加其现金资产，股票股利会导致其持股数量增加。另外，我国现金分红的所得税税率远低于对股票期权行权收益所征税率，所以，在相同情况下，限制性股票激励上市公司股利分配水平也会更高。

为此，我们提出以下研究假说：

H3-2：股票期权和限制性股票对股利分配水平的影响存在差异性，限制性股票激励上市公司有更高的股利分配水平。

在股权激励计划设计中，管理层对激励方式、激励对象、授予数量等关键性契约要素有较高的话语权，因此，管理层可能从自身利益的角度出发，使股权激励计划偏离最优轨道。管理层股权激励收益大小为授予数量与激励工具标的股票的市场价格和行权价格或授予价格之差的乘积，因此，授予数量对管理层所获激励收益大小起决定性的因素，管理层授予数量越多，管理层股权激励收益越大，管理层影响股利分配水平的动机就越大。考虑到董事长或总经理对公司决策的影响力，当股权激励管理层中包括董事长或总经理时，其机会主义动机就越大；从管理层的结构来看，如果股权激励管理层人数占公司高管人数的比例越大，则股权激励管理层的机会主义行为受牵制的可能性越小，相应的股权激励管理层机会主义动机就越大。因此，授予对象中是否包括董事长或总经理、股权激励管理层人数占公司高管总人数比例、管理层授予数量占比可以作为衡量股权激励管理层机会主义动机的代理变量。

为此，我们提出以下假设：

H3-3：股权激励管理层机会主义动机大小与股利分配水平成正比。

Bebchuk 和 Fried（2004）断言近年来的管理层股权激励实践恰恰反映了当前股权激励契约的无效和公司治理的失败，董事会制订的薪酬契约不能最大化股东价值，相反被管理层用来最大化私利。Kaplan 和 Rauh（2010）认为存在利己主义倾向的管理层凭借自己的能力影响自身薪酬水平和结构，而不顾股东的利益。我国特殊的制度背景为上市管理层机会主义行为实现创造了条件，董事长和总经理、总经理和董事两职合一非常普遍，公司内部治理形同虚设，虽然我国公司治理结构齐全，但这些形式上的机构，并不能发挥对管理层的监督作用，独立董事基本上独立性不强，难以对管理层权力形成有效制约和监督。此外，我国法律、行业和市场对管理层行为约束弱化，并不能真正履行保护投资者利益职责，也无法成为监督管理层行为的力量。因此，在我国上市公司内外部环境对管理层行为约束不力的情况下，股权激励管理层的机会主义行为得以实现的可能性大大增加。

管理层权力和管理层机会主义行为实现能力成正比，于是，我们提出以下假设：

H3-4：股权激励上市公司管理层权力越大，管理层机会主义行为实现能力越强，股利分配水平越高。

第二节　数据、模型与研究变量

一、样本选取与数据来源

本章以 2006 年 1 月 1 日，即《股权激励管理办法》正式实施之日为研究区间的起点，具体研究区间为 2006 年 1 月 1 日至 2015 年 12 月 31 日。① 本书研究所需股权激励的数据（包括股权激励对象明细、股权激励授予数量明细等）由作者根据 CSMAR 数据库提供的股权激励计划公告日期和上市公司名称的关键词，在新浪网中的上市公司公告中手动搜集并整理。上市公司股利分配数据、公司治理数据、财务数据来自 CSMAR 数据库。在样本筛选上，从总样本中剔除了四类公司：（1）金融行业上市公司。（2）ST、PT 公司。（3）剔除股权激励草案为实施的上市公司。（4）资不抵债公司。之后剔除数据缺失的

① 本书已经采用最新的数据，2015 年的财务数据和分红数据 2016 年才公布，截至本书写作时，2016 年的上市公司分红数据尚未公布完全。

样本，最初获得研究区间内的16473个公司的年度观测值，其中，有812个公司的年股权激励样本值。① 为克服样本选择性偏误，本书用倾向得分匹配模型（Propensity Score Matching，简称PSM）对初始样本进行筛选，为股权激励样本公司匹配出公司特征相似的非股权激励样本公司，匹配完成后，共得到1624个观测值。另外，股票期权激励工具分样本量为830，限制性股票分样本量为810。此外，为避免离群值的影响，本章对所有的连续变量进行了1%的缩尾处理。

二、倾向得分匹配（PSM）模型的建立与检验

（一）匹配变量的选择和PSM模型的建立

已有相关文献将股权激励计划虚拟变量（是否施行股权激励计划）作为解释变量，考察股权激励计划实施后的效应，具体做法是将实施股权激励计划的上市公司作为实验组，而将未采取股权激励计划的上市公司作为对照组，来观察股权激励计划的影响。然而，由于实验组和对照组的初始条件不完全相同，这样会导致选择性偏差问题，比如，就本书的研究主题而言，有可能选择股权激励计划的上市公司股利分配水平本来就比没有实施股权激励计划的上市公司高。因此，如果将所有未实行股权激励计划的上市公司作为对照组，则回归结果并不能反映股权激励和股利分配水平之间的逻辑关系。为缓解选择性偏差问题，本书在建立回归模型之前，参考史永乐和王谨乐（2014），Chen（2015）的做法，应用倾向得分匹配模型（Propensity Score Matching，简称PSM）对初始样本进行了筛选。

1. 匹配前股权激励对股利分配水平影响的初步探讨

之前的研究发现股利分配与公司特征指标联系紧密，如公司规模、盈利性、现金持有、融资约束等。Fama和French（2001）指出公司规模与股利分配水平正相关；Aboody和Kasnick（2008）认为盈利能力更强的公司有更多的自由现金流用以发放股利；Burns等（2015）用TOBINQ指标来考察公司成长性对股利分配水平的影响；Jenson（1986）认为公司的自由现金流越多，则公

① 本章实证检验股权激励管理层对股利分配水平影响时，主要回归模型使用的是横截面数据，内生性考虑中，用时间序列数据进行检验。之所以进行这样的数据处理的原因是，当公司成功实施股权激励计划时，自利的管理层倾向于尽快影响股利分配水平降低行权价格。在内生性考虑中，用时间序列数据进行检验，提高结论的稳健性。

司股利发放越灵活，同时他还指出公司更高的负债可以减少公司自由现金流，所以高负债公司发放现金股利较少；程子健和张俊瑞（2015）指出股权性质对股利分配水平影响显著；汪平和孙士霞（2009）认为第一大股东持股比例对股利分配水平有显著影响。所以本书选取上市公司股权性质（STATE）、第一大股东持股比例（TOP1）、每股企业自由现金流（FCF）、LNA（资产对数）、总经理和董事长兼职情况（DUAL）、资产收益率（ROA）、托宾 Q 值（TOBINQ）、资产负债率（ALRATIO）指标对初始样本进行了股权激励对股利分配水平影响的初步探讨，见表 3-1（变量定义和说明见表 3-5）。

表 3-1　匹配前公司特征变量和股利分配水平变量对比情况（股权激励计划）

Panel A　匹配前公司特征变量对比（组间均值差异）

变量	STATE	TOP1	FCF	LNA	DUAL	ROA	TOBINQ	ALRATIO
未股权激励	0.2450	0.3697	1.6574	8.0416	0.2231	0.0587	2.5712	0.3949
实施股权激励	0.0349	0.3310	1.2957	7.8519	0.3805	0.0754	3.5486	0.3322
T 值	14.2072	7.2039	2.6426	4.3366	-10.6950	-9.0140	-14.0940	8.6747
P 值	0.0000	0.0000	0.0082	0.0000	0.0000	0.0000	0.0000	0.0000

Panel B　匹配前股利分配水平对比（组间均值差异）

变量	DCY	DCL	DSY	DSL
未股权激励	0.7374	0.1155	0.2478	0.1777
实施股权激励	0.8806	0.1405	0.4589	0.3892
T 值	-9.4215	-3.8456	-13.8603	-15.3122
P 值	0.0000	0.0001	0.0000	0.0000

表 3-1 Panel A 为匹配前股权激励上市公司与非股权激励上市公司之间的特征变量对比，可以看出，均值 T 检验结果表明两类公司特征变量存在显著差异，尽管 Panel B 股利分配水平变量均值组间差异提示实施股权激励公司的股利发放水平显著高于未实施股权激励公司，但公司特征变量间的显著差异会对该结果造成影响，即样本选择问题的存在，使得 Panel B 的结果并

不可信。

2. PSM 模型的建立

因此，本部分使用 Logit 回归，将公司特征变量，如财务指标、成长性指标、公司治理指标等作为匹配变量进行筛选，回归的解释变量为所有匹配变量，同时控制了行业效应，被解释变量为“0—1”二元变量，1 代表实施股权激励，0 代表未实行股权激励。最终确定匹配变量为：股权性质、第一大股东持股比例、每股企业自由现金流、资产对数、董事长兼职情况、资产利润率、托宾 Q 值、资产负债率，所处行业（变量定义和说明见表 3-5）。完成了匹配变量的筛选后，本书选用“近邻 1∶1 匹配”方法为实施股权激励公司（处理组）匹配出未实施股权激励公司（控制组）。

（二）PSM 模型匹配效果的检验

匹配后检验其匹配效果，即匹配是否满足共同支撑假设和平衡性假设。对共同支撑假设的检验见图 3-1，显而易见，完成匹配后，股权激励公司和非股权激励公司 PS 值的分布形态已经近似相同，由此可以推断，匹配过程明显修正了两组 PS 值的分布偏差，共同支撑假设得以很好满足。平衡性假设则需考察匹配过程是否减少了匹配变量之间的差异，即减少股权激励公司与非股权激励公司因初始条件不同而导致的“选择偏差”。图 3-2 给出匹配前后匹配变量标准偏差变化，可以发现匹配过程大大减少了变量的标准化偏差，匹配后大多数变量的标准化偏差在 0 附近，所以，可以认为平衡性得到了满足。

表 3-2 列示了匹配后处理组和控制组特征变量对比，从表 3-2 可以看出处理组的公司特征与控制组没有显著差异，说明使用 PSM 模型能缓解样本选择问题。

表 3-2　　**匹配后公司特征变量对比情况（股权激励计划）**

Panel A　匹配后公司特征变量对比（组间均值差异）

变量	STATE	TOP1	FCF	LNA	DUAL	ROA	TOBINQ	ALRATIO
控制组	0. 0320	0. 3266	1. 2581	7. 8477	0. 3768	0. 0738	3. 2694	0. 3283
处理组	0. 0387	0. 3337	1. 3048	7. 8866	0. 3756	0. 0750	3. 5486	0. 3333
T 值	−0. 6739	−1. 0030	−0. 3061	−0. 7080	0. 0572	−0. 3599	−1. 5293	−0. 5293
P 值	0. 5005	0. 3160	0. 7596	0. 4790	0. 9592	0. 7189	0. 1264	0. 5967

续表

Panel B：匹配后股利分配水平对比（组间均值差异）				
变量	DCY	DCL	DSY	DSL
控制组	0. 7525	0. 1246	0. 2746	0. 2050
处理组	0. 8830	0. 1409	0. 4483	0. 3685
T 值	-6. 9085	-1. 9003	-7. 4003	-6. 9886
P 值	0. 0000	0. 0576	0. 0000	0. 0000

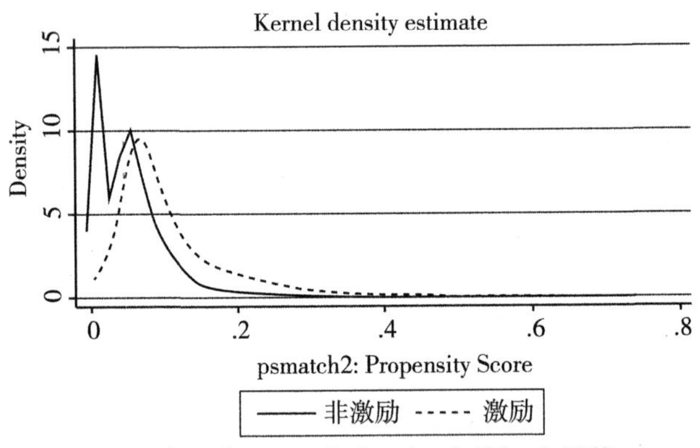

（a）匹配前PS值的核密度分布图

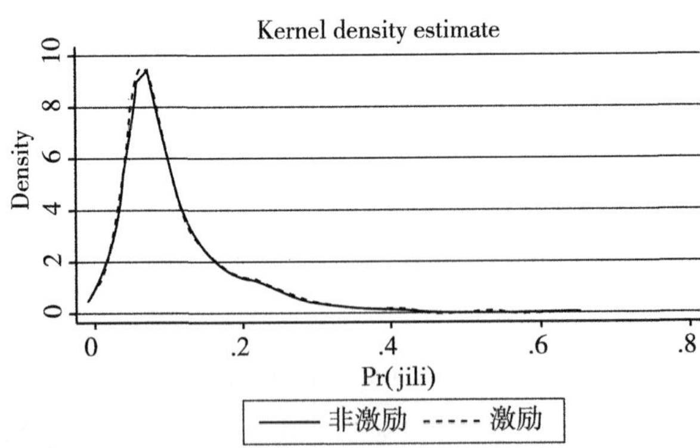

（b）匹配后PS值的核密度分布图

图 3-1　匹配前后 PS 值的核密度分布

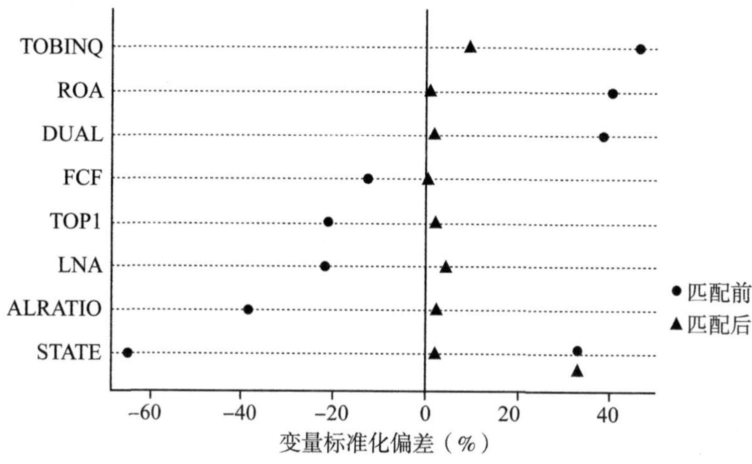

图 3-2　匹配前后变量标准化偏差

（三）股票期权和限制性股票 PSM 模型建立和检验

除了分析股权激励计划对股利分配水平的影响之外，本书还考察了股票期权和限制性股票这两种不同激励工具对股利分配水平的影响。按照之前的步骤，进行了匹配前的公司特征变量均值差异检验、匹配变量的选择、PSM 模型建立和检验，具体过程不再累述。表 3-3 为采用不同股权激励工具的上市公司和非激励上市公司匹配前公司特征变量对比情况，可以看出匹配前，无论是股票期权激励工具还是限制性股票激励工具，其上市公司的公司特征变量与非股权激励上市公司均存在显著差异，显然，在回归之前若不处理控制变量间的显著差异，则会导致样本选择问题的存在，使得回归结果并不可信。

表 3-3　　**匹配前公司特征变量对比情况（不同股权激励工具）**

Panel A　股票期权激励公司匹配前公司特征变量对比（组间均值差异）								
变量	STATE	TOP1	FCF	LNA	DUAL	ROA	TOBINQ	ALRATIO
未股权激励	0. 2450	0. 3697	1. 5280	8. 0416	0. 2231	0. 0587	2. 5712	0. 3949
实施股票期权	0. 4316	0. 3454	1. 8454	7. 9054	0. 4197	0. 0755	3. 3575	0. 3392

续表

变量	STATE	TOP1	FCF	LNA	DUAL	ROA	TOBINQ	ALRATIO
T 值	-9.5549	3.1802	-1.6801	2.1812	-9.4600	-6.3837	-8.2296	5.4122
P 值	0.0000	0.0015	0.0930	0.0292	0.0000	0.0000	0.0000	0.0000

Panel B　限制性股票激励公司匹配前公司特征变量对比（组间均值差异）

变量	STATE	TOP1	FCF	LNA	DUAL	ROA	TOBINQ	ALRATIO
未股权激励	0.2450	0.3697	1.5280	8.0416	0.2231	0.0587	2.5712	0.3949
实施限制性股票	0.0293	0.3174	1.2894	7.8036	0.3416	0.0752	3.7686	0.3260
T 值	10.5310	7.0633	2.0513	3.9398	-5.8751	-6.4911	-12.6014	6.9147
P 值	0.0000	0.0000	0.0403	0.0001	0.0000	0.0000	0.0000	0.0000

完成匹配过程后，同样进行了共同支撑假设和平衡性假设。表 3-4 为采用不同股权激励工具的上市公司和非激励上市公司匹配后公司特征变量对比情况，可以看出，匹配后两类公司的公司特征变量差异并不显著，说明针对股票期权和限制性股票两类股权激励模式的 PSM 模型能缓解样本选择问题。

表 3-4　　**匹配后公司特征变量对比情况（不同股权激励工具）**

Panel A　股票期权激励公司匹配后公司特征变量对比（组间均值差异）

变量	STATE	TOP1	FCF	LNA	DUAL	ROA	TOBINQ	ALRATIO
控制组	0.0434	0.3439	1.7304	7.8508	0.4217	0.0750	3.3962	0.3365
处理组	0.0434	0.3454	1.8455	7.9085	0.4193	0.0755	3.3621	0.3386
T 值	0.0000	-0.1600	-0.3300	-0.7100	0.0700	-0.1100	0.1800	-0.1500
P 值	1.0000	0.8750	0.7400	0.4750	0.9440	0.9100	0.8580	0.8780

Panel B　限制性股票激励公司匹配后公司特征变量对比（组间均值差异）

变量	STATE	TOP1	FCF	LNA	DUAL	ROA	TOBINQ	ALRATIO
控制组	0.0272	0.3222	1.4771	7.8209	0.3358	0.0719	3.4540	0.3145
处理组	0.0321	0.3200	1.3584	7.8565	0.3309	0.0752	3.6064	0.3252
T 值	-0.4100	0.2200	0.8300	-0.5100	0.1500	-0.8200	-0.9000	-0.8500
P 值	0.6790	0.8230	0.4090	0.6110	0.8820	0.4120	0.3690	0.3940

三、回归模型的设计

使用 PSM 模型构造出与股权激励上市公司所匹配的非股权激励上市公司之后，本章主要建立回归模型分别对研究假设进行检验。被解释变量是股利分配水平（PayLevel），本章选用股利分配哑变量和每股股利作为股利分配水平的代理变量。由于股利分配哑变量衡量上市公司分红的意愿，即发放还是不发放，所以当以股利分配哑变量为被解释变量时，采用 Logit 模型进行回归。而股利发放水平是在 0 点的限值连续变量，所以以每股股利作为被解释变量时，选用 Tobit 回归模型。

针对不同的假设，本书建立了三组回归模型。

（一）股权激励计划、工具选择对股利分配水平的影响模型

我国上市公司对股权激励计划进行了股利保护，股票期权的行权价格和限制性股票的授予价格会随着股利分配而下调，如果与非股权激励上市公司相比，实施股权激励的上市公司有着更高的股利分配水平，则可证明股权激励上市公司管理层存在机会主义行为。为此，为检验股权激励实施后管理层是否存在机会主义行为，本书构建以下模型：

$$\text{PayLevel}_{it} = \beta_0 + \beta_1 \text{JD}_{it} + \gamma' Z_{it} + \varepsilon_{it} \tag{3.1}$$

Hall 和 Murphy（2003），Lie（2005）指出，美国上市公司在不同的时间选择了最有利于管理层的股权激励工具，相比之下，我国上市公司在股票期权和限制性股票之间作出抉择。而两种不同的股权激励工具给管理层带来的利益存在差异性，因此，有必要检验两种不同的激励工具对股利分配水平的差异性影响，为此，建立以下模型：

$$\text{PayLevel}_{it} = \beta_0 + \beta_1 \text{JOD}_{it} + \gamma' Z_{it} + \varepsilon_{it} \tag{3.2}$$

$$\text{PayLevel}_{it} = \beta_0 + \beta_1 \text{JRD}_{it} + \gamma' Z_{it} + \varepsilon_{it} \tag{3.3}$$

其中，PayLevel 为股利分配水平，JD 为股权激励虚拟变量（处理组取 1，匹配后的控制组取 0），JOD 为股票期权激励虚拟变量（处理组取 1，匹配后的控制组取 0），JRD 为限制性股票虚拟变量（处理组取 1，匹配后的控制组取 0），Z_{it}为影响股利分配水平的控制变量，ε_{it} 为模型的随机扰动项。

（二）股权激励下管理层机会主义动机对股利分配水平的影响模型

股权激励对股利分配水平的影响程度受管理层机会主义动机大小的影响，而股权激励计划向管理层的倾斜程度能直接反映管理层机会主义动机的大小，

股权激励计划越向管理层倾斜，则股权激励管理层越有动机影响股利分配水平来放大股权激励收益，为此本书建立以下模型考察股权激励上市公司管理层机会主义动机对股利分配水平的影响：

$$\text{PayLevel}_{it} = \beta_0 + \beta_1 \text{OpMotive}_{it} + \gamma' Z_{it} + \varepsilon_{it} \tag{3.4}$$

其中，PayLevel_{it} 为股利分配水平，OpMotive_{it} 为股权激励管理层机会主义动机变量，Z_{it} 为影响股利分配水平的控制变量，ε_{it} 为模型的随机扰动项。

（三）股权激励下管理层机会主义实现能力对股利分配水平的影响模型

Bebchuk 和 Fried（2004），Morse 等（2011）用理论分析和实证研究证明，存在机会主义动机的管理层凭借自己的能力影响公司决策来提高自薪酬水平。这说明管理层机会主义行为的实现依赖于管理层权力的大小，管理层手中的权力赋予其实现机会主义行为的能力。因此，本书建立以下模型考察管理层机会主义行为实现能力对股利分配水平的影响：

$$\text{PayLevel}_{it} = \beta_0 + \beta_1 \text{JD}_{it} + \beta_2 \text{JD}_{it} \text{OpAbility}_{it} + \beta_3 \text{OpAbility}_{it} + \gamma' Z_{it} + \varepsilon_{it} \tag{3.5}$$

其中，PayLevel_{it} 为股利分配水平，OpAbility_{it} 为股权激励管理层机会主义行为实现能力变量，Z_{it} 为影响股利分配水平的控制变量，ε_{it} 为模型的随机扰动项。

四、变量定义和说明

（一）股利分配水平变量（PayLevel）的选取

对股利政策研究的文献中，常用现金股利支付率（现金股利额/净利润）、股利收益率（每股现金股利额/每股市价）和每股现金股利三种方式来衡量现金股利分配水平，用送股比和转增比之和来衡量股票股利分配水平。考虑到《上市公司股权激励管理办法》中规定股权激励工具的行权价格或授予价格随股利分配相应下调，下调幅度为每股现金股利发放水平、资本公积金转增或送红股的比例，所以本书选择每股现金股利、每股股票股利（每股送股比和转增比之和）来衡量股利分配水平，具体选择了四个变量，分别是：现金股利分配哑变量（DCY）、股票股利分配哑变量（DSY）、每股现金股利（DCL）、每股股票股利（DSL）。

（二）解释变量的选取

1. 股权激励计划虚拟变量、股票期权虚拟变量和限制性股票虚拟变量（Incentive）

为缓解股权激励与股利分配之间的交互作用带来的内生性问题，本书使用PSM模型分别构建了施行股权激励计划、股票期权、限制性股票上市公司的控制组，然后定义了三类虚拟变量：股权激励计划虚拟变量（JD），即实施股权激励计划取1，未实施股权激励计划取0；股票期权虚拟变量（JOD），即实施股票期权激励工具取1，未实施股票期权激励工具取0（在未实施股权激励的上市公司中筛选）；限制性股票虚拟变量（JRD），即实施限制性股票激励工具取1，未实施限制性股票激励工具取0（在未实施股权激励的上市公司中筛选）。

2. 股权激励下管理层机会主义动机变量（OpMotive）

在实施股权激励计划的上市公司中，管理层实施机会主义行为的目的是追求激励收益的最大化，因此，股权激励工具授予对象是否包含公司管理层，对管理层激励的力度有多大直接决定了管理层实施机会主义行为的动机。本书用OpMotive代表股权激励下管理层机会主义行为动机。

管理层机会主义动机选取了四个指标来度量：激励对象中是否包括董事长或总经理（CEODUM），激励对象为公司管理层人数占公司高管总人数的比例（EXEGPR），管理层授予数量占总授予数量的比例（EXEGRT），管理层授予数量占总股本的比例（EXEGRT1）。其中，CEODUM、EXECPR、EXEGRT作为主回归的解释变量，EXEGRT1用作稳健性检验。

3. 管理层机会主义行为实现能力（OpAbility）

管理层的机会主义行为实现取决于管理层在董事会中的话语权、公司的股权分散程度、管理层对公司的所有权等因素，表现为管理层的权力大小。因此，管理层机会主义行为实现能力可用管理层权力（OpAbility）来度量。

Finkelstein（1992）用结构权力、专家权力、声望权力和所有权权力四个维度来度量管理层权力。卢锐（2008）用股权分散程度、董事长总经理两职兼任情况、管理层任期三个变量分别定义管理层权力变量，然后对三个变量进行积分，拟合权力虚拟变量（若三个单一变量之和大于2，则虚拟变量取1，否则取0）和权力积分变量（三个变量之和）。权小锋等（2010）则参考Finkelstein（1992）的权力模型，从组织权力、专家权力、所有权权力和声望权力选取虚拟变量，分别用第一主成分构建权力强度综合指标和直接求和后平均两种方法来度量 CEO 权力的大小。

可以发现，管理层权力强度在学术界尚未形成一致的度量方式，国内学者对管理层权力强度度量主要有两种方式，一是采用主成分分析构建综合指标，二是先构建虚拟变量，然后加总求和。构建管理层权力强度选取的指标主要包括：CEO 学历、CEO 是否从内部晋升、CEO 是否是董事会成员、CEO 是否兼任董事长、是否在股东单位兼职、任期、董事会人数、股权制衡度、CEO 持股比例、董事会内部董事所占比重。盛明泉和车鑫（2016）认为，将反映管理层权力的变量简单进行积分不能反映变量之间的差异性，而且在将变量进行虚拟化时会抹杀变量原有的特性，所以，本书采用主成分分析方法构建综合指标，在选取具体指标时，将 KMO 值较低的成分舍去，最终选取了管理者是否兼任董事或董事长、股权制衡度、管理层持股比例、董事会规模四个成分构建管理层权力综合指标。成分指标描述如下所示。

（1）管理者是否兼任董事或董事长（Ceodir）。西方国家对上市公司管理者多用 CEO 描述，但我国上市公司对管理者的描述包括首席执行官、总裁、总经理，所以本书将股权激励上市公司中的首席执行官、总裁或总经理定义为管理者，如果管理者同时兼任公司董事或董事长，则这种兼职会强化管理者对公司决策的制定权。本书借鉴权小锋等（2010）的思路，将 Ceodir 指标定义为管理者是否董事会成员和管理者与董事长是否兼任之和，即当管理者不为董事会成员时，Ceodir 值取 1，管理者兼任董事但不为董事长时，Ceodir 值取 2，管理者兼任董事长时，Ceodir 值取 3。

（2）股权制衡度（Disperse）。股权制衡度对管理层决策的执行力具有重大影响。股权制衡度越低的上市公司中，管理层决策的自由裁量权越高，因为管理层的决策受到股东的制约和牵制就越小。本书借鉴卢锐等（2008）衡量股权制衡的思路，使用第二至第十大股东持股数量与第一大股东持股数量的比值来衡量股权制衡度。

（3）管理层持股比例（Ceort）。若管理层持有公司股份，则管理层的股东身份会增加管理层的自由裁量权。杨兴全等（2014）用总经理是否持股虚拟变量作为衡量管理层权力的指标之一，然而该虚拟变量并不能反映管理层持股比例对公司决策的影响，所以本书用管理层持有公司股份数量占总股本的比例作为构建管理层权力综合指标的成分之一。

（4）董事会规模（Dirnum）。诸多学者使用董事会规模指标来构建管理层权力指标，董事会规模越大，则分散效应越强，管理层对董事会的控制力就会减弱。本书用董事会人数来作为董事会规模的代理指标。

4. 控制变量

（1）股权性质（STATE）。程子健和张俊瑞（2015）指出，我国国企与政府之间存在天然的关联，国企中存在所有者缺位现象，使内部人有过度投资的倾向，可以推断，当企业股权性质为国有时，其现金股利分配水平较低。

（2）第一大股东持股比例（TOP1）。陈信元（2003）指出中国正处于转型阶段，大股东侵占中小股东利益十分普遍，而股利分配则是大股东利益侵占的途径之一。可以预测，第一大股东持股比例与现金股利分配水平正相关。

（3）每股企业自由现金流（FCF）。Jenson（1986）提出现金股利分配可以缓解自由现金流导致的代理问题。然而实践中，管理层出于机会主义动机，用企业的自由现金流来构建自己的“帝国”。因此，自由现金流能影响现金股利分配水平，但方向具有不确定性。

（4）公司规模：资产对数（LNA）。雷光勇和刘慧龙（2007）指出规模大的公司相较于规模小的公司，其增长空间和扩展冲动较小，因此，这类公司更倾向于现金股利分配。然而当公司规模越大时，会避免股利股票发放所导致的股权稀释。因此，推测公司规模与现金股利分配水平成正比，与股票股利分配水平成反比。

（5）总经理和董事长兼职情况（DUAL）。吕长江和周县华（2005）指出，我国上市公司内部人存在利用股利发放来攫取中小股东私利的现象，于是可以推断，总经理和董事长兼职越普遍，则公司股利分配水平越高。

（6）盈利能力：资产收益率（ROA）。Fama 和 French（2001）指出盈利能力是决定公司股利分配的重要因素，公司的股利分配会随着盈余变化的调整而调整。

（7）成长能力：托宾 Q 值（TOBINQ）。理论上来讲，成长性越高的公司，则更有动力留存资金用以扩大市场，因此，这类公司会削减现金股利分配水平、提高股票股利分配水平来满足投资的需求。

（8）融资约束：资产负债率（ALRATIO）。Chae 和 Kim（2009）研究发现，融资约束与现金股利分配水平负相关。当公司面临的融资约束越强时，企业自由现金流偿还债务之后的才能用于分配。

需要说明的是，在用主成分法构建管理层机会主义行为实现能力变量时，已经综合考虑了总经理和董事长的兼职情况、第一大股东持股比例，所以当管理层机会主义行为实现能力变量为解释变量时，控制变量中略去 TOP1 和 DUAL 变量。具体见表 3-5。

表 3-5 **主要变量定义和说明**

变量简写	变量名称	变量计算及说明
Panel A 被解释变量：股利分配水平（PayLevel）		
DCY	现金股利分配哑变量	公司当年发放现金股利取 1，否则取 0
DCL	每股现金股利	现金分红总额/发行在外的普通股股数，若年度有两次以上的现金股利分配，则进行合并处理
DSY	股票股利分配哑变量	公司当年发放股票股利取 1，否则取 0
DSL	每股股票股利	送股比和转增比之和，若年度有两次以上的股票股利分配，则进行合并处理
Panel B1 解释变量：股权激励哑变量（Incentive）		
JD	股权激励计划哑变量	公司采取股权激励计划取 1，否则取 0
JOD	股票期权激励哑变量	公司采取股票期权激励取 1，否则取 0
JRD	限制性股票激励哑变量	公司采取限制性股票激励取 1，否则取 0
Panel B2 解释变量：股权激励下管理层机会主义动机（OpMotive）		
CEODUM	CEO 激励哑变量	激励对象中包括董事长或总经理取 1，否则取 0
EXEGPR	管理层激励人数占比	激励对象为公司管理层人数/公司高管总人数
EXEGRT	管理层授予数量占比 1	管理层授予数量/总授予数量
EXEGRT1	管理层授予数量占比 2	管理层授予数量/公司总股本年末值
Panel B3 解释变量：股权激励下管理层机会主义行为实现能力（OpAbility）		
Ceodir	管理者（首席执行官、总裁、总经理）是否兼任董事或董事长	当管理者不为董事会成员时，Ceodir 值取 1，管理者兼任董事但不为董事长时，Ceodir 值取 2，管理者兼任董事长时，Ceodir 值取 3
Disperse	股权制衡度	第二至第十大股东持股数量年末值/第一大股东持股数量年末值
Ceort	管理层持股比例	管理层持有公司股份数量年末值/总股本年末值
Dirnum	董事会规模	董事会人数
PanelC 控制变量		
STATE	上市公司股权性质	最终控制人为国有则取 1，其他取 0
TOP1	第一大股东持股比例	第一大股东持有股数年末值/总股本年末值
FCF	每股企业自由现金流	企业自由现金流/总股本年末值，其中，企业自有现金流 =（净利润+利息费用+非现金支出）-营运资本追加-资本性支出

续表

变量简写	变量名称	变量计算及说明
LNA	资产对数	对资产总额年末值取自然对数
DUAL	总经理和董事长兼职情况	董事长和总经理为同一人取 1，否则取 0
ROA	资产收益率	当年净利润/［（资产总额年初值+资产总额年末值）/2］
TOBINQ	托宾 Q 值	(年末股价×股本+总负债年末值）/总资产年末值
ALRATIO	资产负债率	当年年末负债总额/当年年末资产总额

第三节　实证结果分析与讨论

一、股权激励计划、工具选择对股利分配水平影响

（一）主要变量的描述性统计

表 3-6 为实施股权激励计划处理组和控制组主要变量的描述性统计结果。结果显示，在 2006—2015 这十年中，现金股利哑变量 DCY、每股现金股利 DCL 的均值分别是 81.77%和 0.1328，这说明在样本期间，样本处理组与控制组中平均 81.77%的公司派发了现金股利且将每股现金股利维持在一定水平。股票股利哑变量 DSY、每股股票股利 DSL 的均值分别是 0.3615 和 0.2867，说明在样本期间，样本处理组和对照组中约 36%的公司派发了股票股利，股票股利发放的平均水平为每 1 股送转 0.2867 股。从其他变量来看，STATE 均值为 0.0351，表明样本中绝大多数为非国有上市公司且样本中所有上市公司均正盈利。

表 3-6　　描述性统计分析（股权激励计划）

变量	样本量	均值	标准差	中位数	最小值	最大值
DCY	1624	0.8177	0.3862	1	0	1
DCL	1624	0.1328	0.1735	0.0900	0.0000	2.0600

续表

变量	样本量	均值	标准差	中位数	最小值	最大值
DSY	1624	0.3615	0.4806	0	0	1
DSL	1624	0.2867	0.4782	0.0000	0.0000	3.6000
STATE	1624	0.0351	0.1841	0	0	1
TOP1	1624	0.3301	0.1426	0.3099	0.0339	0.8234
FCF	1624	0.6350	0.9744	0.3265	0.0006	10.6856
LNA	1624	7.8672	1.1076	7.7046	5.3293	13.5719
DUAL	1624	0.3762	0.4846	0	0	1
ROA	1624	0.0744	0.0627	0.0614	0.0003	0.6016
TOBINQ	1624	3.3658	2.5420	2.5105	0.7337	30.6744
ALRATE	1624	0.3308	0.1918	0.3099	0.0001	0.9407

（二）回归分析结果

1. 股权激励计划对股利分配水平的影响

表3-7列示了上市公司股权激励与股利分配水平的回归结果。当以现金股利哑变量（DCY）为被解释变量时，股权激励哑变量JD系数为0.9233且在1%水平下显著，说明施行股权激励计划的公司更倾向于发放现金股利。在股权激励对现金股利分配水平影响模型中，股权激励哑变量JD的系数为0.0332且在1%水平下显著，表明相比于非股权激励上市公司，股权激励上市公司发放更多的现金股利。在股权激励对股票股利哑变量影响模型中，股权激励哑变量JD系数为0.8227且在1%水平下显著，说明施行股权激励计划的公司更倾向于发放股票股利；在股权激励对股票股利发放水平影响模型中，股权激励哑变量的系数为0.4631且在1%水平下显著，表明相比于非股权激励上市公司，股权激励上市公司发放更多的股票股利。该结果支持了假设H3-1。综合来看，与非股权激励上市公司相比，股权激励上市公司有着更高的股利分配水平，说明股权激励管理层存在机会主义行为：通过提高现金股利和股票股利发放水平降低股权激励工具的行权价格或授予价格，提前为未来获得股权激励收益作准备。

表 3-7 股权激励计划对股利分配水平影响的回归结果

	DCY	DCL	DSY	DSL
JD	0. 9233***	0. 0332***	0. 8227***	0. 4631***
	(6. 59)	(3. 72)	(7. 47)	(7. 64)
STATE	0. 2090	0. 0028	-0. 0096	-0. 0972
	(0. 54)	(0. 11)	(-0. 03)	(-0. 57)
TOP1	0. 7852	0. 1233***	0. 2164	0. 0777
	(1. 59)	(3. 90)	(0. 55)	(0. 36)
FCF	0. 0021	0. 0002	0. 0121	0. 0092**
	(0. 18)	(0. 36)	(1. 46)	(2. 07)
LNA	0. 2616***	0. 0367***	-0. 2783***	-0. 1362***
	(2. 90)	(6. 47)	(-3. 73)	(-3. 36)
DUAL	0. 2351	0. 0107	0. 2542**	0. 1611***
	(1. 63)	(1. 15)	(2. 25)	(2. 61)
ROA	4. 7432***	1. 2375***	3. 0175***	1. 1668**
	(3. 42)	(16. 04)	(3. 26)	(2. 28)
TOBINQ	-0. 0613**	-0. 0077***	0. 0698***	0. 0520***
	(-2. 22)	(-3. 83)	(2. 98)	(4. 22)
ALRATIO	-2. 8790***	-0. 2310***	-0. 9065***	-0. 4761**
	(-6. 83)	(-8. 31)	(-2. 59)	(-2. 49)
_CONS	-0. 3921	-0. 2303***	0. 7736	0. 2720
	(-0. 58)	(-5. 26)	(1. 37)	(0. 89)
行业	控制	控制	控制	控制
N	1624	1624	1624	1624
pseudo R^2	0. 086	0. 074	0. 076	0. 057

注：每变量同行对应的是回归系数，每变量下行对应的括号内的值为 Logit 回归的 Z 值与 Tobit 回归的 T 值。***，**，* 分别表示在 1%，5%，10%水平下显著。

表 3-7 还反映了控制变量与股利分配水平之间的关系。企业股权性质 STATE 与分红哑变量 DCY 和 DSY、分红水平变量 DCL 和 DSL 相关性并不显著，这可能与样本组中国有产权占比非常小有关。在股权激励对现金股利发放水平影响中的 Tobit 模型中，TOP1 与现金股利发放水平正相关，说明在样本组内第一大股东持股比例越高，则发放现金股利的水平更高，然而这种关系在

股权对股票股利水平影响中并不显著。资产规模 LNA 在股权激励与现金股利分配水平回归模型中系数为正，而在股权激励与股票股利分配水平回归模型中系数为负，说明资产规模越大的公司越倾向于发放现金股利且规模与现金股利发放水平成正比，然而资产规模越大的公司越不情愿发放股票股利。董事长和总经理两职合一指标系数说明两职合一更普遍的公司越倾向于发放股票股利并提高股票股利的发放水平。资产收益率 ROA 至少在 5%水平下显著为正，表明盈利能力越强的上市公司其现金股利和股票股利发放意愿和发放水平越高。托宾 Q 值在股权激励对现金股利政策影响回归模型中为负，在股权激励对现金股利政策影响回归模型中为正，说明成长性越高的企业，现金股利发放倾向和发放水平越低，股票股利发放倾向和发放水平越高。资产负债率 ALRATIO 在以上回归模型系数均为负且都至少在 5%水平上显著，表明负债率更高的企业，发放现金股利和股票股利的意愿和水平更低。

2. 股权激励工具选择对股利分配水平影响

表 3-8 列示了上市公司股票期权激励对股利分配水平影响的回归结果。在 Logit 模型中，股票期权激励哑变量 JOD 对现金股利分配哑变量和股票股利分配哑变量影响模型的系数分别为 0. 5370 和 0. 5235 且均在 1%水平上显著，说明股票期权激励工具均会提高现金股利发放倾向和股票股利发放倾向；在 Tobit 模型中，股票期权激励哑变量 JOD 对现金股利发放水平 DCL 影响并不显著，而对股票股利发放水平 DSL 影响均在 1%水平上显著为正，表明股票期权激励能显著提高股票股利发放水平。

表 3-8　　**股票期权对股利分配水平影响的回归结果**

	DCY	DCL	DSY	DSL
JOD	0. 5370***	0. 0067	0. 5235***	0. 2598***
	(2. 67)	(0. 57)	(3. 50)	(3. 32)
STATE	−0. 3554	0. 0002	−0. 5533	−0. 3725*
	(−0. 78)	(0. 01)	(−1. 29)	(−1. 69)
TOP1	0. 1534	0. 1728***	−0. 0542	−0. 0435
	(0. 20)	(4. 17)	(−0. 10)	(−0. 13)
FCF	−0. 0189	0. 0025***	−0. 0050	−0. 0011
	(−1. 34)	(3. 14)	(−0. 39)	(−0. 18)
LNA	0. 5496***	0. 0347***	−0. 2634***	−0. 1062**
	(3. 96)	(4. 58)	(−2. 60)	(−2. 03)

续表

	DCY	DCL	DSY	DSL
DUAL	0.1532 (0.74)	0.0139 (1.14)	0.1688 (1.11)	0.1412* (1.78)
ROA	0.8588 (0.49)	1.0553*** (10.17)	3.2197** (2.43)	1.2848* (1.90)
TOBINQ	-0.0088 (-0.22)	-0.0056** (-2.16)	0.0325 (1.03)	0.0249 (1.57)
ALRATIO	-2.7848*** (-4.47)	-0.2372*** (-6.56)	-0.5042 (-1.09)	-0.4344* (-1.80)
_CONS	-1.8846* (-1.87)	-0.2147*** (-3.77)	1.0587 (1.41)	0.3607 (0.93)
行业	控制	控制	控制	控制
N	830	830	830	830
pseudo R^2	0.052	0.093	0.055	0.042

注：每变量同行对应的是回归系数，每变量下行对应的括号内的值为 Logit 回归的 Z 值与 Tobit 回归的 T 值。***，**，*分别表示在 1%，5%，10%水平下显著。

表 3-9 列示了上市公司限制性股票激励对股利分配水平影响的回归结果。限制性股票激励哑变量 JRD 对现金股利发放哑变量、现金股利发放水平、股票股利发放哑变量、股票股利发放水平影响的系数分别为 0.6391，0.0262，0.7827 和 0.4798 且均在 1%的水平上显著为正，说明相比于非股权激励上市公司，实行限制性股票的上市公司有着更高的股利分配水平。

表 3-9　　　　限制性股票对股利分配水平影响的回归结果

	DCY	DCL	DSY	DSL
JRD	0.6391*** (3.12)	0.0262** (2.39)	0.7827*** (5.07)	0.4798*** (5.63)
STATE	0.5955 (0.92)	0.0341 (1.04)	0.1560 (0.33)	0.0238 (0.09)
TOP1	0.7334 (0.98)	0.1028*** (2.67)	0.4235 (0.77)	0.4027 (1.34)

续表

	DCY	DCL	DSY	DSL
FCF	0.0311 (1.03)	-0.0011 (-1.12)	0.0146 (0.99)	0.0098 (1.21)
LNA	0.3019** (2.00)	0.0430*** (5.43)	-0.2822** (-2.46)	-0.1422** (-2.28)
DUAL	0.4710** (2.06)	0.0183 (1.55)	0.1975 (1.21)	0.1471* (1.66)
ROA	4.2837** (1.99)	1.2621*** (11.97)	4.1539*** (2.84)	1.4078* (1.75)
TOBINQ	-0.0955** (-2.14)	-0.0085*** (-3.26)	0.1176*** (3.26)	0.0777*** (4.15)
ALRATIO	-3.7711*** (-5.51)	-0.2184*** (-5.89)	-0.3001 (-0.57)	-0.1164 (-0.40)
_CONS	-0.0845 (-0.07)	-0.2587*** (-4.21)	0.4015 (0.46)	0.0295 (0.06)
行业	控制	控制	控制	控制
N	810	810	810	810
pseudo R^2	0.091	0.069	0.082	0.062

注：每变量同行对应的是回归系数，每变量下行对应的括号内的值为 Logit 回归的 Z 值与 Tobit 回归的 T 值。***，**，* 分别表示在 1%，5%，10%水平下显著。

对比表 3-8 和表 3-9 可以发现，股票期权激励哑变量 JOD 对现金股利发放水平 DCL 影响并不显著，而限制性股票激励哑变量 JRD 对现金股利发放水平 DCL 影响在 5%水平上显著为正，表明相比于股票期权激励，限制性股票激励能显著提高现金股利发放水平；而系数上来看，使用限制性股票激励工具的上市公司发放股票股利的意愿和水平更高。股票期权和限制性股票对股利分配水平影响的差异性源于股利分配对两种股权激励工具的影响不同，持有限制性股票的管理层享有股利分配收益权（分红权），而持有股票期权的管理层并不拥有该权利，使得限制性股票激励的上市公司有着更高的股利分配水平。近年来，上市公司限制性股票激励工具增长速度远超股票期权激励工具，自 2014

年起，限制性股票成为股权激励的主要工具。结合实证结论和股权激励工具的演化趋势，可以发现股权激励管理层在股权激励工具选择偏好上存在机会主义行为，同时也支持了假设 3-2。

二、管理层机会主义动机对股利分配水平影响

（一）管理层机会主义动机变量的描述性统计

表 3-10 是管理层机会主义动机变量的描述性统计结果。CEODUM 表示激励对象中是否包括董事长或总经理，可以看出 38.7%的股权激励计划授予对象包括董事长或总经理；从 EXEGPR 变量来看，激励对象为公司管理层人数占公司总高管人数的比例均值为 24.1%，表明平均约 1/4 的管理层成为股权激励对象；管理层授予数量占总授予数量的比例变量 EXEGRT 的均值是 21.3%，表明管理层授予数量占总授予数量的 1/5 以上；管理层授予数量占总股本的比例变量 EXEGRT1 均值为 1.98%，说明上市公司股权激励力度总体并不高。此外，EXEGPR 和 EXEGRT 变量最大值均为 1，表明有的上市公司股权激励计划专门为管理层而设。

表 3-10 股权激励下管理层机会主义行为动机变量描述性统计

变量名	样本量	均值	标准差	最小值	中值	最大值
CEODUM	812	0.3870	0.4870	0	0	1
EXEGPR	812	0.2410	0.1920	0.0000	0.2380	1.0000
EXEGRT	812	0.2130	0.2250	0.0000	0.1510	1.0000
EXEGRT1	812	0.0198	0.0173	0.0000	0.0169	0.1000

（二）回归分析结果

表 3-11 为 CEO 激励哑变量对股利分配水平影响的回归结果。从表中可以看出，股权激励授予对象包括董事长或总经理的概率越大，其现金股利分配意愿、每股现金股利、股票股利分配意愿和每股股票股利水平越高。说明，当董事长或总经理成为被授予对象时，管理层机会主义行为动机越大，则越可能提高股利分配水平来压低股权激励工具的行权价格或授予价格，获得眼前的利益。

表 3-11　　CEO 激励哑变量对股利分配水平影响的回归结果

	DCY	DCL	DSY	DSL
CEODUM	0. 5811***	0. 0266*	0. 3462**	0. 1573**
	(2. 88)	(1. 82)	(2. 52)	(2. 12)
STATE	0. 1579	-0. 0025	-0. 2764	-0. 2268
	(0. 41)	(-0. 09)	(-0. 96)	(-1. 45)
TOP1	1. 0390**	0. 1663***	0. 1867	0. 0524
	(1. 99)	(4. 23)	(0. 50)	(0. 26)
FCF	0. 0443	0. 0082*	0. 0452	0. 0408*
	(0. 82)	(1. 89)	(1. 11)	(1. 87)
LNA	0. 3911***	0. 0483***	-0. 2518***	-0. 1183***
	(3. 68)	(6. 05)	(-3. 26)	(-2. 85)
DUAL	0. 2555*	0. 0179	0. 2361**	0. 1383**
	(1. 65)	(1. 48)	(2. 12)	(2. 28)
ROA	7. 3257***	1. 3769***	3. 1938***	1. 1845**
	(4. 13)	(11. 96)	(3. 03)	(2. 05)
TOBINQ	-0. 0675**	-0. 0059**	0. 0580**	0. 0513***
	(-2. 10)	(-2. 16)	(2. 38)	(3. 95)
ALRATIO	-3. 7201***	-0. 2720***	-0. 7986**	-0. 4353**
	(-7. 59)	(-7. 07)	(-2. 22)	(-2. 21)
_CONS	-1. 6465*	-0. 4780***	0. 2484	-0. 3030
	(-1. 78)	(-6. 77)	(0. 37)	(-0. 83)
行业	控制	控制	控制	控制
N	812	812	812	812
pseudo R^2	0. 090	0. 083	0. 044	0. 033

注：每变量同行对应的是回归系数，每变量下行对应的括号内的值为 Logit 回归的 Z 值与 Tobit 回归的 T 值。***，**，*分别表示在 1%，5%，10%水平下显著。

表 3-12 为管理层授予数量占总授予数量比例变量对股利分配水平影响的回归结果。表中可以看出，管理层授予数量占总授予数量的比例越高，其现金股利分配意愿、每股现金股利、股票股利分配意愿和每股股票股利水平越高。这说明股权激励越向管理层倾斜，管理层机会主义行为动机越大，则越可能提高股利分配水平来为自身谋股权激励收益。

表 3-12　　管理层授予数量占总授予数量比例对股利分配水平的影响

	DCY	DCL	DSY	DSL
EXEGRT	0.9926**	0.0311*	0.8017***	0.4922***
	(2.43)	(1.84)	(2.94)	(3.33)
STATE	0.2182	0.0007	-0.2339	-0.2089
	(0.56)	(0.02)	(-0.81)	(-1.34)
TOP1	1.0568**	0.1683***	0.2174	0.0652
	(2.03)	(4.28)	(0.59)	(0.32)
FCF	0.0410	0.0081*	0.0412	0.0378*
	(0.76)	(1.86)	(1.01)	(1.74)
LNA	0.4150***	0.0491***	-0.2334***	-0.1065**
	(3.90)	(6.14)	(-3.02)	(-2.57)
DUAL	0.2061	0.0150	0.2126*	0.1316**
	(1.35)	(1.26)	(1.93)	(2.21)
ROA	7.3090***	1.3778***	3.2166***	1.1985**
	(4.12)	(11.96)	(3.05)	(2.09)
TOBINQ	-0.0657**	-0.0059**	0.0587**	0.0516***
	(-2.05)	(-2.17)	(2.41)	(3.99)
ALRATIO	-3.7364***	-0.2707***	-0.8341**	-0.4674**
	(-7.60)	(-7.02)	(-2.32)	(-2.37)
_CONS	-1.7583*	-0.4804***	0.1638	-0.3554
	(-1.90)	(-6.79)	(0.24)	(-0.98)
行业	控制	控制	控制	控制
N	812	812	812	812
pseudo R^2	0.089	0.078	0.045	0.036

注：每变量同行对应的是回归系数，每变量下行对应的括号内的值为 Logit 回归的 Z 值与 Tobit 回归的 T 值。***，**，* 分别表示在 1%，5%，10%水平下显著。

表 3-13 为被授予股权激励的管理层人数占公司高管总人数的比值对股利分配水平影响的回归结果。表中可以看出，被授予股权激励的管理层人数占公司高管总人数的比值越大，其现金股利分配意愿、每股现金股利、股票股利分配意愿和每股股票股利水平越高。

表 3-13　**管理层授予人数占总授予人数比重对股利分配水平的影响**

	DCY	DCL	DSY	DSL
EXEGPR	1. 8463***	0. 0365*	1. 3946***	0. 6981***
	(4. 02)	(1. 87)	(4. 72)	(4. 47)
STATE	0. 1496	−0. 0009	−0. 2943	−0. 2425
	(0. 38)	(−0. 03)	(−1. 02)	(−1. 55)
TOP1	0. 9929*	0. 1668***	0. 1567	0. 0371
	(1. 90)	(4. 24)	(0. 42)	(0. 18)
FCF	0. 0438	0. 0083*	0. 0471	0. 0417*
	(0. 80)	(1. 91)	(1. 15)	(1. 92)
LNA	0. 3911***	0. 0483***	−0. 2578***	−0. 1187***
	(3. 67)	(6. 05)	(−3. 32)	(−2. 88)
DUAL	0. 1962	0. 0143	0. 2028*	0. 1232**
	(1. 28)	(1. 20)	(1. 84)	(2. 08)
ROA	6. 9848***	1. 3743***	3. 0875***	1. 1101*
	(3. 97)	(11. 93)	(2. 92)	(1. 93)
TOBINQ	−0. 0637**	−0. 0058**	0. 0616**	0. 0530***
	(−1. 99)	(−2. 16)	(2. 52)	(4. 10)
ALRATIO	−3. 8079***	−0. 2716***	−0. 9215**	−0. 4982**
	(−7. 72)	(−7. 03)	(−2. 54)	(−2. 53)
_CONS	−1. 6527*	−0. 4778***	0. 2125	−0. 3387
	(−1. 78)	(−6. 76)	(0. 32)	(−0. 93)
行业	控制	控制	控制	控制
N	812	812	812	812
pseudo R^2	0. 097	0. 079	0. 052	0. 039

注：每变量同行对应的是回归系数，每变量下行对应的括号内的值为 Logit 回归的 Z 值与 Tobit 回归的 T 值。***，**，* 分别表示在 1%，5%，10%水平下显著。

表 3-11、表 3-12 和表 3-13 的回归结果都支持了假设 3-3，即管理层机会主义动机越大，则越可能提高股利分配水平来压低行权价格或授予价格，提升股权激励工具的预期收益。

三、管理层机会主义行为实现能力对股利分配水平影响

（一）管理层机会主义行为实现能力成分变量的描述性统计结果

本书用管理层权力指标作为管理层机会主义行为实现能力的代理变量，表 3-14 报告了股权激励上市公司管理层权力成分变量的描述性统计。如表中所示，处理组和控制组构成的样本中，至少 75%以上的管理者兼任了公司的董事，至少 25%以上的管理者兼任了公司董事长。从管理层持股来看，该比例分布在 0~69.44%，说明该比例分布较宽，平均持股比例为 10.01%，50%以上的管理层持股比例高于 1.23%。从股权制衡度来看，第二至第十大股东持股数量与第一大股东的比值的均值为 1.92，50%分位数为 1.126，说明无论是从平均值还是中值来看，第二至第十大股东持股数量都超过了第一大股东持股比例。从董事会规模来看，股权激励上市公司董事会人数分布在 4 与 15 之间，中位数为 9 人，平均值为 8.467 人。

表 3-14　　**构建管理层权力变量的四个指标的描述性统计结果**

描述性统计结果	Ceodir	Ceort	Disperse	Dirnum
均值	2.30	10.01	1.92	8.48
标准差	0.59	14.78	2.95	1.60
最小值	1.00	0.00	0.17	4.00
25%分位	2.00	0.05	0.70	7.00
50%分位	2.00	1.23	1.12	9.00
75%分位	3.00	15.93	2.08	9.00
最大值	3.00	69.44	40.13	15.00
样本量	1624	1624	1624	1624

（二）主成分分析

本书对管理者是否兼任董事或董事长（Ceodir）、股权制衡度（Disperse）、管理层持股比例（Ceort）、董事会规模（Dirnum）四个指标进行主成分回归，构建反映管理层权力的综合指标 OpAbility。主成分分析避免了将单个成分变量直接加入模型中所导致的多重共线性问题，也没有简单对单个成分变量进行

简单加总构建积分变量。主成分回归的步骤如下。

首先，对管理者是否兼任董事或董事长（Ceodir）、股权制衡度（Disperse）、管理层持股比例（Ceort）、董事会规模（Dirnum）四个指标进行标准化；然后对标准化的变量进行主成分回归，以特征根大于 1 来提取主成分。表 3-15 为主成分回归结果，可以发现第 1 主成分和第 2 主成分的特征根的值大于 1，因此提取前两个主成分比较合适。

表 3-15　　　　　　　　　　**主成分列表**

主成分	特征根	变异	贡献率	累计贡献率
1	1. 6048	0. 5436	0. 4020	0. 4020
2	1. 0532	0. 1658	0. 2646	0. 6666
3	0. 8910	0. 4433	0. 2203	0. 8869
4	0. 4463	—	0. 1131	1. 0000

表 3-16 分别为第一主成分组合和第二主成分组合中的四个综合指标，即管理者是否兼任董事或董事长（Ceodir）、股权制衡度（Disperse）、管理层持股比例（Ceort）、董事会规模（Dirnum）的得分系数，根据该系数就可以计算管理层权力综合指标 POWER。

表 3-16　　　　　　　　　　**因子得分矩阵**

变量	因子得分系数（组合 1）	因子得分系数（组合 2）
Ceodir	0. 6652	0. 1726
Disperse	0. 6849	0. 0915
Ceort	0. 0136	-0. 8123
Dirnum	-0. 2960	0. 5532

（三）回归分析

为分析管理层机会主义行为实现能力成分变量是否对股权激励上市公司股利分配造成影响，表 3-17 列示了其代理变量管理层权力为解释变量时的回归结果。可以看出，管理层权力综合指标与股权激励计划哑变量的交乘项与股权激励水平依然与现金股利发放水平、股票股利发放倾向、股票股利发放水平至少在10%的显著水平上正相关。说明股权激励公司中，随着管理层权力增加，股利发放倾向和水平增加，即股权激励管理层机会主义行为实现能力是管理层影响股利分配水平强有力的保证。

表 3-17　　管理层机会主义行为实现能力对股利水平影响的回归结果

	DCY	DCL	DSY	DSL
JD	0.6263*** (4.54)	0.0215*** (2.82)	0.5125*** (4.27)	0.3167*** (3.84)
JD * OpAbility	0.2365** (2.19)	0.0170* (1.71)	0.2966** (2.28)	0.1946*** (2.87)
OpAbility	0.2532 (1.29)	0.0213 (1.32)	0.2642** (1.98)	0.1762*** (2.66)
STATE	0.2479 (0.64)	−0.0029 (−0.10)	−0.2284 (−0.79)	−0.2034 (−1.32)
FCF	0.0323 (0.61)	0.0082* (1.91)	0.0486 (1.21)	0.0415** (1.96)
LNA	0.4224*** (4.07)	0.0487*** (6.32)	−0.2541*** (−3.34)	−0.1205*** (−3.02)
ROA	5.4776*** (3.32)	1.2569*** (11.58)	2.7604*** (2.79)	1.0843** (2.04)
TOBINQ	−0.0578** (−2.21)	−0.0051** (−2.10)	0.0467** (2.16)	0.0394*** (3.54)
ALRATIO	−3.8212*** (−7.88)	−0.2731*** (−7.15)	−0.9222** (−2.57)	−0.4955*** (−2.58)
_CONS	−1.3082 (−1.50)	−0.4164*** (−6.10)	0.2101 (0.32)	−0.3046 (−0.88)
行业	控制	控制	控制	控制
N	1624	1624	1624	1624
pseudo R^2	0.093	0.065	0.057	0.045

注：每变量同行对应的是回归系数，每变量下行对应的括号内的值为Logit回归的Z值与Tobit回归的T值。***，**，*分别表示在1%，5%，10%水平下显著。

四、内生性考虑和稳健性检验

（1）内生性考虑

本书在 PSM 框架下建立的主回归模型在一定程度上缓解了内生性问题。此外，本书参考 Bertrand 和 Mullainathan（2003）、周黎安和陈烨（2005）的方法，采用多时点的双重差分方法构建模型进一步缓解内生性困扰。股权激励计划是逐步实施的，所以本书构建了如下固定效应多时点 DID 模型：

$$\text{PayLevel}_{it} = \beta_0 + \beta_1 \sum \text{yeardummy} + \beta_2 \text{JD\_post}_{it} + \gamma' Z_{i,t} + \varphi_i + \varepsilon_{it} \tag{3.6}$$

其中，JD 为实验组标识，如果实施股权激励计划则为实验组公司，JD 取 1；JD_post 为激励后标识，实验组激励后的年份取 1，否则取 0；$\sum$ yeardummy 为年份固定效应，Z_{it} 为控制变量，φ_i 为公司层面的固定效应，ε_{it} 为随机干扰项。此处的模型设定虽与经典的一次冲击的 DID 有所区别，但其效果无异。首先，通过控制公司固定效应，φ_i 已经完全控制试验组和对照组之间的固有差异（Bertrand 和 Mullainathan，2003），包括两组公司之间的差异；其次，通过加入年份固定效应 $\sum$ yeardummy，模型捕捉了股利分配水平的波动。JD_post 的系数 β_2 即为双重差分估计量。

JD_post 对现金股利分配哑变量 DCY 和股票股利分配哑变量 DSY 的影响选择面板二值选择模型的固定效应估计，JD_post 对每股现金股利 DSL 和每股股票股利 DSY 的影响则用固定效应模型来估计。JD_post 系数都显著为正，证明了股权激励计划和股利分配水平之间的因果关系。

表 3-18　**股权激励计划对股利水平影响的回归结果（多时点 DID 模型）**

	DCY	DCL	DSY	DSL
JD_post	0.2449*	0.0147***	0.0108*	0.0313**
	(1.73)	(2.80)	(1.68)	(2.05)
STATE	0.1161	0.0064*	0.4839***	0.0360***
	(1.52)	(1.92)	(5.64)	(3.71)
TOP1	2.8336***	0.1280***	1.3275***	-0.0358
	(5.80)	(6.12)	(2.81)	(-0.59)
FCF	-0.0003	0.0013	0.1241***	0.0196***
	(-0.01)	(1.56)	(6.45)	(7.87)

续表

	DCY	DCL	DSY	DSL
LNA	0.6332*** (9.85)	0.0226*** (8.49)	-0.2047*** (-3.55)	-0.0129* (-1.66)
DUAL	0.1509 (1.42)	-0.0012 (-0.23)	-0.0276 (-0.30)	0.0136 (1.06)
ROA	8.2758*** (10.91)	0.8116*** (28.28)	6.2330*** (10.09)	0.6463*** (7.75)
TOBINQ	-0.1316*** (-6.44)	-0.0071*** (-8.90)	0.0740*** (4.89)	0.0245*** (10.50)
ALRATIO	-3.2514*** (-13.06)	-0.0897*** (-8.88)	-1.1596*** (-5.01)	-0.1258*** (-4.29)
_CONS		-0.1401*** (-5.88)		-0.3550*** (-5.13)
年份	控制	控制	控制	控制
N	9370	14260	10994	14260
pseudo R^2	0.0650	0.0817	0.0410	0.0277

注：每变量同行对应的是回归系数，每变量下行对应的括号内的值为 Logit 回归的 Z 值与固定效应回归的 T 值。***，**，*分别表示在 1%，5%，10%水平下显著。

（二）稳健性检验

本书首先参考程子健、张俊瑞（2015）的文章考虑制度与环境改变对股利政策影响①，本书选取股利政策修订而且国际金融危机发生之后的区间对样本区间进行调整，做稳健性检验。将样本区间调整为 2009—2015 年，数据结果显示，制度和经济环境变化并不会影响本书的研究结论，股权激励始终正向影响公司的股利分配水平。为进一步考察回归结果的稳健性，本书调整了 PSM 模型配对标准，选取“资产、行业”为配对标准，选择与股权激励公司对应的非股权激励公司回归结果显示，改变配对标准并不影响实证结果（见表 3-19、表 3-20 和表 3-21）。

① 2008 年 10 月，中国证监会对《上市公司证券发行管理办法》进行修订，提升了公司再融资的现金股利门槛，规定“最近三年以现金方式累计分配的利润不少于最近三年实现的年均可分配利润的百分之三十”的企业，才有资格进行再融资。

表 3-19 **稳健性检验（股权激励计划样本）**

	稳健性检验（调整样本期间）				稳健性检验（改变配对标准）			
	DCY	DCL	DSY	DSL	DCY	DCL	DSY	DSL
JD	0.7905*** (5.41)	0.0236*** (2.69)	0.6764*** (6.07)	0.3933*** (6.54)	0.6766*** (4.50)	0.0149* (1.80)	0.8188*** (6.70)	0.4407*** (6.47)
控制变量	控制	控制	控制	控制	控制	控制	控制	控制
N	1546	1546	1546	1546	1559	1559	1559	1559
pseudo R^2	0.077	0.053	0.070	0.055	0.113	0.085	0.104	0.076

表 3-20 **稳健性检验（股票期权样本）**

	稳健性检验（调整样本期间）				稳健性检验（改变配对标准）			
	DCY	DCL	DSY	DSL	DCY	DCL	DSY	DSL
JOD	0.6489*** (3.02)	0.0086 (0.58)	0.5426*** (3.45)	0.3004*** (3.82)	0.4736** (2.21)	−0.0068 (−0.55)	0.5388*** (3.26)	0.2353*** (2.68)
控制变量	控制	控制	控制	控制	控制	控制	控制	控制
N	776	776	776	776	787	787	787	787
pseudo R^2	0.104	0.223	0.067	0.055	0.100	0.163	0.074	0.059

表 3-21 **稳健性检验（限制性股票样本）**

	稳健性检验（调整样本期间）				稳健性检验（改变配对标准）			
	DCY	DCL	DSY	DSL	DCY	DCL	DSY	DSL
JRD	0.5792*** (2.73)	0.0203* (1.82)	0.7662*** (4.82)	0.4598*** (5.29)	0.8746*** (4.16)	0.0374*** (3.46)	1.0311*** (5.75)	0.6211*** (6.23)
控制变量	控制	控制	控制	控制	控制	控制	控制	控制
N	786	786	786	786	788	788	788	788
pseudo R^2	0.120	0.088	0.098	0.068	0.137	0.068	0.135	0.098

注：每变量同行对应的是回归系数，每变量下行对应的括号内的值为 Logit 回归的 Z 值与 Tobit 回归的 T 值。***，**，*分别表示在 1%，5%，10%水平下显著。

本书选用管理层授予数量/公司总股本年末值来度量管理层机会主义行为动机做稳健性检验，结果依然显著，表明股权激励管理层机会主义动机越大，则越可能提高股利发放水平来放大股权激励收益。

表 3-22　　　　稳健性检验（管理层机会主义行为动机）

	DCY	DCL	DSY	DSL
EXEGRT1	17.1544*** (3.33)	1.1620*** (3.23)	19.1867*** (5.64)	10.3753*** (5.93)
控制变量	控制	控制	控制	控制
N	812	812	812	812
pseudo R^2	0.093	0.098	0.056	0.044

注：每变量同行对应的是回归系数，每变量下行对应的括号内的值为 Logit 回归的 Z 值与 Tobit 回归的 T 值。***，**，* 分别表示在 1%，5%，10%水平下显著。

本章小结

国内相关文献仅从外生性视角出发，用“是否实行股权激励计划”来考察股权激励对现金股利分配水平的影响，而忽略了股权激励契约要素本身对股利分配水平的效应。事实上，股权激励计划本身并不能完全反映管理层谋利的动机，股权激励计划中的授予对象、激励工具、授予数量、行权或授予价格才是真正反映管理层机会主义动机的变量。另外，我国现有相关文献没有考虑管理层实现机会主义行为的能力对股利分配水平的影响程度。

基于此，本章从股权激励计划契约要素中内化出管理层机会主义动机变量、用管理层权力作为管理层机会主义行为实现能力变量，更深入地考察了股权激励管理层在公司股利分配水平决策中的机会主义行为。具体而言，本书首先使用倾向得分匹配法（PSM）按照公司特征匹配变量对股权激励上市公司和非股权激励上市公司进行 1∶1 匹配，匹配后处理组和控制组公司特征并无显著差异。在此框架下，本书用 Logit 和 Tobit 回归模型考察股权激励计划、管理层机会主义动机、管理层机会主义行为实现能力对股利分配水平的影响，实证发现：（1）相比于非股权激励上市公司，股权激励上市公司的股利分配水平更高，说明在我国对股权激励工具进行保护的背景下，股权激励管理层通过提高股利分配水平来降低行权价格或授予价格，放大股权激励收益。（2）股票期权和限制性股票这两种不同的股权激励工具对股利分配水平的影响存在差异性，持有限制性股票的管理层享有股票期权所不具备的分红收益权，导致限制性股票激励方式显著正向影响现金股利水平，而股票期权与每股现金股利水平之间正向关系并不显著。该结论与我国股权激励工具的演化趋势①不谋而合，说明管理层优先选择了能带来更多利益的限制性股票激励工具。（3）股权激励计划越向包括董事长和总经理在内的管理层倾斜，管理层授予数量越多，则管理层机会主义动机越大，相应的股利分配水平越高。（4）以管理层权力衡量的管理层机会主义行为实现能力越强，股权激励上市公司股利分配水平越高。

本书的实证研究为管理层权力论提供了证据，在外部环境不完善、公司内部治理弱化、股权激励契约不完备的环境下，我国股权激励上市公司管理层凭借自身的权力，通过影响股利分配水平来维持甚至放大所持股权激励工具的价值。

① 近年来，我国上市公司限制性股票激励工具增幅远超股票期权，2015 年，上市公司采用限制性股票激励工具的次数几乎达到股票期权激励工具的三倍。

第四章　股权激励下管理层机会主义行为二：股利分配方式偏好

管理层股权激励如何影响公司股利政策是公司治理领域的热点话题。当前，国内学者热衷于探讨股权激励与公司现金股利分配水平的关系，鲜有关注管理层股权激励对公司股利分配方式选择的影响。然而，股利分配方式选择作为公司股利政策的重要组成部分，反映了公司的战略意图和管理层的利益取向。前文研究表明，相比于非股权激励公司，我国股权激励上市公司有着更高的现金股利和股票股利分配水平，那么，管理层会有偏好地选择股利分配方式来放大股权激励收益吗？这是本章要回答的问题。

股利分配方式主要通过股票价格效应影响激励收益，因此，管理层有动机偏好能提升股票价格的股利分配方式。以美国、欧盟地区上市公司为研究对象的实证研究表明，股权激励管理层为放大股权激励收益，选择用股票回购替代现金分红。Wang（2013），Dittmara 和 Fieldb（2015）发现资本市场对股票回购作出持续显著的正向反应，Burns 等（2015），Geiler 和 Rennboog（2016）证实股权激励与股票回购正相关。相比之下，我国主动股票回购事件较少①，上市公司在股票股利（送红股和转增股）、现金股利之间作出抉择。那么，股权激励上市公司不同股利分配方式的股票价格效应是否也存在差异性？管理层是否会利用股价效应差异对股利分配方式进行有偏好性的选择呢？基于此，本书结合我国资本市场背景，探讨股权激励下管理层机会主义行为与公司股利分配方式之间的关系。

本章的研究思路是：首先，从资本市场反应、股票溢价两个维度来检验股

---

① 作者整理了锐思数据库（RESSET）中的股份回购数据，发现 2006—2015 年我国上市公司股份回购共有 699 起，然而回购动机十分复杂，包括资金占用、股权分置改革、实施股权计划、股权激励对象离职、股权激励计划未达到业绩目标、资产重组、维护股价等。在扣除因股权激励对象离职或未达到业绩目标等被动股份回购事件后，我国因维持股价而发生的主动的股份回购事件只有 53 起。

利分配方式股价效应的差异性；其次，检验股权激励计划、股权激励工具选择、管理层机会主义动机、管理层机会主义行为实现能力对股利分配方式偏好的影响。研究发现，管理层有偏好地选择股利分配方式，利用投资者对股票股利的“超额定价”来放大股权激励收益且管理层机会主义动机越大、机会主义行为实现能力越强，优先选择股票股利分配方式的概率就越大。本章的研究不仅有助于加深相关利益者对股权激励机制潜在风险的认识，也为解释上市公司股利分配方式变化趋势增添了新的视角。

第一节 理论分析与研究假说

一、理论分析

Miller 和 Modigliani（1961）指出，在完美资本市场环境下，股利分配与股票价格无关，理性的投资者会通过套利使股价不受股利政策的影响。然而事实上，基于发达国家和地区资本市场的实证研究证明，上市公司的股利分配方式选择与公司股票价格之间存在显著关系。传统理论，如税差理论、信号理论、委托代理理论等对此进行探索和讨论，但对上市公司股利分配方式选择解释力度有限。Baker 和 Wurgler（2004）开创性地提出股利迎合理论，认为股利分配方式的“时变”是管理层迎合投资者偏好的结果。熊德华和刘力（2007），林川和曹国华（2010），支晓强等（2014）认为迎合理论对我国上市公司股利分配实践具有较强的解释力。

股利迎合理论（Baker 和 Wurgler，2004）最早从投资者迎合角度对现金股利变化趋势进行解释，随后学者们将其扩展，用其解释其他分配方式的变化（Baker 等，2009；Jiang，2013）。股利迎合理论放松了“股利无关论”中的市场有效假设前提，加入行为金融学视角，其核心观点包括三个方面：首先，投资者对不同方式的股利分配存在非理性的投机性需求，使不同股利分配方式的股价效应存在差异性（投资者偏好的股利分配方式会存在“股票溢价”）；其次，在缺乏效率的资本市场中，理性投资者的套利行为受限，“股票溢价”或“股票折价”现象难以短期内消除；最后，管理层迎合了投资者非理性的投机性需求，选择能带来“股票溢价”的股利分配方式。

股利迎合理论可以部分解释西方国家和地区上市公司股权激励计划和股利分配之间的关系。在西方发达国家和地区中，股利分配政策主要包括现金分红和股票回购，实践中，股票回购占比越来越高。有学者认为股利分配方式的变化源于股权激励管理层的行为决策，Fenn 和 Liang（2000）发现美国股票回购的增加趋势与自 20 世纪 90 年代起不断提高的股票期权薪酬占比有关，Kahle（2002）也证实股票期权激励薪酬越多，则公司越可能回购公司股票，Aboody 和 Kasznik（2008）发现大量依赖股权激励薪酬的公司进行低现金股利发放，而选择了股票回购来替代现金股利。被激励的管理层之所以更倾向于股票回购是因为他们认为股票回购存在“股票溢价”，管理层为了迎合投资者对股票回购的偏好，用股票回购替代分红来放大股权激励薪酬价值（Jiang 等，2013）。Peyer 和 Vermaelen（2009）则实证发现股票回购事件存在显著正向异常回报率。因此，即便引入股权激励的正当理由是使授予对象的动机和股东的动机保持一致，然而，对于股权激励对象而言，他们更加倾向于选择那些能最大化股权激励薪酬的股利分配方式，而不是将股东利益放在第一位，存在机会主义倾向的管理层会用股票回购替代现金分红。

相比之下，在主动股票回购并不盛行的环境下，我国股利分配方式主要表现为现金股利和股票股利，那么被授予股权激励工具的管理层会如何选择呢？是否也会为了“股票溢价”来迎合投资者的非理性股利支付方式偏好？目前，我国的学者将研究重点放在股权激励和现金分配倾向和水平上（吕长江和张海平，2012；强国令，2012；肖淑芳和喻梦颖，2012），对股权激励和股利分配方式选择偏好的研究却凤毛麟角。被激励的管理层在不同的股利分配方式之间如何抉择取决于资本市场的定价效率，以及投资者的行为。根据有效市场假说，投资者总能对信息的冲击作出合理的反应，使股价迅速回归合理水平。然而事实是，我国资本市场缺乏效率，股利分配可能会存在超额收益。Nguyen 等（2013）使用市场模型计算出中国上市公司的“送转股”事件的超额收益率为 1.21%。李心丹等（2014）研究发现，管理者利用个人投资者对“高送转”股的非理性追捧，实现自身利益。然而，以上研究均以我国所有上市公司股利分配行为为研究对象，李长青（2010）指出，资本市场对股利政策的反应会因上市公司的类别不同而不同，因此，有必要先对股权激励上市公司股利分配公告的股价效应进行检验，然后再考察股权激励管理层是否会利用股利分配不同方式的股价效应差异，有倾向性地偏好能股票溢价的分配方式。

二、研究假说

现有研究从两个维度来分析股利分配方式的股价效应，一是基于传统金融学理论，考察资本市场对不同股利分配方式作出如何反应，二是基于行为金融学视角，考察不同股利分配方式的股票溢价差异。

传统的金融学理论以投资者理性、市场有效为假设前提，认为股票价格仅取决于上市公司的投资机会和股票内在价值。然而事实是，传统金融学理论假设前提难以得到满足，股票价格存在非效率定价现象。我国资本市场长期存在各种缺乏效率的定价异象，如低价股溢价、日历效应等，证明我国资本市场资源配置有效性不足。在投资者非理性、市场缺乏效率的背景下，上市公司的股利分配方式选择会带来不同的股价效应。吕长江和许静静（2010）对上市公司的信号传递效应进行检验，发现相比于现金股利变化公告，市场对股票股利变更的反应更加敏感。田宝新和王建琼（2016）使用上市公司再融资样本数据，发现投资者对不同的股利分配方式偏好存在显著差异。

另一方面，基于行为金融学视角的研究发现，投资者有限理性甚至非理性，使其投资决策偏离最优决策，出于“名义价格幻觉”，有限理性投资者愿意支付一定的溢价。Baker 和 Wurgler（2004）指出，上市公司股利分配方式选择取决于该种方式的市场溢价，管理层倾向于优先选择能带来正溢价的分配方式，为此，他们认为美国证券市场现金股利减少的原因是现金股利溢价为负。李心丹等（2014）发现股票股利发放能降低股价，缺乏理性的投资者偏好低股价，从而股票股利溢价程度较高。因此，本书认为在我国资本市场缺乏效率、投资者并非完全理性的背景下，投资者对上市公司不同股利分配方式存在偏好差异，使得资本市场对其作出不同的市场反应，股票溢价程度不一。

基于以上分析，本书提出以下假设：

H4-1：我国上市公司不同股利分配方式的市场反应不同，其股票溢价也存在差异性。

在传统的委托代理模型中，现金股利分配被认为是能减少管理层攫取股东资源的有效措施，股利发放能减少现金持有，因此可以限制管理层的在职消费和公司自由现金流的滥用（Easterbrook，1984；Jensen，1986），进一步地，La Porta 等（2000）指出健全的投资者法律保护机制迫使管理层支付现金股利，从而谋取私利的行为得以抑制。然而，中国投资者保护相对低下，在这种制度环境下，管理层有通过现金股利渠道提高自身收益，并向控股股东进行“利益输送”的动机（肖珉，2005；Chen 等，2009）。而被授予股权激励计划的管理层，则面临着抉择：一方面，激励收益直接与现金股利挂钩，分红能下调行权价格从而放大管理层收益；另一方面，现金股利分配的市场反应可能并不为正，投资者对现金股利分配方式并不显著偏好。显然，对于现金股利，股权激励管理层与非理性投资者存在利益冲突，管理层在发放现金股利与不发放股利之间抉择时会基于自利的角度来考虑，因此，股权激励管理层可能不会迎合投资者对现金股利的需求，而更偏好于现金股利分配方式。

基于以上分析，本书提出以下假设：

H4-2：在不发放股利和现金股利分配方式之间，股权激励管理层更偏好现金股利分配方式。

如果资本市场无摩擦且有效，则股票股利的发放只会带来股票名义价格的下调和股本的增加，而并不会改变公司总市场价值。然而 Baker 等（2009）实证研究表明，管理层发现投资者愿意对低名义价格的股票支付“溢价”，于是管理层为了迎合投资者，以股票拆分的方式来降低股票的名义价格。相比之下，我国的股票股利与美国股票拆分不同，而是表现为送红股和资本公积金转增两种形式。李心丹等（2014）发现我国上市公司管理层通过“高送转”来迎合投资者对低价股的偏好，实现自身利益。方辰君（2016）发现机构投资者迎合了个人投资者对送转股的溢价，并从中获利。显然，国内外文献证明，在市场缺乏效率的环境下，管理层通过迎合中小投资者的非理性偏好来提升公司股票价格。

对于股权激励管理层而言，其激励收益与标的股票的未来市场价格成正比，因此，与非股权激励上市公司相比，股权激励管理层在进行股利分配方式选择时，很可能考虑到资本市场中投资者对不同股利分配方式存在差异性的投资需求，更有动机优先选择股票股利分配方式来迎合非理性投资者对低价股和股票股利的“溢价”。投资者对股票股利的偏好使资本市场对股票股利作出的反应更加积极，也就意味着股权激励工具的价值会因股票股利的发放而提升，所以存在机会主义动机的管理层为最大化股权激励薪酬，更偏向于股票股利这种股利分配方式。

基于以上分析，本书提出如下研究假说：

H4-3：在上市公司的股利分配方式中，股权激励管理层最偏好股票股利分配方式。

自《上市公司股权激励管理办法（试行）》于 2006 年 1 月 1 日正式施行以来，股权激励上市公司中绝大多数选择了股票期权或限制性股票两种不同的股权激励工具，然而激励工具的选择表现出“时变”的特征。2012 年以前，以股权激励为主，2012 年后，限制性股票则超过股票期权，成为最主要的激励工具。从股利分配的角度看，两种激励工具存在显著的区别，行权期之前，股票期权授予者在并不享有任何形式的股利分配，而限制性股票授予者在解锁期之前，只是限售的股东，仍拥有股利分配的权力。基于此，持有限制性股票和股票期权两种不同激励工具的管理层，对股利分配方式偏好的程度应有所区别。

基于此，本书提出以下假设：

H4-4：相比于股票期权激励管理层，限制性股票激励管理层对股票股利和现金股利分配的偏好程度更大。

股权激励下管理层机会主义动机大小可由股权激励计划在多大程度上向管理层倾斜所体现。在股权激励计划中，如果董事长或总经理成为激励对象，则其基于自身利益影响股利分配方式的意愿就越强烈。同样，公司管理层作为公司决策制订的参与者和影响者，对股利决策也起到重要作用。对管理层整体激励力度的大小也决定了其影响上市公司分配方式的偏好程度。

由此，我们提出以下假设：

H4-5：管理层机会主义行为动机越大，则越会选择能最大化股权激励收益的股利分配方式。

Laux 和 Laux（2009）指出，当公司治理结构不完善时，股权激励管理层的机会主义行为会从可能变成现实，即当股东、董事会和市场对管理层约束不足时，会为管理层机会主义行为打开方便之门。在我国，法律制度、资本市场、公司内部治理对管理层约束不足，管理层凭借其权力影响股利分配方式来获得机会主义收益完全有可能。对于国资控股公司而言，所有者缺位使管理层影响股利决策的自利行为更容易，民营企业中，管理层权力更为强大（卢锐，2008）。

基于此，我们提出如下假设：

H4-6：管理层权力越大，则机会主义行为实现能力越强，越会选择能最大化股权激励收益的股利分配方式。

第二节　数据、模型设定和变量

一、样本选取和数据来源

（一）事件研究法的数据来源和窗口期选取

本书首先用事件研究法来考察资本市场对股权激励公司股利分配方式的反应。事件日为 2006—2015 年股权激励上市公司的利润分配预案公告日。事件研究法所需的数据，包括股利发放数据、股权激励数据、不同市场收益率以及个股收益率来自国泰安数据库。选取上证综合指数（000002）、深证综合指数

(399002)、中小企业指数(399005)、创业板指数(399006)分别作为在上海证券交易所、深圳证券交易所发行和交易的主板、中小板、创业板的市场指数。

表4-1反映了在2006—2015年成功实施或已完成的股权激励上市公司当年的股利分配公告情况。其间,股权激励上市公司总共发布了四类股利分配方案,分别是仅发放现金股利、仅发放股票股利、发放混合股利和不分配四种。表4-1表明,所有成功实施或已完成的股权激励上市公司在样本期间发布的股利分配公告中,有487次仅发放股利,70次仅发放股票比例,发放混合股利350次,不分配943次。① 显然,样本期间中,实施股权激励的上市公司样本公告不分配的次数最多,其次是发放现金股利,仅发放股票股利最少。从股票期权和限制性股票分样本来看,股利分配方案构成基本相同。需要说明的是,因为股权激励计划中包含了股票增值权样本,所以分样本合计和总样本合计略有差距。显然,无论是股权激励计划样本还是不同的股权激励工具分样本,仅发放股票股利方案只占到股利分配方案总计的5%左右,所以本书将仅发放股利分配模式和混合股利模式合并在一起,这种合并通过了豪斯曼检验。

表4-1　**2006—2015年实施股权激励上市公司的股利发放情况(次)**

	仅发放现金股利	仅发放股票股利	发放混合股利	不分配	合计
股权激励计划	487	70	349	943	1849
股票期权激励	248	34	161	467	910
限制性股票激励	238	46	186	462	932

本书分别计算了股权激励上市公司不同股利分配方式的短期和长期异常回报率。在考察短期异常回报率时,将股权激励上市公司的利润分配预案公告日[-3, +2]作为事件窗口。考虑到一个相对长的期限能较精准地评价定价模型的参数②,将事件日时间窗口[-120, -11]个交易日作为估计期。计算长期异常股票回报率时,选择利润分配预案公告当月及宣告月后18个月的月股价

① 上市公司每年发布多次利润分配公告,而季度和半年度的利润公告中不分配的情形比较常见,所以不分配的次数相对比较多。在回归分析中,由于对公司当年多次利润分配进行了合并处理,所以按年统计的利润不分配情况较少。

② Campbell等(1997)指出,如果事件窗口在[-30, +30]以内,则估计窗口可以为120左右或者更长。

交易数据。

（二）回归模型的样本选择和数据来源

回归模型中所需股权激励的数据（包括股权激励对象明细、股权激励授予数量明细等）由作者根据 CSMAR 数据库提供的股权激励计划公告日期和上市公司名称等关键词，在新浪网中的上市公司公告中手动搜集并整理。上市公司股利分配数据、公司治理数据、财务数据、股价数据来自 CSMAR 数据库。在样本筛选上，从总样本中剔除了三类公司：（1）金融行业上市公司。（2）ST、PT 公司。（3）剔除股权激励方案提前终止的上市公司。（4）资不抵债的公司。之后剔除数据缺失的样本，最终确定的研究初始样本量为 16473 个公司年度样本，经过 PSM 模型匹配后，股权激励计划样本组为 1624，股票期权计划样本组为 830，限制性股票激励计划样本组为 810。此外，为避免离群值的影响，本章对所有的连续变量进行了 1%的缩尾处理。

二、股利分配方式的股价效应模型

本书从资本市场反应和股票溢价两个角度来分析股利分配方式的股价效应。目前国内较多研究股利分配的短期超额收益，较少关注其长期市场反应，然而，两种视角的研究都有助于理解股权激励上市公司管理层是否会凭借股利分配方式带来的股价反应差异性自利，所以本书首先用事件研究法来分析股权激励上市公司 2006—2015 年利润分配预案公告公布后的短期和长期股票超额收益。然后，本书对股利分配方式的股票溢价差异进行分析。需要说明的是，本书关注的主题是股利分配方式的股价效应差异性是否会被股权激励管理层所利用，所以并没有过多地从经典理论来分析这种异象背后的原因。

（一）短期超额收益的计算

本书使用事件研究法计算短期超额收益，用以检验资本市场对股权激励上市公司不同股利分配方式的反应程度。具体步骤是选取市场模型①作为定价模型来估计预期回报率。因此，本书首先计算下述回归方程的参数：

$$R_{it} = \alpha_i + \beta_i R_{mt} + \mu_{it} \tag{4.1}$$

其中，t 为时间指标，α_i 为回归常数，β_i 为回归系数，μ_{it} 为误差项，R_{it} 为股

① 市场模型可追溯至夏普的资产定价模型。该模型的可靠性使得该模型在研究中广被使用，正如 Brenner（1997）所说，市场模型与其他复杂的收益率估计模型一样好。

票 i 在 t 期的回报率，R_{mt} 为市场组合 m 在 t 期的回报率。

运用OLS得到 α_i 、β_i 之后，将该参数带入事件窗中，求超额收益AR与平均超额收益率AAR，其中，AR、AAR分别衡量单个事件、N 个事件样本在 T 天的平均超额收益率。计算公式分别为：

$$\mathrm{AR}_{it} = R_{it} - \alpha_i - \beta_i R_{mt} \tag{4.2}$$

$$\mathrm{AAR}_t = \frac{1}{N}\sum_{i=1}^{N} \mathrm{AR}_{it} \tag{4.3}$$

（二）长期超额收益的计算

长期超额收益的计算方法主要包括累积超额收益法（CAR）、买入持有超额收益法（BHAR）。Barber和Lyon（1997）认为BHAR更有优势，通过更灵活地选择基准收益率，避免了CAR仅将市场收益率作为基准收益率带来的单一性和系统性偏差，所以本书采用BHAR计算长期超额收益。BHAR的原理是假设投资者买入实验组股票并一直持有，得到的股票收益率与基准收益率之差就是买入持有超额收益。计算公式为：

$$\mathrm{BHAR}_{iT} = \prod_{t=1}^{T}(1 + R_{it}) - \prod_{t=1}^{T}(1 + R_{pt}) \tag{4.4}$$

$$\mathrm{ABHAR}_t = \frac{1}{n}\sum_{i=1}^{n} \mathrm{BHAR}_{iT} \tag{4.5}$$

其中，R_{it}是标的股票 i 在 t 月的收益率，R_{pt}是选取的基准收益率。在基准收益率的选取上，本书按照资产规模、M/B（公司市场价值和账面价值之比）选取对照组，即将A股上市公司按照资产规模、公司市场价值和账面价值之比分成五组，组合之后共有25组，每一家公司所在的组即为对照组，将对照组的股票收益率作为基准收益率。

（三）股利分配方式的溢价计算

为更好地刻画不同股利分配方式的股价效应差异，本书应用Baker和Wurgler（2004）的方法，计算股利分配方式的溢价（Dividend Premium）。

Baker和Wurgler（2004）按年度将上市公司分成现金股利发放组和不发放组，然后分别计算两组样本中公司市场价值与账面价值之比（M/B）的自然对数的平均值，两组平均值之差就是现金股利发放的溢价。借鉴该思路，本书分别计算现金股利发放和股票股利发放的溢价指标。

$$\mathrm{DP\_}C_{t-1} = \mathrm{AVLN}(M/B^{C})_t - \mathrm{AVLN}(M/B^{NC})_t \tag{4.6}$$

$$DP\_S_{t-1} = AVLN(M/B^{S})_t - AVLN(M/B^{NS})_t \tag{4.7}$$

其中，DP_C_{t-1}、DP_S_{t-1} 分别为现金股利和股票股利的溢价指标，M 为市场价值，B 为账面价值，M/B^{C} 为仅发放现金股利组的市场账面价值比，M/B^{NC} 为不发放股利组的市场账面价值比，M/B^{S} 为股票股利组的市场账面价值比，M/B^{NS} 为非股票股利组的市场账面价值比。账面价值（B）用企业净资产来衡量，市场价值（M）则用流通股的市场价值（公司年末收盘价×流通股股数）和非流通股的账面价值（每股净资产×非流通股股数）之和来表示。

三、股权激励下管理层股利分配方式偏好模型

为克服样本选择问题，本书沿用第三章的分析框架，用倾向得分匹配法（PSM），选用公司特征变量为实施股权激励公司匹配出非股权激励上市公司。匹配过程和匹配后的检验参照第三章。在 PSM 模型框架下，建立多项 Logit 模型考察股权激励下管理层股利分配方式偏好。

（一）多项 Logit 模型初探

本书在倾向得分匹配模型基础上，建立多项 Logit 模型探讨：与非股权激励上市公司相比，股权激励公司管理层对股利分配方式的偏好程度有何区别。Logit 模型的被解释变量为股利分配方式。本书首先将上市公司股利分配方式分为：不发放任何形式的股利、仅发放现金股利、仅发放股票股利、混合股利（同时发放现金股利和股票股利），即上市公司面临多个没有顺序关系的选择。可供上市公司选择的股利分配方式有四项，这四项相互排斥。使用随机效用法，假设上市公司 i 选择股利分配方式 j 所能带来的随机效用为：

$$U_{ij} = x_i'\beta_j + \varepsilon_{ij}(i = 1, \cdots, n; j = 1, 2, 3, 4) \tag{4.8}$$

其中 x_i 只随个体 i 而变化，不随方案 j 而变化。系数 β_j 表示，x_i 对随机效用 U_{ij} 的作用取决于方案 j。显然，当且仅当股利分配方式 j 带来的效用高于所有其他方案时，上市公司 i 才会选择方案 j，此时上市公司 i 选择方案 j 的概率可表达为：

$$P(y_i = j \mid x_i) = P(U_{ij} \geq U_{ik}, \ \forall k \neq j) \tag{4.9}$$

4.9 式可进一步表述为 4.10 式和 4.11 式。

$$P(y_i = j \mid x_i) = P(U_{ij} - U_{ik} \leqslant 0, \ \forall k \neq j) \tag{4.10}$$

$$P(y_i = j \mid x_i) = P(\varepsilon_{ik} - \varepsilon_{ij} \leqslant x_i'\beta_j - x_i'\beta_k, \ \forall k \neq j) \tag{4.11}$$

其中，$\{\varepsilon_{ij}\}$ 为 iid 且服从 I 型极值分布，此时上市公司 i 选择股利分配方式 j 的概率可进一步表达为：

$$P(y_i = j \mid x_i) = \frac{\exp\ (x_i'\beta_j)}{\sum_{k=1}^{4}\exp(x_i'\beta_k)} \tag{4.12}$$

显然，选择各项股利分配方式的概率和为1，即 $\sum_{j=1}^{4} P(y_i = j \mid x_i) = 1$。因为无法同时识别所有的系数 β_j，所以需要将某项股利分配方式作为“参照方式”，令其相应的系数为0。如果将不分配、仅发放现金股利、仅发放股票股利、混合股利四种方式分别定义为1，2，3，4，当将不分配定为“参照方式”时，其相应系数 $\beta_1 = 0$，此时，上市公司 i 选择其他方式的概率为：

$$P(y_i = j \mid x_i) = \frac{\dfrac{1}{1 + \sum_{k=2}^{4}\exp(x_i'\beta_k)}}{\dfrac{\exp\ (x_i'\beta_j)}{1 + \sum_{k=2}^{4}\exp(x_i'\beta_k)}} \tag{4.13}$$

该多项 Logit 可用 MLE 进行估计。上市公司 i 的似然函数为：

$$L_i\ (\beta_1,\ \beta_2,\ \beta_3,\ \beta_4) = \prod_{j=1}^{4} [P(y_i = j \mid x_i)]^{1(y_i = j)} \tag{4.14}$$

其对数似然函数为：$lnL_i\ (\beta_1,\ \beta_2,\ \beta_3,\ \beta_4) = \sum_{j=1}^{4} 1(y_i = j)lnP(y_i = j \mid x_i)$，其中 L (.) 为示性函数。对该模型的使用，需检验股利分配方式是否满足“无关选择的独立性”。本书首先用豪斯曼检验对最初定义的四个股利分配方式进行检验，结果如表4-2所示。

表4-2　　**“无关选择的独立性”豪斯曼检验1**

H0：股利分配方式 J 和股利分配方式 K 独立不相关（IIA假定）				
Omitted	chi2	df	P>chi2	evidence
1	6.553	18	0.993	for Ho
2	148.814	20	0.000	against Ho
3	0.468	20	1.000	for Ho
4	2.182	19	1.000	for Ho

（二）多项 Logit 模型的修正

豪斯曼检验结果提示对被解释变量股利分配方式分成四类违背了IIA假

定，于是，本书对股利分配方式重新分成不发放任何形式的股利、仅发放现金股利、发放股票股利三类，并分别定义为方式 1、方式 2 和方式 3。显然在这种分类方式下，各方式之间依然互相排斥，其豪斯曼检验结果如表 4-3，该表表示去掉两个非参照方式中的任何一个方式，都不会拒绝 IIA 的原假设。所以，本章将股利分配方式最终确定为不发放任何形式的股利、仅发放现金股利和发放股票股利三类，分别定义为方式 1、方式 2 和方式 3，其中方式 3 包含了最初定义的仅发放股票股利和混合股利，股利分配方式用变量 PayChoice 来表示。

表 4-3　　**“无关选择的独立性”豪斯曼检验 2**

H0：股利分配方式 *J* 和股利分配方式 *K* 独立不相关（IIA 假定）

Omitted	chi2	df	P>chi2	evidence
1	−18. 246	10	1. 000	for Ho
2	1. 422	10	0. 999	for Ho
3	−7. 893	9	1. 000	for Ho

在以上检验步骤下，本章最终确定上市公司 i 的股利分配方式为 3 个，于是上市公司 i 选择方式 j 的概率可修正为：

$$P(y_i = j \mid x_i) = \frac{\dfrac{1}{1 + \sum_{k=2}^{3} \exp(x_i'\beta_k)}}{\dfrac{\exp(x_i'\beta_j)}{1 + \sum_{k=2}^{3} \exp(x_i'\beta_k)}} \tag{4.15}$$

在此基础上，根据本书提出的研究假设，本书建议以下多项 Logit 模型：

$$\text{PayChoice}_{it} = \alpha_0 + \beta_1 \text{JD}_{it} + \gamma' Z_{it} + \varepsilon_{it} \tag{4.16}$$

$$\text{PayChoice}_{it} = \alpha_0 + \beta_1 \text{JOD}(\text{JRD})_{it} + \gamma' Z_{it} + \varepsilon_{it} \tag{4.17}$$

$$\text{PayChoice}_{it} = \alpha_0 + \beta_1 \text{OpMotive}_{it} + \gamma' Z_{it} + \varepsilon_{it} \tag{4.18}$$

$$\text{PayChoice}_{it} = \alpha_0 + \beta_1 \text{JD}_{it} + \beta_2 \text{JD}_{it}\text{OpAbility}_{it} + \beta_3 \text{OpAbility}_{it} + \gamma' Z_{it} + \varepsilon_{it} \tag{4.19}$$

式（4. 16）检验股权激励管理层是否在股利分配方式上存在机会主义行为，式（4. 17）检验两种不同的激励工具对股利分配方式偏好的差异性影响，式（4. 18）检验考察管理层机会主义动机对股利分配方式偏好的影响，式

(4.19) 考察管理层机会主义行为实现能力对股利分配方式偏好的影响。PayChoice 为股利分配方式，JD、JOD、JRD 分别为股权激励计划哑变量、股票期权哑变量、限制性股票哑变量，OpMotive 为股权激励管理层机会主义动机变量，OpAbility 为股权激励管理层机会主义实现能力变量。Z_{it} 为影响股利分配方式的控制变量，ε_{it} 为模型的随机扰动项。

四、变量定义和说明

（一）股利分配方式的股价效应变量

本书从资本市场反应和股票溢价两个角度来分析股利分配方式的股价效应。具体计算了三个指标，本别是平均短期超额收益（AAR），买入持有异常收益（BHAR）和股利分配方式股票溢价指标（DP）。

（二）回归模型变量

1. 股利分配方式（PayChoice）

IIA 假定是多项 Logit 模型的前提，在用豪斯曼检验股利分配方式满足 IIA 假定后，最终本书对股利分配方式确定为不发放任何形式的股利、仅发放现金股利和发放股票股利三类，并分别定义为方式 1、方式 2 和方式 3。

2. 股权激励变量

本章选用的股权激励变量包括：股权激励计划哑变量（JD）、股票期权哑变量（JOD）、限制性股票哑变量（JRD）、股权激励下管理层机会主义动机变量（OpMotive）、股权激励下管理层机会主义行为实现能力变量（OpAbility）。其中，OpAbility 变量的计算过程见本书的第三章。

3. 控制变量

本书选择了九个控制变量，用以控制影响公司股利分配方式的其他因素，如规模、收益性、成长性、公司治理等，变量定义和说明见表 4-4。

表 4-4　　变量定义和说明

变量简写	变量名称	变量计算及说明
Panel A　股利支付方式的股价效应		
AAR	平均短期超额收益	计算过程见股利分配方式的股价效应模型部分
BHAR	买入持有异常收益	计算过程见股利分配方式的股价效应模型部分

续表

变量简写	变量名称	变量计算及说明
DP	股利分配方式股票溢价	计算过程见股利分配方式的股价效应模型部分
Panel B　被解释变量：PayChoice		
PayChoice	股利分配方式	不发放任何形式股利，股利分配方式取 1；仅发放现金股利，股利分配方式取 2；发放股票股利，股利分配方式取 3
Panel C1　解释变量：股权激励哑变量 Incentive		
JD	股权激励计划哑变量	企业采取股权激励计划取 1，否则取 0
JOD	股票期权激励哑变量	企业采取股票期权激励取 1，否则取 0
JRD	限制性股票激励哑变量	企业采取限制性股票激励取 1，否则取 0
Panel C2　解释变量：股权激励下管理层机会主义动机 OpMotive		
CEODUM	CEO 激励哑变量	激励对象中包括董事长或总经理取 1，否则取 0
EXEGPR	管理层激励人数占比	激励对象为公司管理层人数/公司高管总人数
EXEGRT	管理层授予数量占比 1	管理层授予数量/总授予数量
EXEGRT1	管理层授予数量占比 2	管理层授予数量/公司总股本年末值
Panel C3　解释变量：股权激励下管理层机会主义行为实现能力 OpAbility		
Ceodir	管理层是否兼任董事或董事长	当管理层不为董事会成员时，Ceodir 值取 1，管理层兼任董事但不为董事长时，Ceodir 值取 2，管理层兼任董事长时，Ceodir 值取 3。
Disperse	股权制衡度	第二至第十大股东持股数量年末值/第一大股东持股数量年末值
Ceort	管理层持股比例	管理层持有公司股份数量年末值/总股本年末值
Dirnum	董事会规模	董事会人数
Panel　D 控制变量		
ClSPRC	名义股价	上市公司年末的名义收盘价
STATE	上市公司股权性质	最终控制人为国有则取 1，其他取 0
TOP1	第一大股东持股比例	第一大股东持有股数年末值/总股本年末值
FCF	每股企业自由现金流	企业自由现金流/总股本年末值，其中，企业自有现金流＝（净利润+利息费用+非现金支出）-营运资本追加-资本性支出

续表

变量简写	变量名称	变量计算及说明
LNA	资产对数	年末资产总额的自然对数
DUAL	总经理和董事长兼职情况	董事长和总经理为同一人取 1，否则取 0
ROA	资产收益率	当年净利润/［（期初资产总额+期末资产总额）/2］
TOBINQ	托宾 Q 值	（年末股价×股本+总负债年末值）/总资产年末值
ALRATIO	资产负债率	当年年末负债总额/当年年末资产总额

第三节　实证结果分析与讨论

一、股利分配方式的股价效应分析

（一）短期异常回报率分析

1. 股权激励公司利润分配公告的市场反应

首先，本书考察了样本期间股权激励上市公司和股权激励工具分样本利润分配预案公告日当日附近（未考虑不分配时的情形）的平均异常回报率，见表 4-5。考虑到观测值可能不服从正态分布，表中同时汇报了 T 检验和 Wilcoxon 符号秩检验结果来保证检验的可靠性。从表中可以看出，股权激励上市公司股利分配预案公告日前一天 AAR 最高，为 0.39%，无论是 T 统计量还是 Z 统计量均在 1%水平上显著为正，而事件日当天，尽管 AAR 为 0.25%，但统计上并不显著，这说明资本市场对股权激励上市公司的利润分配预案提前作出了正向反应。从股票期权分样本来看，市场作出的提前反应更早，事件日前两日平均异常回报率为 0.394%，为事件窗内的最高值且至少在 5%水平上显著为正，事件日前一日的 AAR 值为 0.259%，在 10%水平上显著为正。相比之下，限制性股票分样本体现出与股权激励计划总样本类似的特征，即在股利分配预案前一天的 AAR 值最高，为 0.457%，至少在 5%水平上显著为正。该实证结果一方面说明我国资本市场缺乏效率，另一方面，股利分配方案公告之前就存在高于市场收益的异常回报，说明上市公司信息披露不规范，公司内部信息提前被部分投资者所知晓并采取行动，其必然会侵害其他投资者的利益。

表 4-5 股权激励上市公司利润分配预案公告日附近平均异常回报率

事件日	总股权激励样本			股票期权分样本			限制性股票分样本		
	AAR_t	T 值	Z 值	AAR_t	T 值	Z 值	AAR_t	T 值	Z 值
-3	0. 053	0. 449	-0. 602	0. 039	0. 269	-1. 44	0. 070	0. 388	0. 361
-2	0. 119	1. 055	0. 738	0. 394	2. 965***	2. 153**	-0. 245	-1. 379	-1. 472
-1	0. 391	3. 257***	3. 990***	0. 259	1. 741*	1. 771*	0. 457	2. 423***	3. 495**
0	0. 254	1. 520	0. 884	0. 116	0. 526	0. 274	0. 317	1. 298	0. 797
1	0. 219	1. 636	0. 66	0. 380	2. 278*	0. 768	0. 083	0. 400	0. 144
2	0. 131	1. 020	0. 04	0. 208	1. 298	0. 246	0. 049	0. 244	-0. 284
样本量	910			445			460		

注：***、**、* 分别为 1%、5%、10%的显著性水平（双侧检验）。

2. 股权激励公司现金股利分配的市场反应

在分析资本市场对股权激励公司利润分配公告的反应基础上，本书考察了样本期间股权激励上市公司和股权激励工具分样本现金股利分配预案公告日当日附近的异常回报率，见表 4-6。从表中可以看出，无论是股权激励总样本，还是股票期权或限制性股票分样本，其事件日前一天 AAR 最高，分别是 0. 408%、0. 3%和 0. 484%，然而，该结果在事件日当天迅速反转，三个样本的平均异常回报率均值分别是-0. 254%、-0. 602%、-0. 505%，其中股权激励计划样本 T 统计量和 Z 统计量均在 1%水平上显著，股票期权样本和限制性股票样本 T 统计值在 5%水平上显著，一方面说明现实中存在信息提前泄露的倾向，另一方面则说明投资者并不偏好现金股利分配这种方式。

表 4-6 股权激励上市公司现金分红预案公告日附近平均异常回报率①

事件日	总股权激励样本			股票期权分样本			限制性股票分样本		
	AAR_t	T 值	Z 值	AAR_t	T 值	Z 值	AAR_t	T 值	Z 值
-3	0. 018	-0. 134	-0. 765	0. 084	-0. 521	-1. 222	0. 002	0. 008	-0. 025

① 壹桥海参（002447）2016 年 4 月 15 日发布股利分配公告，然而该上市公司自 2016 年 3 月 9 日起停牌，于 2016 年 8 月 30 日才恢复交易，所以本书将该对象剔除在事件研究法样本之外。

续表

事件日	总股权激励样本			股票期权分样本			限制性股票分样本		
	AAR_t	T 值	Z 值	AAR_t	T 值	Z 值	AAR_t	T 值	Z 值
-2	0.073	0.547	-0.001	0.149	0.955	0.574	-0.129	-0.595	-1.011
-1	0.408	2.622***	2.386**	0.300	1.430	1.075	0.484	2.113**	2.125**
0	-0.254	-2.597***	-3.698***	-0.602	-2.271**	-2.473**	-0.505	-1.790*	-2.693***
1	0.181	1.158	0.495	0.234	1.124	0.596	0.238	1.007	0.497
2	0.237	1.648	0.303	0.086	0.455	-0.493	0.24	1.563	0.979
样本量	486			248			237		

注：***、**、* 分别为 1%、5%、10%的显著性水平（双侧检验）。

3. 股权激励公司股票股利分配的市场反应

在分析资本市场对股权激励公司总利润分配公告、现金股利分配的反应基础上，本书考察了样本期间股权激励上市公司样本和股权激励工具分样本股票股利分配预案公告日当日附近的异常回报率，见表 4-7。从表中可以看出，总股权激励样本、股票期权分样本、限制性股票分样本事件日当天 AAR 最高，分别为 1.116%、1.02%和 1.191%，无论是 T 统计量还是 Z 统计量都在 1%水平上显著，这说明资本市场对股权激励上市公司的股票股利分配预案作出了积极的反应。

表 4-7　　**股权激励上市公司股票股利分配预案公告日作为事件日**

事件日	总股权激励样本			股票期权分样本			限制性股票分样本		
	AAR_t	T 值	Z 值	AAR_t	T 值	Z 值	AAR_t	T 值	Z 值
-3	0.158	0.806	-0.017	0.194	0.752	0.696	0.142	0.491	0.530
-2	0.147	0.790	0.875	0.703	3.115***	2.487**	-0.367	-1.294	-1.095
-1	0.345	1.831*	3.062***	0.206	0.995	1.415	0.429	1.410	2.683***
0	1.116	4.345***	4.677***	1.020	2.843***	3.037***	1.191	3.250***	3.517***
1	0.238	1.065	0.422	0.555	2.092**	0.648	-0.081	-0.233	-0.139
2	0.381	0.001	-0.262	0.361	1.3264	0.894	-0.345	-1.032	-1.273
样本量	422			197			223		

注：***、**、* 分别为 1%、5%、10%的显著性水平（双侧检验）。

（二）长期超额回报率分析

图 4-1 列示了股权激励上市公司不同股利分配方式的买入持有超额收益（BHAR）。总体来看，在利润分配预案公告发布的 5 个月内，三种不同的股利分配方式的买入持有超额收益差别并不明显，然而从第六个月开始有了明显的分化特征，股票分红的买入持有超额收益均为正，12 个月内持有期累计超额收益达到 4. 23%，相比之下，现金分红和股票分红这两种分配方式的买入持有超额收益变动趋势比较相近，从第五个月起，买入持有超额收益均为负值。该结果表明，股权激励上市公司股利分配的长期超额收益确实存在，投资者对不同的股利分配方式作出了明显的不同反应，证明我国二级市场缺乏效率。投资者对不同股利分配方式的反应偏差，并不能由有效市场假说、投资者理性等传统理论所解释，反而说明投资者对发放股票股利这种分配方式的盲目跟从。

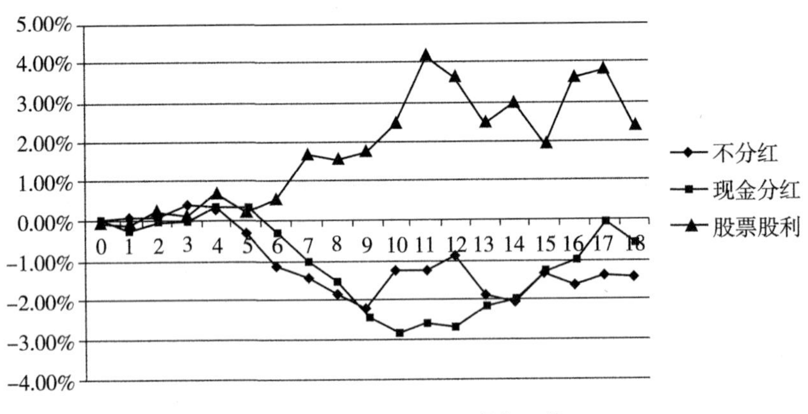

图 4-1　股权激励上市公司股利分配的 BHAR

（三）股利分配方式溢价分析

表 4-8 和图 4-2 分别列示了不同股利支付方式的溢价值和变动趋势。

表 4-8　**2006—2015 年不同股利分配方式的溢价值**

年份	现金股利溢价	股票股利溢价
2006	-0. 0024	0. 1794
2007	-0. 1219	0. 2608

续表

年份	现金股利溢价	股票股利溢价
2008	−0. 0391	0. 4568
2009	−0. 2093	0. 1044
2010	−0. 2622	0. 1378
2011	−0. 2931	0. 0243
2012	−0. 3434	0. 1602
2013	−0. 3220	0. 2363
2014	−0. 3440	0. 1715
2015	−0. 1798	0. 1269

如图 4-2 所示，在上市公司的股利分配方式中，现金股利溢价均为负，而股票股利溢价均为正，表明仅发放现金股利的上市公司平均市场账面价值比低于从不发放现金股利的上市公司，发放股票股利的上市公司平均市场账面价值比高于不发放股票股利的上市公司。对比股票股利和现金股利溢价趋势图可以发现，投资者对股利分配方式的偏好顺序：股票股利、非现金股利和现金股利。该结果反映了我国资本市场的如下特征：首先，我国资本市场缺乏效率，因为在有效的资本市场中，股利分配的溢价效应会因投资者套利而不复存在；其次，我国投资者缺乏理性，投资者的心理偏好，导致投资者对采用不同股利分配方式的股票进行差异性的估值，从而股利分配方式存在不同程度的溢价现象；最后，我国投资者投机心理强，看重资本利得而轻现金股利回报。

显然，实证结果表明，在我国资本市场缺乏效率的环境下，股权激励上市公司不同的股利分配方式会存在差异化的股价效应，股票股利分配方式的“超额定价”明显，假设 H4-1 得到支持。

二、股权激励下管理层股利分配方式偏好模型回归结果分析

（一）描述性统计分析

为了解不同股利方式下的样本分布状况，本书依据股利分配方式来对股权激励计划变量和公司特征变量进行样本描述，见表 4-9。从表中可以看出，在股权激励处理组和控制组构成的样本中，有 245 个样本选择不发放任何形式的

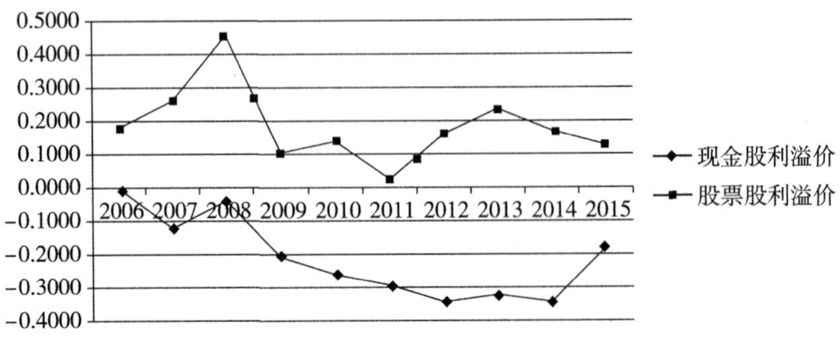

图 4-2　不同股利分配方式的溢价变动趋势

股利，792 个样本选择只发放现金股利，有 587 个样本选择发放股票股利。从其他变量来看，选择发放股票股利公司中，股权激励哑变量均值最高，而不发放股利的公司中，股权激励计划哑变量均值最低，说明股权激励上市公司最可能选择股票股利，最不可能选择不发放股利；仅发放现金股利样本组，STATA 变量均值最高，说明国有企业相对更愿意选择现金分红这种方式。

表 4-9　　　　　　描述性统计分析（按股利分配方式分类）

不同股利分配方式下变量描述性统计分析结果						
Panel A　股利分配方式 1（不发放任何形式的股利）						
变量名	样本量	均值	标准差	最小值	中值	最大值
JD	245	0. 282	0. 451	0	0	1
STATE	245	0. 033	0. 178	0	0	1
TOP1	245	0. 315	0. 146	0. 339	0. 299	0. 768
FCF	245	0. 431	0. 536	0. 001	0. 211	3. 279
LNA	245	7. 891	1. 150	5. 329	7. 706	12. 200
DUAL	245	0. 343	0. 476	0	0	1
ROA	245	0. 058	0. 079	0. 001	0. 035	0. 602
TOBINQ	245	3. 265	3. 105	0. 957	2. 283	30. 670
ALRATIO	245	0. 416	0. 206	0. 020	0. 406	0. 884

续表

Panel B 股利分配方式2（仅发放现金股利）						
变量名	样本量	均值	标准差	最小值	中值	最大值
JD	792	0.479	0.500	0	0	1
STATE	792	0.040	0.197	0	0	1
TOP1	792	0.335	0.147	0.449	0.309	0.806
FCF	792	0.583	0.854	0.001	0.305	8.239
LNA	792	8.037	1.197	5.924	7.857	13.570
DUAL	792	0.342	0.475	0	0	1
ROA	792	0.071	0.058	0.000	0.058	0.466
TOBINQ	792	2.946	2.109	0.734	2.236	16.470
ALRATIO	792	0.336	0.192	0.000	0.323	0.941
Panel C 股利分配方式3（发放股票股利）						
变量名	样本量	均值	标准差	最小值	中值	最大值
JD	587	0.620	0.486	0	1	1
STATE	587	0.029	0.168	0	0	1
TOP1	587	0.330	0.134	0.438	0.319	0.823
FCF	587	0.751	1.126	0.002	0.395	10.685
LNA	587	7.628	0.903	5.813	7.480	11.320
DUAL	587	0.436	0.496	0	0	1
ROA	587	0.086	0.059	0.001	0.073	0.421
TOBINQ	587	3.974	2.695	1.003	3.164	24.720
ALRATIO	587	0.288	0.172	0.002	0.272	0.913

（二）多项 Logit 回归结果分析

1. 股权激励计划、工具选择与股利分配方式偏好

为进一步验证股权激励管理层是否迎合了投资者偏好，对股利分配方式进

行倾向性选择，本书首先以股利分配方式为被解释变量，股权激励计划虚拟变量、股权激励工具作为解释变量进行多项 Logit 模型回归。

表 4-10 左边报告了以不分配为参照方案（Base Outcome）、解释变量为股权激励计划虚拟变量的多项 Logit 模型回归结果。因为以不发放任何形式股利作为参照，所以参照方案的解释变量和控制变量的系数都为 0，表中省略报告参照方案的回归系数。表中 Panel A 显示，现金股利分配方式和股票股利分配方式的解释变量 JD 系数在 1%的显著性水平上分别为 0.8646 和 1.5047，说明在给定其他变量的情况下，相比于非股权激励上市公司，股权激励公司更倾向于分配现金股利和股票股利。为检验股权激励公司在现金股利和股票股利中的偏好秩序，表中 Panel B 报告了以现金股利发放为参照方案（Base Outcome）的多项 Logit 模型回归结果，结果显示股票股利分配的解释变量 JD 系数为 0.6400 且在 1%的水平上显著，说明相比于现金股利分配方式，股权激励公司更倾向于选择股票股利分配方式。

表 4-10 股权激励计划对股利分配方式影响的回归结果

	Panel A 参照（不分配）		Panel B 参照（现金股利）
	现金股利	股票股利	股票股利
JD	0.8646*** (5.30)	1.5047*** (8.71)	0.6400*** (5.53)
ClSPRC	0.0333*** (4.17)	0.0622*** (7.72)	0.0290*** (6.87)
STATE	0.2094 (0.49)	0.1869 (0.39)	-0.0225 (-0.07)
TOP1	0.7939 (1.43)	0.8843 (1.48)	0.0904 (0.22)
FCF	0.4157*** (2.89)	0.6332*** (4.33)	0.2175*** (3.50)
LNA	0.2690*** (3.19)	-0.0213 (-0.23)	-0.2903*** (-4.30)
DUAL	0.0616 (0.38)	0.3092* (1.80)	0.2476** (2.09)
ROA	3.2193*** (2.09)	5.2874*** (3.39)	2.0681*** (2.11)

续表

	Panel A 参照（不分配）		Panel B 参照（现金股利）
	现金股利	股票股利	股票股利
TOBINQ	-0.1375***	-0.0227	0.1148***
	(-3.94)	(-0.72)	(4.21)
ALRATIO	-3.3789***	-3.5765***	-0.1976
	(-7.10)	(-6.88)	(-0.53)
_CONS	-0.2978	0.5586	0.8564
	(-0.46)	(0.78)	(1.64)
行业	控制	控制	控制
样本量	1624		
Pseudo R^2	0.0905		

注：每变量同行对应的是回归系数，每变量下行对应的括号内的值为 Logit 回归的 Z 值。***，**，*分别表示在1%，5%，10%水平下显著。

本书用边际效应命令计算得出股权激励哑变量选择现金股利的边际效应为6.17%（P值为0.017），说明在给定其他变量的情况下，股权激励上市公司选择现金股利的概率比非股权激励上市公司选择现金股利分配方式的概率高6.17%，也意味着在现金股利分配和不分配之间，股权激励上市公司更偏好现金股利分配方式。然而，反应投资者偏好的现金股利溢价指标说明投资者更偏好不分配现金股利方式，说明股权激励管理层并没有迎合投资者对不分配股利分配方式的需求，而选择能放大激励收益的现金股利分配方式，支持了假设4-2。

同样，本书计算了股权激励哑变量选择股票股利的边际效应为18.25%（P值为0.000），说明在给定其他变量的情况下，股权激励上市公司选择股票股利的概率比非股权激励上市公司选择股票股利分配方式的概率高18.25%。显然，结合股利方式溢价分析和股权激励计划与股利分配方式偏好实证结果，可以发现，相比于非股权激励上市公司，股权激励公司更有倾向迎合投资者对股票股利的需求，进一步论证了研究假说4-3。

从控制变量上看，企业产权性质、第一大股东持股比例对股利分配方式选择影响并不显著。以不分配作为参照，资产规模越大的公司，不偏好现金分配方式；以仅现金分配方式作为参照，企业资产规模越大，更偏好股票股利分配。总经理与董事长两职合一的上市公司偏好股票分配。公司盈利状况较好，上市公司对股利分配方式的偏好顺序为：第一股票股利分配，第二现金分配，第三不分配。企业成长性越高，公司越不偏好于现金分红，但若以现金分配方式作为参照，则成长性高的企业更偏好股票股利分配。公司负债比率越高，则偏好不分配。控制变量与股利分配方式的关系基本符合现实。

为进一步验证股权激励对股利分配方式的影响是否因股权激励工具不同而不同，本书分别以股票期权激励哑变量、限制性股票激励哑变量作为解释变量进行多项 Logit 回归，结果见表 4-11。可以看出，以不分配为参照方案（Base Outcome），现金股利和股票股利分配方式的解释变量 JOD 至少在 5%的显著性水平上显著为正，系数分别为 0.5124 和 0.9525，说明在给定其他变量的情况下，相比于非股权激励上市公司，股票期权激励公司更倾向于发放现金股利和股票股利，以现金股利分配为参照方案（Base Outcome）的多项 Logit 回归结果显示解释变量 JOD 系数为 0.4402 且在 1%的水平上显著，说明相比于现金股利分配方式，股票期权激励公司更倾向于选择股票股利分配方式。同时可以发现，限制性股票激励公司表现出与股票期权相类似的股利分配方式偏好顺序：最偏好股票股利，其次是现金股利，最后是不分配。

表 4-11　**股权激励工具与股利分配方式选择回归结果**

	股票期权样本组			限制性股票样本组		
	参照（不分配）		参照（现金股利）	参照（不分配）		参照（现金股利）
	现金股利	股票股利	股票股利	现金股利	股票股利	股票股利
JOD	0.5124** (2.19)	0.9525*** (3.84)	0.4402*** (2.71)			
JRD				0.5795** (2.45)	1.2309*** (5.09)	0.6514*** (4.01)
CLSPRC	0.0170 (1.18)	0.0487*** (3.39)	0.0317*** (3.81)	0.0253* (1.83)	0.0577*** (4.20)	0.0324*** (4.22)
STATE	−0.2184 (−0.42)	−0.7520 (−1.24)	−0.5336 (−1.16)	0.3199 (0.47)	0.4596 (0.63)	0.1397 (0.29)
TOP1	0.2201 (0.22)	0.1542 (0.18)	−0.0659 (−0.16)	0.8761 (1.06)	1.1939 (1.37)	0.3177 (0.55)

续表

	股票期权样本组			限制性股票样本组		
	参照（不分配）		参照（现金股利）	参照（不分配）		参照（现金股利）
	现金股利	股票股利	股票股利	现金股利	股票股利	股票股利
FCF	0.0024 (0.01)	0.2181 (1.30)	0.2157** (2.19)	0.1222 (0.68)	0.4448** (2.46)	0.3226*** (3.35)
LNA	0.4635*** (3.50)	0.0830 (1.25)	-0.3805*** (-3.42)	0.3349** (2.39)	0.0336 (0.22)	-0.3013*** (-2.90)
DUAL	0.0635 (0.27)	0.2151 (0.87)	0.1516 (0.95)	0.2686 (1.06)	0.4465* (1.70)	0.1779 (1.03)
ROA	-0.7005 (-0.31)	2.3699 (1.35)	3.0704** (2.14)	2.3800 (0.95)	5.5900** (2.27)	3.2100** (2.01)
TOBINQ	-0.0550 (-0.98)	-0.0063 (-0.04)	0.0487 (1.32)	-0.2073*** (-3.75)	-0.0235 (-0.47)	0.1838*** (4.39)
ALRATIO	-2.9486*** (-4.24)	-2.8943*** (-3.98)	0.0543 (0.16)	-3.9382*** (-5.11)	-3.5592*** (-4.15)	0.3790 (0.67)
_CONS	-1.2054* (-1.70)	0.6703 (0.64)	1.8757*** (2.74)	-0.0547 (-0.05)	0.3067 (0.27)	0.3614 (0.44)
样本量	830			810		
pseudo R^2	0.0595			0.0967		

注：每变量同行对应的是回归系数，每变量下行对应的括号内的值为 Logit 回归的 Z 值。***，**，*分别表示在 1%，5%，10%水平下显著。

本书用边际效应命令计算了股票期权激励哑变量选择现金股利的边际效应为 0.0548（P 值为 0.008），说明在给定其他变量的情况下，股票期权激励上市公司选择现金股利的概率比非股权激励上市公司选择现金股利分配方式的概率高 5.48%；股票激励哑变量选择股票股利的边际效应为 0.1227（P 值为 0.000），说明在给定其他变量的情况下，股票期权激励上市公司选择股票股利的概率比非股权激励上市公司选择股票股利分配方式的概率高 12.27%。相比之下，经计算，限制性股票激励上市公司选择现金股利概率比非股权激励公司概率高 9.01%（P 值为 0.015），选择股票股利概率比非股权激励公司概率高出 17.64%（P 值为 0.000）。该对比结果说明，相比于股票期权激励上市公司，限制性股票激励公司对股票股利和现金股利的偏好程度更高，这使研究假说 4-4 得到证实。

2. 管理层机会主义动机与股利分配方式偏好

表 4-12 为股权激励上市公司管理层机会主义动机变量与股利分配方式偏好的回归结果。从表中可以看出，以不分配为参照方案，CEODUM 变量、EXEGRT 变量、EXEGPR 变量的系数都显著为正且股票股利分配方式的系数均大于现金股利方式系数，说明股权激励计划中包括董事长或总经理的概率越大、管理层授予数量占总授予数量比例越高、被授予股权激励的管理层人数占公司管理层总人数的比值越大，则公司越可能优先选择股票股利分配方式，其次是现金股利方式，最不偏好不发放方式，即管理层机会主义行为动机越大，则越会选择能最大化股权激励收益的股利分配方式。该实证结果证实了假设 4-5。

表 4-12　**股权激励下管理层机会主义动机对股利分配方式偏好回归结果**

	参照（不分配）					
	现金股利	股票股利	现金股利	股票股利	现金股利	股票股利
CEODUM	0.5000** (2.17)	0.7474*** (3.15)				
EXEGRT			0.8519* (1.79)	1.4712*** (3.05)		
EXEGPR					2.0063*** (3.65)	3.0511*** (5.42)
CLSPRC	0.0416*** (3.69)	0.0713*** (6.27)	0.0419*** (3.70)	0.0716*** (6.28)	0.0405*** (3.58)	0.0701*** (6.15)
STATE	0.0104 (0.03)	−0.2378 (−0.54)	0.0611 (0.15)	−0.1565 (−0.36)	−0.0190 (−0.05)	−0.2819 (−0.63)
TOP1	1.3547** (2.27)	1.2856** (2.07)	1.3636** (2.29)	1.3174** (2.13)	1.3049** (2.18)	1.2142* (1.95)
FCF	0.1549 (1.23)	0.3478*** (2.76)	0.1518 (1.21)	0.3436*** (2.74)	0.1522 (1.21)	0.3484*** (2.76)
LNA	0.4977*** (4.75)	0.2005* (1.82)	0.5174*** (4.95)	0.2313** (2.10)	0.4924*** (4.69)	0.1945* (1.75)
DUAL	0.1102 (0.62)	0.3245* (1.79)	0.0680 (0.39)	0.2664 (1.49)	0.0635 (0.36)	0.2545 (1.41)

续表

	参照（不分配）					
	现金股利	股票股利	现金股利	股票股利	现金股利	股票股利
ROA	6.0291*** (2.98)	7.9863*** (3.92)	5.9845*** (2.96)	7.9540*** (3.91)	5.6440*** (2.82)	7.5249*** (3.72)
TOBINQ	-0.1179*** (-3.02)	-0.0258 (-0.69)	-0.1154*** (-2.97)	-0.0229 (-0.61)	-0.1137*** (-2.93)	-0.0184 (-0.49)
ALRATIO	-4.3432*** (-7.74)	-4.2912*** (-7.35)	-4.3605*** (-7.74)	-4.3426*** (-7.41)	-4.4227*** (-7.84)	-4.4933*** (-7.60)
_CONS	-1.6034** (-2.01)	-0.2390 (-0.29)	-1.7422** (-2.18)	-0.4768 (-0.57)	-1.5926** (-1.99)	-0.2608 (-0.31)
行业	控制	控制	控制	控制	控制	控制
样本量	812		812		812	
pseudo R^2	0.0694		0.0695		0.0774	

注：每变量同行对应的是回归系数，每变量下行对应的括号内的值为 Logit 回归的 Z 值。***，**，*分别表示在1%，5%，10%水平下显著。

进一步地，本书用边际效应命令计算了反映股权激励管理层机会主义动机变量的边际效应，见表 4-13。CEODUM 变量选择现金股利的边际效应为 0.0296，说明在给定其他变量的情况下，股权激励计划授予对象包括董事长或总经理的上市公司比不包括董事长或总经理的股权激励公司选择现金股利分配方式的概率高 2.96%，CEODUM 变量选择股票股利的边际效应为 0.0774，说明在给定其他变量的情况下，股权激励计划授予对象包括董事长或总经理的上市公司比不包括董事长或总经理的股权激励公司选择股票股利分配方式的概率高 7.74%。

表 4-13　　股权激励下管理层机会主义动机变量的边际效应

	现金股利分配方式			股票股利分配方式		
	dy/dx	标准误	*P* 值	dy/dx	标准误	*P* 值
CEODUM	0.0296	0.0336	0.040	0.0774	0.0337	0.022
EXEGRT	0.0791	0.0674	0.081	0.1806	0.0650	0.005
EXEGPR	0.1081	0.0719	0.032	0.3242	0.0701	0.000

EXEGRT 变量选择现金股利的边际效应为 0.0791，说明管理层授予数量占总授予数量比例每增加 50%，则选择现金股利分配方式的概率增加 3.95%；EXEGRT 变量选择现金股利的边际效应为 0.1806，说明管理层授予数量占总授予数量比例每增加 50%，则选择股票股利分配方式的概率增加 9.03%。EXEGPR 变量选择现金股利的边际效应为 0.1081，说明被授予股权激励的管理层人数占公司管理层总人数的比值每增加 50%，则选择现金股利分配方式的概率增加 5.41%；EXEGPR 变量选择股票股利的边际效应为 0.3242，说明被授予股权激励的管理层人数占公司管理层总人数的比值每增加 50%，则选择股票股利分配方式的概率增加 16.21%。

3. 管理层机会主义行为实现能力与股利分配方式偏好

表 4-14 为股权激励上市公司管理层机会主义行为实现能力变量与股利分配方式偏好的回归结果。从表中可以看出，以不发放股利为参照方案，JD×OpAbility 变量的系数都显著为正且股票股利分配方式的系数远大于现金股利方式系数，说明施行股权激励计划的上市公司管理层权力越大，则公司越可能优先选择股票股利分配方式，其次是现金股利方式，最不偏好不发放方式，即管理层机会主义行为实现能力越强，则越会选择能最大化股权激励收益的股利分配方式。该实证结果证实了假设 4-6。

表 4-14　　**股权激励下管理层机会主义行为实现能力对股利分配方式偏好回归结果**

	Panel A　参照（不分配）		Panel B　参照（现金股利）
	现金股利	股票股利	股票股利
JD	0.6535*** (3.41)	0.9824*** (2.77)	0.3289*** (3.58)
JD×OpAbility	0.0428* (1.71)	0.3636** (2.09)	0.3208** (2.30)
OpAbility	0.0942 (0.40)	0.3447 (1.45)	0.2505* (1.80)
CLSPRC	0.0441*** (3.85)	0.0732*** (6.35)	0.0291*** (5.47)
STATE	0.0910 (0.23)	−0.1461 (−0.34)	−0.2371 (−0.80)

续表

	Panel A　参照（不分配）		Panel B　参照（现金股利）
	现金股利	股票股利	股票股利
FCF	0.1537 (1.23)	0.3466*** (2.78)	0.1929*** (3.23)
LNA	0.5245*** (5.14)	0.2361** (2.20)	-0.2884*** (-4.22)
ROA	4.7378** (2.46)	6.4299*** (3.34)	1.6921 (1.64)
TOBINQ	-0.1121*** (-3.35)	-0.0255 (-0.86)	0.0867*** (3.43)
ALRATEO	-4.3704*** (-7.89)	-4.3067*** (-7.49)	0.0637 (0.17)
_CONS	-1.1798 (-1.58)	0.2565 (0.33)	1.4364*** (2.83)
行业	控制	控制	控制
样本量	1624		
pseudo R^2	0.0646		

注：每变量同行对应的是回归系数，每变量下行对应的括号内的值为 Logit 回归的 Z 值。***，**，*分别表示在1%，5%，10%水平下显著。

4. 进一步研究

借鉴 Baker（2009）、支晓强（2014）的方法，本书进一步考察了投资者偏好对股权激励上市公司股利分配行为的影响，表 4-15 汇报了回归结果。现金股利溢价和股票股利溢价系数与股权激励计划的交互项均为正，说明股权激励上市公司的股利分配政策与投资者偏好密切相关，这进一步证实了股权激励管理层选择了迎合投资者偏好的股利政策。

表 4-15　　**投资者偏好股权激励股利分配影响回归结果**

	现金股利		股票股利	
	发放哑变量	发放水平	发放哑变量	发放水平
JD	0.0999** (2.03)	0.0208* (1.72)	0.7566*** (3.90)	0.4618*** (4.48)

续表

	现金股利		股票股利	
	发放哑变量	发放水平	发放哑变量	发放水平
JD * DP	3.8625*** (3.21)	0.0463* (1.69)	0.4732** (2.34)	0.0143*** (3.03)
DP	4.7518*** (5.41)	0.2752*** (3.99)	1.3206 (1.47)	0.5480 (1.13)
STATE	0.4029 (1.02)	0.0071 (0.29)	0.0066 (0.02)	-0.0806 (-0.48)
TOP1	0.7004 (1.42)	0.1275*** (4.09)	0.2628 (0.67)	0.1157 (0.55)
FCF	0.4153*** (3.47)	0.0312*** (6.71)	0.2693*** (4.32)	0.1736*** (5.99)
LNA	0.2443*** (3.18)	0.0366*** (7.70)	-0.2409*** (-3.70)	-0.1039*** (-3.01)
DUAL	0.2365 (1.63)	0.0104 (1.12)	0.2631** (2.32)	0.1608*** (2.65)
ROA	4.5069*** (3.25)	1.1960*** (15.70)	2.7924*** (2.99)	0.9939** (1.97)
TOBINQ	-0.0465* (-1.66)	-0.0069*** (-3.39)	0.0774*** (3.25)	0.0561*** (4.61)
ALRATIO	-2.8287*** (-6.65)	-0.2262*** (-8.20)	-0.9119*** (-2.59)	-0.4587** (-2.44)
CONS	-0.4954 (-0.84)	-0.2504*** (-6.69)	0.3198 (0.64)	-0.0708 (-0.27)
行业	控制	控制	控制	控制
N	1624	1624	1624	1624
pseudo R^2	0.1022	0.0961	0.0853	0.0680

注：每变量同行对应的是回归系数，每变量下行对应的括号内的值为 Logit 回归的 Z 值与 Tobit 回归的 T 值。***，**，*分别表示在 1%，5%，10%水平下显著。

三、稳健性检验

（一）考虑可能遗漏变量

实证研究表明，股权激励上市公司最偏好股票股利分配方式，然而，该结果可能存在遗漏变量问题，即股权激励上市公司本身具有更高的送转股能力。因此，本书借鉴谢德仁等（2016）① 提出的送转能力指标（Sd_Ability）② 对本书模型做进一步控制，结果见表4-16，可见，结果仍然支持研究假设。

表 4-16 **稳健性检验1（考虑遗漏变量）**

	参照（不分配）					
	现金股利	股票股利	现金股利	股票股利	现金股利	股票股利
JD	0.8237*** (5.03)	1.4550** (2.13)				
JOD			0.4961** (2.10)	0.9645*** (3.91)		
JRD					0.5492** (2.32)	1.1758*** (4.73)
Sd_Ability	0.1054** (2.13)	0.2489*** (4.85)	0.0800 (1.12)	0.0231*** (2.79)	0.0605 (0.89)	0.2120*** (3.07)
控制变量	控制	控制	控制	控制	控制	控制
样本量	1624		830		810	
pseudo R^2	0.1017		0.0685		0.1087	

注：每变量同行对应的是回归系数，每变量下行对应的括号内的值为 Logit 回归的 Z 值。***，**，*分别表示在1%，5%，10%水平下显著。

① 谢德仁、崔宸瑜、廖珂：《上市公司“高送转”与内部人股票减持：“谋定后动”还是“顺水推舟”》，载《金融研究》2016年第11期。

② 送转能力（Sd_Ability）的计算：上期末［资本公积+max（0，未分配利润）+max（0，盈余公积）-总股本/4］/总股本。根据《公司法》规定，上市公司可将盈余公积超过股本规模25%以上的部分用于送红股。

（二）调整样本期间

本书根据国际金融危机发生之后的期间对样本进行调整，选取 2009—2015 年数据做稳健性检验，结果见表 4-17，数据显示，经济环境的变化并没有影响本书的研究结论。

表 4-17　　**稳健性检验 2（调整样本期间）**

	参照（不分配）					
	现金股利	股票股利	现金股利	股票股利	现金股利	股票股利
JD	0.7622*** (4.50)	1.2738*** (7.18)				
JOD			0.6519** (2.41)	1.0685*** (4.08)		
JRD					0.6478*** (2.68)	1.2685*** (5.04)
控制变量	控制	控制	控制	控制	控制	控制
样本量	1546		776		768	
pseudo R^2	0.767		0.0840		0.1130	

注：每变量同行对应的是回归系数，每变量下行对应的括号内的值为 Logit 回归的 Z 值。***，**，* 分别表示在 1%，5%，10%水平下显著。

（三）改变匹配标准

为进一步考察回归结果的稳定性，本书改变了 PSM 模型的匹配标准，用“资产、行业”匹配与股权激励上市公司对应的非股权激励上市公司，回归结果见表 4-18，结果显示股权激励上市公司的股利分配偏好顺序没有改变。

表 4-18　　**稳健性检验 3（改变匹配标准）**

	参照（不分配）					
	现金股利	股票股利	现金股利	股票股利	现金股利	股票股利
JD	0.5740*** (3.32)	1.2657*** (6.83)				

续表

	参照（不分配）					
	现金股利	股票股利	现金股利	股票股利	现金股利	股票股利
JOD			0.4044** (1.91)	0.8578*** (3.27)		
JRD					0.7983*** (3.31)	1.6386*** (6.27)
控制变量	控制	控制	控制	控制	控制	控制
样本量	1624		830		810	
pseudo R^2	0.1038		0.0840		0.0820	

注：每变量同行对应的是回归系数，每变量下行对应的括号内的值为 Logit 回归的 Z 值。***，**，*分别表示在 1%，5%，10%水平下显著。

（四）更换解释变量

本书选用管理层授予数量/公司总股本年末值（EXEGRT1）来度量管理层机会主义行为动机做稳健性检验，结果依然显著表明股权激励管理层机会主义动机越大，则公司越可能最偏好股票股利分配方式来放大股权激励收益。

表 4-19　　稳健性检验 4（更换解释变量）

	原样本		调整样本期间		改变匹配标准	
	参考（不分配）		参考（不分配）		参考（不分配）	
	现金股利	股票股利	现金股利	股票股利	现金股利	股票股利
EXEGRT1	0.2287*** (3.50)	0.4162*** (6.29)	0.2334*** (3.28)	0.3895*** (5.40)	0.1392** (2.16)	0.3556*** (5.13)
控制变量	控制	控制	控制	控制	控制	控制
样本量	812		773		812	
pseudo R^2	0.0737		0.0713		0.1002	

注：每变量同行对应的是回归系数，每变量下行对应的括号内的值为 Logit 回归的 Z 值。***，**，*分别表示在 1%，5%，10%水平下显著。

本章小结

引入股权激励的正当理由是使管理层更努力地工作，提高公司价值。然而，对于股权激励管理层而言，他们更加倾向于选择能最大化股权激励薪酬的股利分配政策，而不是将股东利益放在第一位。以美国、英国、欧盟地区上市公司为研究对象的文献证实了股权激励计划滋生了管理层有偏好选择股利分配方式的机会主义行为，然而，目前我国学者将研究重点放在股权激励管理层对现金股利水平的影响上，忽视了股利政策的其他方面。

基于此，本章从迎合理论的基本思想出发，在检验股利分配方式股价效应差异的基础上，应用PSM模型控制公司规模、盈利、股权集中度、负债等公司特征差异，然后建立多项Logit模型，考察股权激励计划、管理层机会主义动机、管理层机会主义行为实现能力对股利分配方式的偏好的影响，得出以下结论：（1）管理层会利用股票股利分配方式的“超额定价”，有偏好地选择股利分配方式，以实现最大化股权激励收益的目的。（2）相比于股票期权，限制性股票激励管理层对股票股利和现金股利分配的偏好程度更大。（3）股权激励计划越向包括董事长和总经理在内的管理层倾斜，管理层授予数量越多，则管理层机会主义动机越大，则选择股票股利方式的概率越大。（4）以管理层权力衡量的管理层机会主义行为实现能力越强，选择股票股利方式的可能性越高。

实证结果表明，我国资本市场缺乏效率的环境下，股权激励上市公司管理层利用了投资者对股票股利的非理性偏好，优先选择股票股利分配方式，创造了获得股权激励工具的溢价的机会。本章的研究不仅为我国股权激励制度有效性提供了新的证据，而且从股权激励视角对我国上市公司“高送转”现象进行了解释。

第五章　股权激励下管理层机会主义行为三：股利平滑

“股利平滑”（Dividend Smoothing）是指股利政策制定者根据公司长期盈利来平滑当期股利发放的行为，使股利变化滞后于盈利变化，股利平滑使公司的股利发放呈现出黏性特征（Lintner，1956；Brav 等，2005；Guttman，2010）。西方国家和地区对上市公司的实地考察和实证研究表明，股利平滑是股利政策的重要内容，管理层动机是上市公司股利平滑的重要原因。我国学者应用 Lintner（1956）股利调整模型检验我国上市公司是否存在股利平滑，但对我国上市公司股利平滑的原因研究不足，鲜有从管理层动机角度来分析上市公司的股利平滑行为。基于此，本章探讨股权激励下管理层机会主义行为对股利平滑的影响。本章的研究内容一方面丰富了股利平滑决定因素的文献，另一方面，扩展了股权激励管理层对股利政策的影响的相关研究领域。

第一节　股利平滑的本质

一、股利平滑的提出

1956 年，Lintner 提出著名的股利局部调整模型，揭开了上市公司股利平滑（Dividend Smoothing）的面纱，他通过对 28 家美国上市公司进行问卷调查和实证分析，发现上市公司普遍存在股利平滑行为，即上市公司并非根据当期盈利制定当期股利政策，而是遵循先前的股利政策，不会轻易削减股利，使股利变化滞后于盈余变化。具体而言，管理者在制定股利支付政策时有一个长期的股利支付目标，公司动态地调整股利支付，使其向目标股利支付率趋近，较小幅度调整的股利调整速度（Speed of Adjustment）表明公司股利平滑程度高。Lintner 的研究揭示上市公司股利政策存在一些共性特征，Marsh 和 Merton（1986）进一步明确股利政策的共性特征，即在股利分配决策中，管理层不仅关心股利支付水平，更关心股利支付的变化，大多数管理层尽量避免股利支付的变化。Allen 和 Michaely（2003）在《金融经济学手册》中指出，美国上市公司有平滑股利的倾向，1972—1998 年，美国上市公司的盈利水平大起大落了 5 次，然而股利总额变化幅度很小。

此后，学者们纷纷应用 Lintner 提出的股利调整速度研究框架对不同国家上市公司的股利政策进行检验，实证发现德国、英国、加拿大等国公司的股利政策同样呈现股利平滑现象。在此背景下，我国部分学者也先后应用 Linter 模型对我国上市公司的股利政策进行考察，但由于样本选择期间不同，研究结论存在一定的偏差。吕长江和王克敏（1999）以 1997—1998 年的 316 家上市公司为研究对象，发现样本公司的股利调整速度为 125. 1%。任有泉（2006）以 1994—2001 年上市公司的股利发放为研究对象，发现我国上市公司股利政策变动与上年股利支付无关，而仅与当年盈余相关，由此作者推测我国上市公司不存在股利平滑行为。李茂良、李长青和魏志华（2014）以 1994—2012 年上市公司为研究样本，发现我国上市公司现金股利发放整体呈现一定的平滑性，但单个公司股利变动较大。谢获宝和李粉莉（2017）则指出上市公司现金股利变化与公司利润之间存在粘性关系。

表 5-1 列示了部分文献应用 Lintner（1956）模型对不同市场股利调整系数的实证检验结果。可以看出，美国、德国等发达国家股利调整系数较低，说明这些国家的股利平滑行为程度高，而新兴市场如南非、印度、中国的股利调整系数较高，说明这些国家的股利平滑程度相对较低，但也可以发现，近年来，我国上市公司股利调整速度有所降低。

表 5-1 **前期文献对不同市场股利调整系数的检验**

作　　者	年份	市场	股利调整系数
Fama 和 Babiak	1968	美国	0. 37
Shevlin	1982	澳大利亚	0. 51
Goergen，Renneboog 和 Da Silva	2004	德国	0. 25
Chemmanur，He，Hu 和 Liu	2010	美国	0. 28
Bremberger，Cambini，Gugler 和 Rondi	2013	欧洲	0. 62
Adaoglu	2000	土耳其	1. 00
Wolmarans	2003	南非	0. 84
Al-Malkawi	2005	约旦	0. 47

续表

作　　者	年份	市场	股利调整系数
Pandey 和 Bhat	2007	印度	0.71
Chemmanur，He，Hu 和 Liu	2010	香港地区	0.68
Al-Yahyaee，Pham 和 Terry	2010	阿曼	0.25
Al-Ajmi 和 Abo Hussain	2011	沙特阿拉伯	0.71
任有泉	2006	中国	0.97
李茂良、李常青和魏志华	2014	中国	0.45-0.8

资料来源：笔者根据文献整理。

二、股利平滑的界定

显然，Lintner（1956）认为股利平滑实际上是管理层根据公司长期盈利来平滑当期股利发放的行为，是股利政策的一个重要方面。Kumar（1988）指出管理层根据业绩对股利进行平滑，使股利波动小于业绩波动幅度。Brav 等（2005）将股利平滑定义为公司自身现金分红比例的纵向波动性。Guttman 等（2010）则认为股利平滑行为是股利发放水平围绕长期盈利平均水平在一定范围内波动，具有“黏性”特征。然而，国内学者对“股利平滑”有着不同的认识，任有泉（2006）、李茂良等（2014）对其解释为股利发放的稳定性，即股利发放水平不会发生显著的变化。刘星和陈名芹（2016）将其定义为公司朝着目标股利支付率进行平滑股利波动性后呈现的一种平稳性状态。谢获宝和李粉莉（2017）则将上市公司现金股利变化幅度和利润变化幅度之间的依存关系定义为股利变化的黏性。

对比国内外学者对股利平滑行为的不同理解可以发现，国外学者认为“股利平滑”是管理层有意对股利分配进行修匀的一种行为，使股利变动滞后于盈利变动，而大多数国内学者更强调股利平滑行为之后股利政策所表现出来的一种稳定性状态。管理层有意的股利平滑行为的正面影响还有待实证的检验，例如 Larkin 等（2016）检验了股利平滑、公司业绩、资金成本的关系，发现股利平滑和公司业绩并没有显著的相关关系。本章的研究重点并非是股利平滑的经济后果，而是考察相对于非股权激励上市公司，股权激励上市公司的股利平滑程度有何不同，以及股权激励管理层进行股利平滑的动机是什么，所以本书直接用股利平滑来界定“Dividend Smoothing”，其含义是管理层有意识地根据长期盈利状况动态修匀股利变化的行为。

第二节　理论分析和研究假说

一、理论分析

早期的股利信号模型，如 Bhattacharya（1979），Miller 和 Rock（1985），John 和 Williams（1985）解释了股利传达信息的原因和机理，但并没有对股利平滑行为进行解释，这些模型的重点是解释股利当期水平而不是股利改变所传递的信息。之后，股利信号理论的追随者改进了股利信号模型，对股利发放所表现出的平滑性特征进行解释，如 Kumar（1988）认为股利揭示公司业绩前景、缓解信息不对称程度的功能被股利平滑所削弱，使投资者无法利用股利信息来预测公司未来的业绩。Allen 和 Michaely（2003）则认为高股利发放的公司对股利进行平滑是为了吸引机构投资者，而低股利发放公司对股利进行平滑是为了迎合中小投资者，而 Bates 等（2009）认为低股利水平与股利平滑行为相关性更强。Guttman 等（2010）并不认同传统信号传递理论对股利发放的解释，通过对 Miller 和 Rock（1985）的模型进行改进，发现股利平滑行为是管理层有保留地传递信息的结果，管理层越想保留公司当前和未来现金流的私有信息，则越可能采取平滑的股利行为。由此，能从信息不对称中获利的公司更可能开展股利平滑行为，信息透明度越差、投资机会越大的公司更会开展股利平滑行为。此外，Grullon 等（2002）发现了股利减少公告引发股票价格下跌的证据，并认为管理层有动机对股利进行平滑。Chen 等（2012），Rangvid 等（2014）指出，如果公司采取了股利平滑行为，则无法解释股利收益率的真实波动信息，从而使股利政策预测功能丧失。Acharya 和 Lambrecht（2014）探讨了收益和平滑之间的关系，认为管理层在公司内部信息上更具有信息优势，有倾向对股利进行平滑来引导外部投资者的预期，以应对收益状况不好的年份。

同样，大多数的代理成本模型只关注了股利发放水平，忽视了股利政策的动态变化，只有少部分文献用代理成本理论对股利政策的动态调整进行解释。Caballero（1990）认为代理人的边际效用为凸函数，代理人有动机积累盈余以提前应对公司未来的业绩冲击。Fudenberg 和 Tirole（1995）认为股东和管理层之间的信息不对称导致股利平滑行为的产生，股东从管理层的股利或利润报告中判断公司的经济状况，所以管理层有管理股利和利润（股利平滑、盈余管理）的动机，对好的业绩进行低估，对不好的年份进行高估，导致股利的平稳性增强。Allen 和 Michaely（2003），Leary 和 Michaely（2011）则认为股利平滑行为能更好地被委托代理理论所解释，那些代理成本更高的公司有着更高程度的股利平滑行为。Michaely 和 Roberts（2007）实证研究发现民营非上市企业股利平滑程度比上市公司要低，他们认为资本市场对上市公司的股利分配作出反应，所以上市公司更有股利平滑的动机。Lambercht 和 Myers（2012）建立管理层寻租动机对公司股利平滑行为的影响模型，发现股利发放不仅随着公司长期盈利动态调整，而且受公司管理层的特征影响，公司盈利波动性越大，则管理层越会积累盈余、长期维持低水平的股利发放，他们还发现，管理层股权激励薪酬作为管理层寻租的代理变量，同股利平滑同步变动，管理层对平滑租的需求引致了平滑的股利。

显然，股利信号模型和委托代理模型对公司股利平滑行为进行了解释，从中我们可以归纳出管理层对股利进行平滑的动机：其一，管理层对股利支付进行平滑是想向外部投资者传达公司未来业绩良好的信息；其二，管理层对股利支付进行平滑担心股利剧烈变动会引起股票价格的下跌；其三，管理层为了私人收益进行股利平滑，如避免解雇、迎合机构投资者或中小投资者、获得平稳的经济租等；其四，操纵财务信息，通过平滑股利来保留公司当前和未来现金流的私有信息，在这个过程中，管理层主动地向市场预期施加了影响力。

二、研究假说

如果管理层被授予股权激励计划，那么，管理层对股利进行平滑的动机是会增强还是减弱呢？首先，股权激励管理层同样用策略性“粉饰”股利发放来迎合股东和中小投资者对公司业绩希冀良好的动机；其次，股权激励管理层也有从股利平滑中获取经济租，以及保留公司未来盈利状况的内部信息的需求；最后，也是最关键的，股权激励管理层希望股利平滑行为能对股票价格带来积极影响，从而放大股权激励收益。已有实证研究表明资本市场对股利不同方向的调整作出不对称的反应。Michaely 等（1995）发现不发放股利的公告后果很严重，平均股价会下跌 6.1%。Grullon 等（2002）发现股利增加公告的市场反应远远小于股利减少公告的市场反应，股利增加公告带来股价下跌的幅度是 1.34%，而股利减少公告会导致股价下跌 3.71%，几乎是股利增加公告市场反应的 3 倍，基于此，股权激励管理层不会倾向于削减股利发放。另外，有研究发现资本市场对平滑的股利作出积极的市场反应，Beer（1994）以181家比利时上市公司为研究对象，发现市场对平滑的股利政策作出积极反应。Rozycki（1997）指出，股利平滑最小化投资者预期所得税的现值，从而具有提升股票价格的作用。Larkin等（2016）发现机构投资者对股利进行平滑的上市公司股票作出“溢价”反应。Karpavicius（2014）通过构建零增长股利贴现动态模型，得出的结论是上市公司进行股利平滑的目的是最大化股票价格。

综上分析，本书提出以下假设：

H5-1：相比于非股权激励上市公司，被授予股权激励计划的管理层有更大的倾向进行股利平滑。

Lambercht和Myers（2012）指出管理层寻租行为导致股利平滑的发生，在其模型中，管理层通过股利平滑行为获得了稳定的“经济租”。Lambercht和Myers（2017）进一步放开投资外生的假设，发现即使投资波动性增大，但股利支付和管理层所获租金依然平稳。显然，以上研究结论的得出依赖于管理层存在机会主义动机（获得经济租）的假设。对于股权激励管理层而言，其机会主义行为动机大小会对股利平滑程度造成影响。当股权激励计划越向管理层倾斜时，则管理层进行股利平滑的程度会越高。

综上分析，本书提出以下假设：

H5-2：股权激励管理层机会主义动机越大，则股权激励上市公司股利平滑程度越高。

Michaely和Roberts（2012）考察了企业异质性对股利平滑行为的影响，发现上市公司比民营非上市企业的股利平滑程度更高，作者推测资本市场在其中扮演了十分重要的角色，上市公司更关注股票价格，因此更有动机进行股利平滑来影响股票价格。就我国而言，国有上市公司和非国有上市公司差异明显，其中，由于国有企业天然地和政府联系紧密，因此国企更容易获得银行贷款，从而使国企面临的融资约束小，国企上市公司凭借股利政策吸引投资者的动机也小。相比之下，对于非国有上市公司而言，获得外部融资的成本较高，因此更有动机采用平滑的股利政策迎合资本市场上的投资者。而当非国有上市公司采取股权激励计划后，更有动机对股利进行平滑来吸引投资者、影响股票价格以提升股权激励收益。

综上分析，本书提出以下假设：

H5-3：相比于国有上市公司，股权激励计划对非国有上市公司的股利平滑影响更大。

第三节　数据、模型与研究变量

一、数据的选择和处理

本书以 2006—2015 年的中国 A 股上市公司为研究对象。首先，为了设计双重差分模型，本书手动整理了 2006—2015 年间已经完成或正在实施的股权激励计划数据，包括授予对象明细、管理层激励人数和授予数量明细等。其次，为了构建股利相对变化波动率，选取 2002—2015 年的分红数据和每股盈余数据。① 公司财务数据、公司治理数据、股价数据来自国泰安（CSMAR）数据库。最后，股利平滑是公司动态调整股利分配的行为，所以本章采用时间序列数据。

考虑到企业的特殊性，本书删除了金融业的上市公司、ST 上市公司、分红数据不足 5 年的公司和资不抵债上市公司的年度样本。在删除主要变量数据缺失的样本后，最终得到 1803 家 A 股上市公司的 14858 个公司年样本。为避免离群值的影响，本书对所有连续变量在 1%的水平上进行了缩尾处理。

二、管理层股权激励对股利平滑影响的模型构建

本书首先应用 Lintner（1956）股利局部调整模型考察我国上市公司的股利平滑行为，然后参考 Leary 和 Michaely（2011）自由模型非参数方法，构建股利平滑指标，建立管理层股权激励对股利平滑的影响模型。

（一）我国上市公司的股利调整模型

为测度上市公司股利平滑行为，本书首先从 Linter（1956）提出的股利局部调整模型开始。Linter（1956）发现，管理层倾向于对股利发放进行平滑（Dividend Smoothing），盯住的标的为目标股利支付率。Linter（1956）实证研究表明，公司并不是立即将当期的股利发放调整为目标发放水平，而是逐期地向目标调整，所以，当期的股利分配不仅反映当期盈利，而且反映过去的股利分配情况。Linter（1956）股利局部调整模型如下所示：

① 为得到标准的面板数据，本书用近五年股利波动率和盈利波动率的比值计算股利相对波动率，研究区间为 2006—2015 年，所以股利数据和盈利数据的样本期间为 2002—2015 年。

$$\Delta D_{it} = D_{it} - D_{it-1} = \alpha_i + c_i(D_{it}^* - D_{it-1}) + \varepsilon_{it} \tag{5.1}$$

其中，D_{it} 和 D_{it-1} 分别为第 i 家公司第 t 年和 t-1 年的股利发放水平；D_{it}^* 为股利支付的目标值，表示公司在第 t 年按照固定的目标支付比率来进行股利分配；参数 c_i 反映股利支付的目标值和 $t-1$ 年股利发放水平之差与股利支付变化 ΔD_{it} 之间的依存关系。α 参数则表明公司不情愿改变股利发放的倾向，ε_{it} 为误差项。

其中，D_{it}^* 为目标支付比率和第 i 家公司第 t 年收益的乘积，即：

$$D_{it}^* = r_i E_{it} \tag{5.2}$$

将（5.2）式代入（5.1）式中可得到：

$$D_{it} = \alpha_i + (1 - c_i) D_{it-1} + c_i r_i E_{it} + \varepsilon_{it} \tag{5.3}$$

不妨令 $\beta_1 = (1 - c_i)$，$\beta_2 = c_i r_i$，则（5.3）式可表示为：

$$D_{it} = \alpha_i + \beta_1 D_{it-1} + \beta_2 E_{it} + \varepsilon_{it} \tag{5.4}$$

式（5.4）即为 Lintner（1956）股利局部调整模型的表达式。本书用 DPS_{it}（每股现金股利）替代 D_{it}，用 EPS_{it}（每股收益）替代 E_{it}①，由此检验我国上市公司是否存在股利平滑行为。

$$\text{DPS}_{it} = \beta_0 + \beta_1 \text{DPS}_{it-1} + \beta_2 \text{EPS}_{it} + \varepsilon_{it} \qquad \text{模型 5.1}$$

在估计方法的选择上，模型 5.1 属于动态面板，对于每家公司而言只有 14 年的数据，每股收益变量和每股现金股利变量都会存在公司层面上的固定效应，如果用 OLS 回归，会导致不一致的有偏估计量，而采用组内估法（WG）能消除公司层面的固定效应，但又会导致时间固定效应，从而使估计量有偏。对于公司数量 i 较多而 t 较小的动态面板而言，差分 GMM 和系统 GMM 可通过校正偏差得到一致估计。为保证结果的稳健性和便于比较，本书分别使用 OLS，组内估计 WG，差分 GMM 和系统 GMM 进行参数估计。

（二）管理层股权激励对股利平滑的影响模型

经典的股利调整模型适用于对上市公司整体股利平滑行为作出判断，对公司股利平滑的个体特征揭示不足，因此，本书应用 Leary 和 Michaely（2011）提出的自由模型非参数方法构建股利相对波动率来衡量股利平滑，建立管理层股权激励对股利平滑的影响模型，考察股权激励管理层可能存在的机会主义行为。

股权激励上市公司的股利平滑行为可能受到公司特征，如盈利能力、成长

① 之所以用公司年末总股数作为分母进行控制，是为了消除规模效应的影响。

性、负债水平等因素的影响，导致其本身的股利平滑程度就有所差别，因此，股权激励计划对股利平滑的影响研究会受到内生性问题的困扰。实践中，并非所有的上市公司进行了股权激励计划，股权激励计划的实施与否为本章缓解内生性问题提供了一个准自然实验环境，为缓解内生性问题，本章运用双重差分法考察股权激励对股利平滑的影响。由于上市公司采取股权激励计划的时点不同，所以本章参考 Bertrand 和 Mullainathan（2003）及周黎安和陈烨（2005）的方法，采用多时点的双重差分方法构建模型。本书将 2006 年至 2015 年成功实施股权激励计划的上市公司看作试验组，将样本期间从未实施股权激励计划的上市公司看作对照组，本书构建如下固定效应多时点 DID 模型：

$$\mathrm{RELVOL}_{it} = \alpha_i + \beta_1 \sum \mathrm{yeardummy} + \beta_2\, \mathrm{JD\_POST}_{it} + \gamma' Z_{it} + \varphi_i + \varepsilon_{it}$$

模型 5. 2

其中，RELVOL_{it} 表示股利相对波动率（衡量股利平滑程度）；JD 为试验组标识，如果一个公司在样本期间采用股权激励计划，则此类公司为试验组公司，JD 取值为 1，从未实施股权激励计划公司为对照组，JD 取 0；JD_POST 为试点后标识，如果样本处在股权激励计划以后的年份，JD_POST 取值为 1，否则取 0，以此标识冲击的发生；Z_{it} 是影响上市公司股利平滑行为的其他控制变量；$\sum$ yeardummy 表示年份固定效应；φ_i 表示公司层面的固定效应；ε_{it} 为模型的随机扰动项。

此处的模型设定虽与经典的一次冲击的 DID① 有所区别，但其效果无异。首先，通过控制公司固定效应，φ_i 已经完全控制试验组和对照组之间的固有差异（Bertrand 和 Mullainathan，2003），包括两组公司之间股利平滑的差异；其次，通过加入年份固定效应 $\sum$ yeardummy，模型捕捉了股利平滑的波动（Bertrand 和 Mullainathan，2003），包括政策冲击前后两组公司股利相对盈利的变化。最后，模型（5. 2）中的 JD_POST 则展现了相对于其他样本，实验组股利平滑程度的变化。基于以上三点，JD_POST 的系数 β_2 即为双重差分估计量。

① 一次冲击的 DID 的模型设定如下：

$$y_i = \alpha + \beta_1 \mathrm{Treat}_i + \beta_2 \mathrm{Post}_i + \beta_3 \mathrm{Treat} \times \mathrm{Post}_i + \gamma Z_i + \sum \mathrm{Industry} + \sum \mathrm{year} + \varepsilon$$

其中，Treat 用于区分两类公司，一类为受到外生冲击的公司（试验组），Treat 取值为 1，另一类是未受到冲击的公司（对照组），Treat 取值为 0；Post 用于区分冲击发生前后，对于冲击发生后的年份样本，Post 取值为 1，之前取值为 0；而 Treat×Post 正好捕捉到了冲击导致的 y 的变化，其系数 β_3 即为双重差分估计量。

Bertrand 和 Mullainathan（2003）及周黎安和陈烨（2005）均指出在利用基于准自然试验的双重差分方法评估政策效果时，一定要满足两个假定：第一，独立性假定（The Assumption of No Spillover Effect）。政策效果无溢出效应，即对照组不受政策影响或受到的影响较小；第二，平行性假定（Parallel Trend Assumption）。两组样本的被观测特征具有相同的趋势，即在政策冲击前试验组和对照组样本无明显差异。对于独立性假定，股权激励计划只对实验组的股价产生影响，而对于对照组无显著影响，不存在溢出效应；对于平行性假定，本书参考 Bertrand 和 Mullainathan（2003）的方法，通过添加一系列虚拟的政策冲击予以检验。除此之外，考虑到初始样本的选择非随机性较大，本书还运用倾向得分匹配法（PSM）为股权激励上市公司寻找对照组，来尽量保证两组样本的平行性，进而保证双重差分估计量的无偏性（平行性检验见本章的第四节）。

为检验假设 5.3，本书根据股权性质对 A 股上市公司进行分组，用模型 5.2 进行考察。另外，为检验假设 5.2，本书用模型 5.3 考察股权激励上市公司管理层机会主义动机对股利相对波动率的影响。

$$\mathrm{RELVOL}_{it} = \alpha_i + \beta_1 \sum \mathrm{yeardummy} + \beta_2\, \mathrm{OpAbility}_{it} + \gamma' Z_{it} + \varphi_i + \varepsilon_{it}$$

模型 5.3

其中，RELVOL_{it} 表示股利相对波动率（衡量股利平滑程度）；$\mathrm{OpAbility}_{it}$ 为管理层机会主义动机变量；$\sum$ yeardummy 表示年份固定效应；Z_{it} 是影响上市公司股利平滑行为的其他控制变量；φ_i 表示公司层面的固定效应；ε_{it} 为模型的随机扰动项。

三、变量构造与说明

（一）基于 Linter（1956）的股利调整速度（SOA）

模型 5.1 中，$1-\beta_1$ 为股利调整速度 SOA，衡量了股利变化相对盈余变化的敏感程度。如果 β_1 较大，则说明股利调整速度越小，即公司股利政策平滑程度越高，股利发放越平稳。通常 β_1 介于 0 和 1 之间，如果 $\beta_1=0$，则股利调整速度为 1，表明公司根本不对股利进行调整，如果 $\beta_1=1$，则说明公司最大限度地对股利进行了调整。基于此，本书首先用股利调整速度刻画上市公司股利平滑行为。

（二）自由模型非参数方法构建股利相对波动率

Leary 和 Michaely（2011）进一步放开公司股利支付目标值既定的假设，使用自由模型的非参数方法，用股利波动率和盈利波动率的比值（简称股利相对波动率）来度量股利平滑程度。

$$D_{it} = \alpha_1 + \beta_1 * t + \beta_2 * t^2 + \varepsilon_{it} \quad (5.5)$$

$$r_{it} * E_{it} = \alpha_2 + \gamma_1 * t + \gamma_2 * t^2 + \mu_{it} \quad (5.6)$$

$$\text{RELVOL}_i = \sigma(\varepsilon_{it}) / \sigma(\mu_{it}) \quad (5.7)$$

具体而言，式（5.5）表示根据二次时间趋势方程式来调整股利。式（5.6）在应用二次时间趋势方程式对盈利调整之前，首先对盈利时间序列进行了处理，具体的做法是用公司平均股利支付率 r_{it} 作为目标股利支付率的代理指标，然后乘以每期的盈利，这样做的目的是为了控制股利支付水平不同对相对波动性的影响。① 式（5.7）中的 RELVOL 变量为股利相对波动率，将其定义为式（5.5）的标准误差和式（5.6）的标准误差的比值②，该比值越小，说明股利平滑程度越高。对同一个上市公司而言，样本期间的股利波动率只有一个，为了得到标准形式的面板数据，用近五年的滚动标准差来代替股利波动率。基于此，本书用 RELVOL 作为刻画股利平滑行为的第二个指标。

（三）其他变量

管理层机会主义行为动机变量（OpAbility）选取 CEO 激励哑变量、CEO 授予数量占比、管理层激励人数占比、管理层授予数量占比。

在控制变量的选择上，Easterbrook（1984）、Jensen（1986）指出更多的股利平滑行为与公司自由现金流有关。Bates 等（2009）认为公司股利平滑行为与融资约束有关。Guttman 等（2010）认为成长机会大的公司、保留信息范围越大的公司更会开展股利平滑行为。Leary 和 Michaely（2011）认为公司资产规模、盈利能力与股利平滑行为有关。谢获宝和李粉莉（2017）认为 2008 年的分红再管制政策增加了股利政策的黏性。所以本书选取了第一大股东持股

---

① 处理目的是为了控制股利水平对相对波动性的影响。比如两个有相同盈余波动性的公司，每年的股利变动幅度也相同，那么股利支付率高的公司肯定有更高的股利相对（盈余）波动率。

② 标准误差，亦称“均方根差”或“中误差”，是预测值与真值偏差的平方和观测次数 n 比值的平方根，因为真误差不易求得，所以通常用最小二乘法求得的观测值来代替真误差。

比例、资产对数、资产收益率、市值账面比、每股企业自由现金流量、资产负债率、分红再管制政策年份哑变量来进行控制。

表 5-2　　**变量定义和说明**

变量简写	变量名称	变量计算及说明
DPS	每股现金股利	税后现金股利总额/公司年末总股本
EPS	每股收益	税后净利润/公司年末总股本
RELVOL	股利相对波动率（股利平滑程度）	股利波动率和盈利波动率的比值，具体计算参见变量构造
JD_POST	股权激励后标识	样本处在股权激励计划以后的年份取 1，否则取 0
CEODUM	CEO 激励哑变量	激励对象中包括董事长或总经理取 1，否则取 0
CEOGRT	CEO 授予数量占比	董事长或总经理授予数量占总授予数量的比例
EXEGPR	管理层激励人数占比	激励对象为公司管理层人数/公司高管总人数
EXEGRT	管理层授予数量占比 1	管理层授予数量/总授予数量
EXEGRT1	管理层授予数量占比 2	管理层授予数量/公司总股本年末值
TOP1	第一大股东持股比例	第一大股东持有股数占总股本的比例
LNA	资产对数	年末资产总额的自然对数
ROA	资产收益率	当年净利润/［（期初资产总额+期末资产总额）/2］
MB	市值账面比	账面价值（B）用企业净资产来衡量，市场价值（M）则用流通股的市场价值（公司年末收盘价×流通股股数）和非流通股的账面价值（每股净资产×非流通股股数）之和来表示。
FCF	每股企业自由现金流量	企业自由现金流量/公司年末总股本
ALRATIO	资产负债率	当年年末负债总额/当年年末资产总额
REDUM	分红管制年份哑变量	2008 年及以后年份取 1，2008 年前取 0

第四节　实证结果与分析

一、A 股市场现金股利和每股收益的动态变化关系

2001 年，证监会出台导向型政策，将上市公司再融资资格和股利分配水

平相挂钩，学术上称为半强制分红政策（李常青等，2010）。基于此，本书选取2002—2015年A股市场上市公司现金股利和每股收益的数据，描绘两者之间的动态变化关系，见图5-1。结果显示，2002—2015年，上市公司平均每股现金的波动幅度远远小于每股收益的波动幅度，尤其是在2005年和2008年经济状况不好时，每股收益都呈现出较大幅度的下调，然而每股现金股利的变动幅度相当小，可见我国上市公司总体存在股利平滑行为。

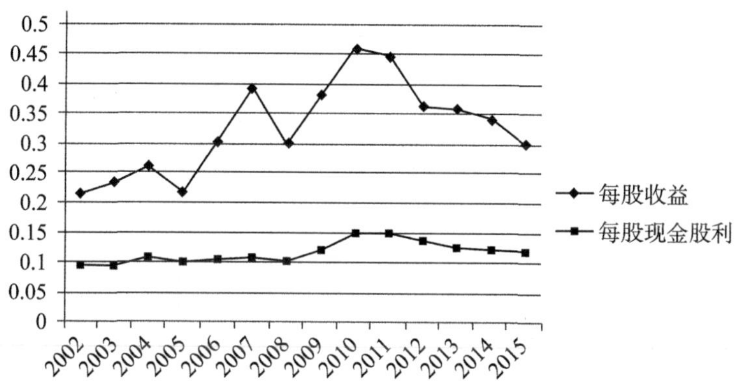

图5-1　上市公司每股现金股利和每股收益的动态变化

二、我国上市公司股利调整速度

本书首先应用经典的Lintner模型对我国上市公司的股利调整速度进行了考察，回归结果见表5-3。为保证结果的稳健性和便于比较，在估计参数时，本书分别使用OLS，组内估计WG，差分GMM和系统GMM。结果显示DPS_{it-1}、EPS_{it}的系数均在1%的水平上与DPS_{it}正相关，证明我国上市公司存在股利平滑行为，即公司根据上年的股利支付情况和当年的盈余对当期股利分配进行调整，截距项为正，表明公司存在不愿意减少股利的倾向。进一步地，我们可以计算出股利调整速度和目标股利支付率。对Lintner（1956）的部分调整模型进行OLS估计，得到的股利调整速度为0.4691，远低于任有泉（2006）估计得出的调整速度0.97，原因可能是近年来我国上市公司股利平滑行为有所增加。使用组内估计得到的股利调整速度均高于OLS估计结果，系统GMM和差分GMM的估计结果比较接近。基于前文分析，针对本书样本特性，系统GMM和差分GMM得出的估计量相对更优，因此，从这两组模型得到的股利调整速度值可以看出，我国的股利调整速度更接近于新兴市场，如印度、南非，而远远高于美国、德国等成熟市场，说明我国上市公司对股利进行平滑的程度相对较低。从目标股利支付率来看，四种不同估计方法测算得出的目标股利支付率介于20%~30%之间。

表5-3　　我国上市公司股利调整速度和目标股利支付率

	OLS	MG	SYS GMM	DIF GMM
DPS_{it-1}	0.5309***	0.3298***	0.2932***	0.2542***
	(6.65)	(7.42)	(9.27)	(5.83)
EPS_{it}	0.1439***	0.1482***	0.1928***	0.1605***
	(5.24)	(4.42)	(3.39)	(6.46)
_cons	0.0016	0.0248***	0.0039***	0.0268***
	(1.55)	(5.13)	(3.46)	(3.87)
R^2	0.6595	0.6485		
Sargan 检验			[0.1959]	[0.4400]
AR（1）			0.0000	0.0000
AR（2）			0.3019	0.9634
N	17162	17162	17104	14888
股利调整速度	0.4691	0.6702	0.7068	0.7458
目标股利支付率	30.67%	20.11%	27.28%	21.52%

注明：* 表示 $p<0.1$，** 表示 $p<0.05$，*** 表示 $p<0.01$。系数下方括号里的数字为 T 值或 Z 值。

需要说明的是，作为一致估计，要求差分GMM和系统GMM的扰动项不存在自相关，所以本书进行了扰动项的一阶差分和二阶差分相关性检验，结果显示扰动项的差分AR（1）存在一阶自相关，但不存在二阶自相关AR（2），说明使用差分GMM和系统GMM合理。同时用Sargan统计量对矩条件进行了过度识别检验，结果显示将滞后项作为工具变量有效。

三、管理层股权激励对股利平滑的影响

在应用经典股利局部调整模型检验我国上市公司整体股利平滑行为的基础上，本书建立了管理层股权激励对股利平滑的影响模型，来考察股权激励管理层可能存在的机会主义行为。

（一）主要变量描述性统计

表 5-4 是管理层股权激励对股利平滑影响模型主要变量的描述性统计。从表中可以看出，度量股利平滑的指标（RELVOL）的均值为 0.509，该数值小于 1，说明股利波动率小于盈余波动率，反映出我国上市公司存在一定程度的股利平滑行为，该值介于 0.026~2.993，说明上市公司之间的股利平滑程度差异明显；从股权激励后标识（JD_POST）变量来看，该变量均值为 0.116，股权激励后年份约占到总样本的 11.6%，该值总体较小，说明我国实施股权激励的上市公司总体比重不大。从分红管制哑变量（REDUM）来看，该变量均值为 0.796，说明《修改上市公司现金分红若干规定》实施之后的样本占到了 79.6%。从其他变量来看，第一大股东持股比例（TOP1）、资产规模（LNA）、资产收益率（ROA）、市值账面比（MB）、资产负债率（ALRATIO）、每股企业自由现金流（FCF）的统计值处在正常范围内。

表 5-4　　主要变量描述性统计

变量名	样本量	均值	标准差	最小值	中值	最大值
RELVOL	14845	0.509	0.412	0.0260	0.420	2.993
JD_POST	14845	0.116	0.320	0	0	1
TOP1	14845	0.365	0.153	0.034	0.349	1.000
LNA	14845	8.072	1.252	4.864	7.881	14.690
ROA	14830	0.058	0.053	0.000	0.045	0.6270
MB	14658	3.282	2.678	0.321	2.485	48.250
ALRATIO	14845	0.398	0.207	0.000	0.395	0.978
FCF	13855	0.676	1.535	0.000	0.347	80.420
REDUM	14845	0.796	0.403	0	10	10

（二）多时点双重差分模型回归结果

表 5-5 报告了股权激励计划实施对上市公司股利平滑影响回归结果，其中第一列报告了全样本回归结果，第二、第三、第四列分别报告了按市场类型划分的子样本回归结果（第二列对应 A 股主板，第三列对应创业板，第四列对

应中小板)①，第五列和第六列则是按照企业产权属性划分的子样本回归结果。

表 5-5　　　　　　**股权激励计划对上市公司股利平滑的影响**

	(1)	(2)	(3)	(4)	(5)	(6)
JD_POST	-0.0348*** (-5.20)	-0.0312*** (-4.46)	-0.0206*** (-3.26)	-0.0268*** (-4.84)	-0.0128 (-1.60)	-0.0325*** (-5.05)
TOP1	0.0993*** (4.87)	0.0393*** (4.66)	0.2617*** (4.45)	0.1593*** (3.93)	0.0100 (0.78)	0.1436*** (6.05)
LNA	-0.0260*** (-8.15)	-0.0153*** (-4.79)	-0.0239*** (-3.07)	-0.0344*** (-5.53)	-0.0058*** (-3.11)	-0.0299*** (-5.86)
ROA	-0.1324*** (-14.35)	-0.0964*** (-8.22)	-0.1321*** (-5.56)	-0.1685*** (-10.44)	-0.0886*** (-4.64)	-0.1275*** (-11.82)
MB	0.0049*** (5.23)	0.0025*** (3.83)	0.0070*** (4.49)	0.0060*** (5.05)	0.0008* (1.95)	0.0053*** (5.60)
ALRATIO	-0.0118*** (-3.64)	-0.0290*** (-7.29)	-0.0789*** (-8.15)	-0.0137** (-2.24)	-0.0324*** (-5.14)	0.0001 (0.03)
FCF	-0.0011*** (-4.74)	0.0002 (0.57)	-0.0046*** (-7.04)	-0.0051*** (-8.50)	-0.0003 (-0.40)	-0.0011*** (-4.21)
REDUM	-0.0435*** (-5.68)	-0.0387*** (-4.48)	0.0000 (0.00)	-0.0296*** (-3.91)	-0.0277*** (-3.95)	-0.0426*** (-5.53)
_cons	-0.0952*** (-12.81)	-0.0254** (-2.57)	-0.0686** (-2.52)	-0.1457*** (-11.40)	-0.0370** (-2.45)	-0.1169*** (-12.46)
年份	控制	控制	控制	控制	控制	控制
N	13839	8554	1397	3888	3438	10317
R^2	0.1410	0.1139	0.1783	0.1870	0.0975	0.1284

注：***、**、*分别表示 1%、5%、10%的显著性水平；括号中输出了经公司年度调整后的聚类标准误所对应的 *T* 值。

前四列回归结果显示，全样本和按市场类型划分的分样本中，股权激励后标识（JD_POST）与股利相对波动率变量（RELVOL）之间呈负相关且均在

① 第三列回归结果中，分红管制哑变量的系数为零，原因是创业板于 2009 年 10 月才正式开市。

1%的水平上显著，表明股权激励计划实施后，上市公司每股股利相对于每股收益的波动率变小，即相对于非股权激励上市公司，股权激励实施后，股权激励上市公司的股利平滑程度有所增加。该研究结果支持了假设 H5-1。

第五列和第六列结果显示，产权性质为国有的上市公司中，股权激励后标识（JD_POST）与股利相对波动率变量（RELVOL）之间并不相关，而产权性质为非国有的上市公司中，股权激励后标识（JD_POST）与股利相对波动率变量（RELVOL）之间在 1%的水平上显著正相关，这说明国有上市公司实施股权激励计划对公司股利平滑程度不明显，然而对于非国有公司而言，当公司实施股权激励计划后，其股利平滑程度明显增加，这说明非国有上市公司管理层通过股利平滑来间接影响自己的股权激励收益。该研究结果支持了假设 H5-3。

回归结果还揭示了股权集中度（TOP1）、市值账面比（MB）与股利相对波动率之间的正向关系，与股利平滑行为之间的负向关系。股权集中度越高，股利波动性越大，说明股权集中度越高的上市公司的股利平滑程度越低。该实证结论与 Javakhadzea 等（2014）的研究结论相同，Michaely 和 Roberts（2012）同样发现英国股权更分散的公司中有更多的股利平滑行为。股权集中度与股利平滑程度负相关的原因可能有两方面：其一，股权集中度越高的上市公司中，股东对管理层的监管和规制越强，因此，管理层的股利平滑行为更有可能被强有力的股东制止；其二，股权相对集中的大股东更希望股利发放反映公司的真实盈利状况。衡量公司成长性的指标市值账面比与股利平滑程度负向关，这与 Guttman 等（2010）的实证结论一致。

回归结果显示盈利指标（ROA）、资产负债率（ALRATIO）、资产规模（LNA）、管制年份（REDUM）则与股利平滑呈现正相关关系。盈利能力越强，则股利平滑程度越高，该结论与 Lintner（1956）的实证结论一致。资产负债率越高，则说明公司的融资约束越强，公司的外部融资成本也高，因此，公司倾向于维持平滑的股利支付向外部债权人传递公司运营情况尚可的信息。Easterbrook（1984）和 DeAngelo（2007）都指出自由现金流问题越严重的上市公司越倾向于股利平滑，本书的实证结果验证了该结论。资产规模越大，股利平滑程度越高，这与 Leary 和 Michaely（2011）的实证结论一致。管制年份后，我国上市公司股利政策表现出一定的平滑性特征，这说明国家出台的分红政策增加了股利与长期盈余之间的依存程度。

表 5-6 是股权激励上市公司管理层机会主义动机变量对公司股利平滑影响的回归结果。反映董事长或总经理机会主义动机的变量，CEO 激励哑变量（CEODUM）和 CEO 授予数量占比变量（CEOGRT），以及反映管理层整体的

机会主义动机变量，包括管理层激励人数占比（EXEGPR）、管理层授予数量占总授予数量比重（EXEGRT）、管理层授予数量占公司总股本比重（EXEGRT1）都与股利相对波动率指标成反比，即股权激励计划越向包括董事长和总经理在内的管理层倾斜，则股利波动率越小，股利平滑程度越高。该研究结果支持了假设 H5-2。

表 5-6　　**管理层机会主义动机对股权激励公司股利平滑的影响**

	(1)	(2)	(3)	(4)	(5)
EXEGRT	-0.0721*** (-4.78)				
CEOGRT		-0.1379*** (-3.87)			
CEODUM			-0.0328*** (-4.16)		
EXEGPR				-0.0762*** (-3.85)	
EXEGRT1					-0.8031*** (-4.05)
TOP1	0.1210*** (4.52)	0.1288*** (3.95)	0.1259*** (3.89)	0.1223*** (3.69)	0.1213*** (3.51)
LNA	-0.0329*** (-6.52)	-0.0363*** (-6.54)	-0.0331*** (-6.63)	-0.0307*** (-6.06)	-0.0331*** (-6.56)
ROA	-0.1846*** (-4.14)	-0.1867*** (-4.05)	-0.1909*** (-4.46)	-0.1902*** (-4.51)	-0.1914*** (-4.48)
MB	0.0051*** (5.66)	0.0052*** (5.65)	0.0052*** (5.19)	0.0051*** (5.09)	0.0051*** (5.74)
ALRATIO	0.0271 (1.04)	0.0282 (1.13)	0.0269 (1.00)	0.0267 (1.00)	0.0274 (1.08)
FCF	-0.0034*** (-5.11)	-0.0038*** (-5.60)	-0.0035*** (-5.22)	-0.0032*** (-4.83)	-0.0033*** (-4.99)
REDUM	-0.0515*** (-5.32)	-0.0507*** (-5.52)	-0.0529*** (-4.78)	-0.0527*** (-4.94)	-0.0513*** (-5.18)
_CONS	-0.1433*** (-10.52)	-0.1651*** (-12.00)	-0.1417*** (-10.34)	-0.1268*** (-9.24)	-0.1454*** (-10.64)

续表

	(1)	(2)	(3)	(4)	(5)
年份	控制	控制	控制	控制	控制
N	3316	3316	3316	3316	3316
R^2	0. 2109	0. 2072	0. 2175	0. 1969	0. 1870

注：***、**、*分别表示1%、5%、10%的显著性水平；括号中输出了经公司年度调整后的聚类标准误所对应的 T 值。

四、内生性考虑和稳健性检验

（一）内生性的进一步考虑

公司治理研究难免会受到内生性的干扰，包括选择偏误、遗漏变量和逆向因果等。首先，本书通过动态分析来展现试点前后试验组公司和对照组公司股利平滑程度的变化，以检验是否在股权激励计划实施之前，试验组公司的股利平滑程度较高。然后，本书通过使用基于 PSM 的 DID 方法，对股权激励计划对股利平滑的影响进行重新估计。

1. 内生性初步诊断：试点前两组公司股利平滑趋势

如果在股权激励计划实施之前，实验组的股利平滑程度较高，那么上市公司的股利平滑行为就有可能不是股权激励驱动，而是原有的趋势使然，说明试验组和对照组在试点之前不满足平行性假定，本书的估计结果有偏。参考 Bertrand 和 Mullainathan（2003）以及周黎安和陈烨（2005）的研究，本书构造模型（5.4）以检验对照组和试验组的平行性，同时也据此考察股权激励计划实施对上市公司股利平滑影响的动态效果：

$$\text{RELVOL}_{it} = \alpha_i + \beta_1 \text{Before}_{it} + \beta_2 \text{Current}_{it} + \beta_3 \text{After1}_{it} + \beta_4 \text{After2}_{it} + \beta_5 \text{After3}_{it} + \gamma' Z_{it} + \delta_t + \varphi_i + \varepsilon_{it} \qquad \text{模型 5. 4}$$

其中，Before_{it} 是虚拟变量，对于实验组实施股权激励计划之前 1 年的样本，Before_{it} 取值为 1，其他取 0；如果观测值是实验组实施股权激励计划当年的数据，则 Current_{it} 取值为 1；同理，After1_{it}、After2_{it} 和 After3_{it} 也是虚拟变量，表示观测值是实验组实施股权激励计划后的第 1、第 2、第 3 年；其他变量定义与模型 5.2 相同。如果模型 5.2 的估计满足平行性假定，那么 Before_{it} 的估计结果应该不显著，而 After1_{it}、After2_{it} 和 After3_{it} 的估计结果应该至少有一个显著为负。对 $Current_{it}$ 的估计结果则不作要求，因为加入实施股权激励计划当年，股权激励上市公司股利平滑程度改变有可能并不明显。

回归结果如表 5-7 所示，首先，结果显示 Before 的系数均为正且在统计意义上不显著，这表明在实施股权激励计划前一年，对照组和试验组公司的股利相对波动率并无显著差异，即表明本书的基础回归中双重差分估计量满足平行性假定。另外，除了第四列以外，其他 Current 的系数在 10%的统计水平上显著为负，说明加入标的当年，实施股权激励计划对实验组股利相对波动率就有些微影响。然而，对于 After1，After2 以及 After3，每一列至少有一个估计系数在 10%的水平上显著为负，表明实施股权激励计划的实施对实验组股利平滑确实有影响。

表 5-7　　　　平行性假定检验和动态效果分析

	(1)	(2)	(3)	(4)	(5)	(6)
Before	0.0235 (0.78)	0.0226 (0.91)	0.0061 (1.26)	0.0189 (1.38)	0.0234 (1.47)	0.0232 (1.52)
Current	−0.0041* (−1.75)	−0.0082* (−1.91)	−0.0100** (−2.36)	−0.0037 (−1.30)	−0.0230** (−2.27)	−0.0059** (−2.51)
After1	−0.0041 (−1.63)	−0.0072 (−1.55)	−0.0152*** (−3.40)	−0.0018 (−0.57)	−0.0277** (−2.16)	0.0012 (0.45)
After2	−0.0130*** (−4.63)	−0.0010 (−0.20)	−0.0215*** (−4.46)	−0.0054 (−1.53)	−0.0465*** (−3.14)	−0.0083*** (−2.97)
After3	−0.0223*** (−6.93)	−0.0052* (−1.90)	−0.0330*** (−6.01)	−0.0121*** (−2.99)	−0.0173 (−1.12)	−0.0165*** (−5.13)
TOP1	0.0010*** (4.78)	0.0003*** (3.33)	0.0025*** (4.47)	0.0017*** (4.61)	0.0009 (0.26)	0.0015*** (6.86)
LNA	−0.0115*** (−7.18)	−0.0006 (−0.63)	−0.0255*** (−4.14)	−0.0295*** (−4.75)	−0.0101*** (−6.94)	−0.0199*** (−9.28)
ROA	−0.1315*** (−13.57)	−0.0784*** (−6.39)	−0.1318*** (−5.74)	−0.1755*** (−10.67)	−0.0682*** (−3.45)	−0.1277*** (−11.49)
MB	0.0047*** (6.02)	0.0015*** (3.26)	0.0069*** (4.10)	0.0061*** (4.39)	0.0008 (0.94)	0.0052*** (6.60)
ALRATIO	−0.0107 (−0.58)	−0.0181*** (−4.41)	−0.0725*** (−7.89)	−0.0183*** (−2.97)	−0.0279*** (−4.33)	−0.0106*** (−2.65)
FCF	−0.0013*** (−5.44)	−0.0002 (−0.82)	−0.0048*** (−7.54)	−0.0052*** (−8.74)	0.0002 (0.27)	−0.0013*** (−4.96)
REDUM	−0.0446*** (−5.32)	−0.0388*** (−4.45)	0.0000 (0.00)	−0.0301*** (−3.74)	−0.0003 (−0.43)	−0.0312*** (−4.34)

续表

	(1)	(2)	(3)	(4)	(5)	(6)
_CONS	-0.0132*	0.0742***	-0.0746***	-0.1248***	-0.1557***	-0.0686***
	(-1.84)	(8.07)	(-2.90)	(-10.03)	(12.32)	(-7.56)
年份	控制	控制	控制	控制	控制	控制
N	13839	8554	1397	3888	3438	10317
R^2	0.1407	0.1078	0.1599	0.1731	0.0871	0.1235

注：***、**、*分别表示1%、5%、10%的显著性水平；括号中输出了经公司年度调整后的聚类标准误所对应的 T 值。

2. 潜在内生性的处理

根据模型的设定逻辑，DID 的估计结果可以消除一些不随时间变化的不可观察因素的影响，然而，这一效果严格依赖于对照组和试验组的样本的可比性。因此，本书参考 Chen 等（2015）的研究，并使用 Rosenbaum 和 Rubin（1983）最早提出的倾向得分匹配法（PSM）为试验组公司寻找对照，然后对混合样本进行多时点 DID 分析。

具体步骤如下：第一步，构造匹配样本。在全样本、市场分样本、股权性质分样本中匹配与股权激励上市公司相对应的非股权激励上市公司。第二步，通过 Logit 模型计算被实施股权激励计划上市公司的倾向得分（概率值）。其中，被解释变量是否实施股权激励计划，解释变量包括公司规模、资产负债率、市值账面比等，同时我们也控制了行业和年度固定效应。第三步，使用一对一非替代最近邻匹配法，对样本进行匹配。本书对匹配后的样本进行多时点 DID 估计，结果如表 5-8 所示。显然，JD_POST 变量系数仍然显著为负，证明了本书结论的可靠性。

表 5-8　**内生性的进一步处理：PSM—DID**

	(1)	(2)	(3)	(4)	(5)	(6)
JD_POST	-0.0343***	-0.0362***	-0.0213***	-0.0273***	-0.0150	-0.0345***
	(-5.69)	(-4.82)	(-3.35)	(-4.77)	(-1.60)	(-5.08)
TOP1	0.1136***	0.0426**	0.2598***	0.1422***	0.1106	0.1304***
	(4.58)	(2.28)	(3.97)	(3.46)	(1.58)	(3.72)

续表

	(1)	(2)	(3)	(4)	(5)	(6)
LNA	-0.0286***	-0.0144***	-0.0254***	-0.0368***	-0.0047	-0.0306***
	(-7.15)	(-5.42)	(-7.08)	(-5.30)	(-0.57)	(-5.97)
ROA	-0.1148***	-0.0672***	-0.1287***	-0.1658***	-0.2582***	-0.1027***
	(-9.21)	(-3.17)	(-5.07)	(-8.65)	(-3.71)	(-7.83)
MB	0.0042***	0.0021***	0.0067***	0.0052***	0.0035***	0.0044***
	(4.41)	(5.54)	(4.45)	(4.70)	(2.75)	(4.92)
ALRATIO	-0.0099*	-0.0019	-0.0770***	-0.0259***	-0.0252	-0.0058
	(-1.85)	(-0.21)	(-7.45)	(-3.64)	(-0.92)	(-1.08)
FCF	-0.0019***	0.0002	-0.0044***	-0.0052***	-0.0029	-0.0019***
	(-4.69)	(0.43)	(-6.18)	(-6.97)	(-0.87)	(-4.11)
REDUM	-0.0471***	-0.0442***	0.0000	-0.0317***	-0.0244**	-0.0464***
	(-25.91)	(-14.48)	(0.00)	(-11.39)	(-2.55)	(-22.56)
_CONS	-0.1171***	-0.0392*	-0.0808***	-0.1753***	-0.0036	-0.1261***
	(-10.24)	(-1.79)	(-2.81)	(-11.36)	(-0.05)	(-10.27)
年份	控制	控制	控制	控制	控制	控制
N	6291	2196	1267	2808	274	5832
R^2	0.1607	0.1667	0.1870	0.2083	0.2085	0.1876

注：***、**、*分别表示1%、5%、10%的显著性水平；括号中输出了经公司年度调整后的聚类标准误所对应的 T 值。

（二）稳健性检验

我国上市公司股利分配的监管制度设计中，将“现金股利占利润分配的比例”作为约束上市公司再融资的重要指标。利润分配由多个变量来衡量，在本书的回归模型中，考察的是每股现金股利相对于每股收益的相对波动率，在此基础上，本书用每股可分配利润作为每股收益的替代指标，重新构建股利相对波动率来进行稳健性检验，回归结果见表5-7。可见，本书的结论依然稳健。

表 5-9　　稳健性检验

	(1)	(2)	(3)	(4)	(5)	(6)
JD_POST	-0.0164***	-0.0138***	-0.0110***	-0.0112***	-0.0072	-0.0162***
	(-4.70)	(-4.06)	(-3.99)	(-4.23)	(-1.31)	(-4.67)
TOP1	0.0530***	0.0229***	0.1449***	0.0839***	0.0171	0.0732***
	(4.45)	(4.88)	(4.46)	(3.49)	(1.41)	(5.02)
LNA	-0.0134***	-0.0089***	-0.0128***	-0.0158***	-0.0075***	-0.0143***
	(-7.00)	(-4.05)	(-6.86)	(-4.18)	(-3.25)	(-4.22)
ROA	-0.0636***	-0.0436***	-0.0726***	-0.0874***	-0.0329***	-0.0649***
	(-14.28)	(-8.07)	(-5.53)	(-9.94)	(-4.39)	(-11.79)
MB	0.0030***	0.0020***	0.0039***	0.0035***	0.0013***	0.0033***
	(5.17)	(3.45)	(4.70)	(4.95)	(4.08)	(5.97)
ALRATIO	-0.0053***	-0.0150***	-0.0425***	-0.0080**	-0.0121***	-0.0013
	(-3.40)	(-8.19)	(-7.95)	(-2.41)	(-4.87)	(-0.65)
FCF	-0.0005***	0.0001	-0.0024***	-0.0027***	-0.0002	-0.0006***
	(-4.70)	(0.96)	(-6.75)	(-8.41)	(-0.65)	(-4.40)
REDUM	-0.0213***	-0.0194***	0.0000	-0.0214***	-0.0155***	-0.0236***
	(-42.07)	(-29.81)	(0.00)	(-17.17)	(-19.86)	(-29.88)
_CONS	-0.0511***	-0.0222***	-0.0377**	-0.0545***	-0.0173***	-0.0502***
	(-14.29)	(-4.88)	(-2.50)	(-7.86)	(-2.92)	(-10.50)
年份	控制	控制	控制	控制	控制	控制
N	13839	8554	1397	3888	3438	10317
R^2	0.1389	0.1201	0.1765	0.1759	0.1036	0.1295

注：***、**、*分别表示 1%、5%、10%的显著性水平；括号中输出了经公司年度调整后的聚类标准误所对应的 T 值。

此外，本书还尝试用托宾 Q 值指标替换 MB 指标，用营业收入增长率替代 ROA 指标，用每股负债替代 ALRATIO 指标，用有形资产对数替代 LNA 指标，其管理层股权激励对公司股利平滑的影响结果依然稳健。

本章小结

在西方发达国家的股利政策实践中，公司对股利发放进行平滑的现象越来越普遍，学者探究了背后的原因，发现管理层动机是影响股利平滑的主要因素之一。相比之下，尽管国内文献专门对我国公司股利政策的平滑性特征和影响因素进行探讨，但几乎没有管理层动机和行为角度来对公司股利平滑过程进行解释。股利平滑是股利政策的重要方面，管理层作为公司股利政策制定和实施的关键角色，被授权制订股权激励计划时，会从自利的角度来影响股利平滑程度。

基于此，本章对管理层股权激励如何影响股利平滑进行实证检验。首先，本书应用中国 A 股上市公司股利和盈余数据，分别使用最小二乘法（OLS）、组内估计法（MG）、系统 GMM 和差分 GMM 对经典的 Lintner（1956）股利调整模型进行估计，考察我国上市公司整体的股利平滑程度。在此基础上，应用 Leary 和 Michaely（2011）自由模型非参数方法构建股利相对盈余波动率来测度股利平滑程度，建立多时点的双重差分模型考察管理层股权激励对公司股利平滑的影响，得出的结论如下：（1）股利调整速度（SOA）介于 0.47～0.75，说明我国上市公司存在股利平滑行为。（2）相较于非股权激励上市公司，股权激励上市公司实施股权激励计划后，其股利平滑程度显著增强，证明股权激励管理层通过股利平滑来维持甚至放大股权激励收益。（3）股权激励计划授予对象、授予数量越向管理层倾斜，则股利平滑程度越高，说明管理层机会主义动机与股利平滑程度成正比。（4）股权激励计划的实施对国有上市公司的股利平滑行为影响不显著，但非国有上市公司实施股权激励计划后其股利平滑程度显著上升。同时本书还发现现金流、盈利、负债、成长性、股权集中度等公司特征变量是影响上市公司股利平滑的因素。

本章的实证结论丰富了管理层机会主义行为对股利政策影响研究领域的相关文献，管理层为了维持股权激励收益，有意识地根据公司的长期盈利对股利发放进行了平滑。然而，管理层对股利进行平滑的行为可能会带来负面影响：一是管理层的股利平滑行为本身就存在成本；二是公司股利平滑行为切断了当期股利支付率和当期盈余之间的关联，使得股利分配难以反映公司的当前和未来盈余状况，从而股利的信号传递作用失真，投资者应用公司股利分配信息来指导投资行为的难度增加。

第六章 股权激励下管理层机会主义行为的经济后果

前文实证研究结果表明，股权激励下管理层存在机会主义行为，通过影响股利分配水平、有偏好地选择股利分配方式和股利平滑来实现最大化股权激励收益目标。那么，股权激励下管理层的机会主义行为对公司造成怎样的经济后果？具体而言，管理层究竟获得了多少股权激励收益？股利分配决策在多大程度上放大了股权激励收益？股权激励下管理层的机会主义行为对公司业绩造成怎样的影响？本章试图回答这些问题。

由于发达国家管理层薪酬披露完善，学者可以精确地测算出管理层机会主义行为所获股权激励收益和对公司价值的损害程度（Narayanan，2008；Bernile 和 Jarrel，2009；Burcu 等，2016）。相比之下，目前我国制度规定仅要求披露管理层的报告期薪酬总额和股权激励授予情况。基于已有数据，现有国内研究多集中讨论管理层的报告期薪酬差距对公司和投资者造成的负面影响（陈胜蓝和卢锐，2011；黎文靖和胡玉明 2012；雷霆和周嘉南，2014），对管理层股权激励薪酬合理性及其经济后果研究不足。基于此，本章尝试从管理层股权激励计划行权环节对管理层股权激励收益进行测算，并对股利分配、管理层股权激励收益、公司业绩三者关系进行研究，判断管理层所获激励收益的合理性。研究发现，股权激励管理层所获股权激励收益远超报告期薪酬，行权前公司股利分配程度越大则管理层所获股权激励收益越高，管理层的“自肥”行为并没有长期提升公司价值，当管理层股权激励收益实现后，公司业绩显著下滑。本章的研究对公司管理层薪酬水平和结构的制订有借鉴意义，同时丰富了股权激励长期效应研究文献。

第一节　理论分析和研究假说

一、理论分析

有效契约论的支持者认为，股权激励计划将股东和管理层之间利益联结在一起，降低了管理层的机会主义成本（Hall 和 Murphy，2003）和道德风险（Beyer 等，2014），因此，管理层股权激励薪酬方案能够促使公司业绩的提升。Dittmann 和 Maug（2007）比较了股权激励薪酬、固定薪酬与公司业绩之间的敏感性，发现与固定薪酬相比，股权激励薪酬与公司业绩之间的敏感性显著更高，由此作者认为股权激励薪酬能有效减少委托代理成本。刘佑铭（2012）发现股权激励计划有助于抑制管理层的超额消费、过度投资和闲置资金侵占，从而对上市公司的绩效具有提升作用。

然而，随着股权激励计划的大面积施行，管理层道德风险逐渐显现，使股权激励效果大打折扣。金融危机期间，美国国际集团 AIG 用政府救助资金向管理层支付了 1.65 亿美元的奖金，引发激烈的讨论和争议。尽管如此，危机后西方发达国家 CEO 薪酬尤其是股权激励薪酬仍扶摇直上，管理层和普通员工收入差距急剧扩大，使股权激励计划备受指责。① 与西方发达国家类似，我国上市公司管理层薪酬也是备受质疑。2008 年中国平安集团年报披露，2007 年平安集团 3 名管理层税前薪酬超过了 4000 万元；据 wind 数据库统计，不含股权激励薪酬，2016 年上市公司管理层薪酬均值为 709.66 万元，约为员工人均薪酬的 53.8 倍②；管理层薪酬与公司业绩脱钩的信息也频频见于媒体报端。③ 管理层薪酬激励不仅是公司治理问题，而且引发“仇富”等一系列社会问题。

股权激励为何没有达到预期的激励效应，相反引发管理层的道德风险？管理层权力论和行为金融学理论对此进行了解释。管理层权力论（Bebchuk 和

---

① 2015 年，标准普尔 500 指数成分股公司 CEO 薪酬中位数 1080 万美元，约为普通员工的 335 倍，富时 100 指数成分股公司 CEO 薪酬中位数 550 万元英镑，为普通员工的 140 倍。资料来源：http：//ifinance. ifeng. com/14769735/share. shtml.

② 各上市公司在 2016 年的年报中披露了年均薪酬水平，在沪深两市 3314 家上市公司中，平均薪酬为 13.19 万，其中员工人均薪酬在 10 万以上的，有 1687 家。

③ 矫月：《近四成上市公司高管年薪与业绩“脱钩”》，载《证券日报》2016 年 2 月 24 日。

Fried，2004）断言管理层股权激励薪酬实践恰恰反映了薪酬契约的无效和公司治理的失败，董事会制定的薪酬契约不能最大化股东价值，相反被管理层用来最大化私利。进一步地，从行为金融学理论出发的学者们认为，个人决策是从自身财富角度出发、对未来不确定性进行应对的结果，与公司业绩挂钩的CEO 薪酬能传递 CEO 的行为决策信息（Angelis 和 Grinstein，2014），股权激励管理层会选择那些能影响公司价值或股票价格的决策，来实现自身财富的最大化（Devers 等，2008；Martin 等，2012）。

管理层的机会主义行为给管理层带来了丰厚的股权激励收益。Jolls（2016）① 指出由于股票回购不会稀释股东的股票价格，所以管理层有动机用股票回购替代现金分红来放大股权激励收益，Jolls 发现股票回购行为使样本公司中管理层所持股票期权价值平均增加了 345000 美元。Narayanan 等（2008）发现美国 2000—2004 年期权授予日"倒签"导致股东平均遭受 7%的损失，每个公司损失约 4 亿美元，而每家公司的管理层每年大约平均获得的激励收益超过 50 万美元。Burcu 等（2016）发现在 2008—2014 年，管理层通过选择性信息披露使管理层的股权激励收益增加了 6%左右。

然而，管理层放大自身所获激励收益的机会主义行为，给公司带来了负面效应，甚至以公司长期价值和股东利益为代价。美国部分媒体和学者认为，股权激励薪酬，特别是管理层股权激励计划，加大了管理层"短视主义"倾向（Benmelech 等，2010；Burcu 等，2016；Martin 等，2016），股权激励收益直接与股价或会计指标相挂钩，促使管理层更关注短期股票价格和盈余指标，而不是长期股价表现。正因为如此，管理层为了增加自身的回报，将大量的公司资金用于股票回购，使一些能提升公司长期价值的决策（如长期投资、研发和创新、人力资本投资等）被搁浅，从而损害公司了长期的市场价值。②

Bernile 和 Jarrell（2009）分析了股票期权授予日"倒签"的经济后果，发现股票期权授予公告事件累积异常回报率高达-4.5%，进一步地，作者发现管理层的机会主义行为极大地损害了股东的利益，增加了企业付现成本（如内部调查、股东诉讼、税务问题等）和代理成本。美国期权授予日"倒签"

---

① Christine Joll. "Stock Repurchases and Incentive Compensation" . NBER Working Paper No. 6467. last accessed Jan. 23，2016. http：//www. nber. org/digest/nov98/w8467. html

② Martin Lipton，Wachtell，Lipton，Rosen & Katz. "Is Short-Term Behavior Jeopardizing the Future Prosperity of Business?". Friday，October 30，2015. http：//www. conferenceboard. org/short-termism.

丑闻爆发后，美国证券交易委员会要求公司自 2007 年起充分披露管理层期权授予信息，此后公司选择固定时间授予股票期权，然而，管理层却采取了其他方式来放大股权激励收益，比如选择性地信息披露，在股权激励授予之前披露坏消息，使股票期权行权价格定在股票价格较低之时。

Benmelech 等（2010）认为美国 20 世纪 90 年代高科技的繁荣和萧条、2007—2008 年的金融危机都与股权激励管理层行为决策有关。美国 20 世纪 90 年代的高科技繁荣以高增长预期、高股权激励薪酬为特征，股权激励管理层为了放大股权激励收益不断推高股票价格，最终导致了高科技企业的萧条。类似地，在 2007—2008 年的金融危机中，金融机构的投资行为极度缺乏透明度，为了维持股权激励收益，管理层选择隐瞒投资增长率下降的事实，使公司价值严重高估，最终导致股票价格的崩塌。金融危机后，美国政府采取一系列限制企业管理层薪酬的措施，如 2010 年《多德—弗兰克华尔街改革与消费者保护法案》要求上市公司每三年至少进行一次“股东决定薪酬”（Say on Pay）投票，2015 年 8 月，美国证券交易委员会要求上市公司公开管理层与中位员工的收入比等，试图通过对更严格的管理层薪酬信息披露来抑制管理层的机会主义行为。

近年来，国内学者结合管理层薪酬多元化发展趋势，对薪酬差距扩大的成因和经济后果展开研究。部分研究支持锦标赛理论①，认为管理层薪酬差距会提升管理层努力水平，提高公司业绩（周权雄和朱卫平，2010；刘春和孙亮，2010）。然而，也有研究支持管理层权力论，认为薪酬差距是管理层机会主义行为的表现，其激励效应并不明显。吴育辉和吴世农（2010）以 2004—2008 年 A 股上市公司为研究对象，发现管理层薪酬水平提高是管理层自利行为的结果，并削弱了薪酬的激励作用。陈胜蓝和卢锐（2011）研究发现，近几年上市公司管理层薪酬的高速增长导致股权激励上市公司高管使用会计操纵权增加股权激励收益，从而损害广大投资者的利益。黎文靖和胡玉明（2012）则以 2003—2010 年制造行业国有上市公司为样本，发现薪酬差距可能带来负面的经济后果，差距越大，管理层进行无效率投资的概率越大。雷霆和周嘉南（2014）指出股权激励计划扩大了管理层的薪酬差距，股权激励和管理层薪酬差距的交互作用使得企业权益成本提高。

---

① 锦标赛理论认为薪酬高低是员工进行锦标赛的结果，获胜的员工获得最高的薪酬，这种锦标赛模式能提升企业的业绩。Rosen S.. “Prizes and Incentives in Elimination Tournaments.” *American Economic Review*, Vol. 76, 1986, pp. 701-715.

显然，实证研究表明股权激励诱发管理层机会主义行为，使管理层薪酬差距扩大并带来负面经济后果。由于发达国家管理层薪酬披露完善，使得股权激励收益得以精确地计量。相比之下，我国管理层薪酬披露制度建立得较晚，目前上市公司依据《公开发行证券的公司信息披露内容与格式准则第 2 号——年度报告的内容与格式》对管理层薪酬进行披露，要求披露每一位管理层在报告期内从公司获得的税前报酬总额，以及管理层股权激励授予情况。然而，股权激励信息仅披露既定的授予数量和授予价格，披露的薪酬总额也不包含管理层所获股权激励薪酬。因此，对于投资者来说，他们并不能知晓管理层所获股权激励收益。

当前，国内学者集中讨论股权激励授予与公司业绩之间的关系，鲜有从股权激励行权角度，探讨管理层股权激励收益与公司业绩的关系。而本书认为，管理层通过影响股利决策来放大股权激励收益，而这一过程势必对公司的业绩产生影响。基于此，本章首先对管理层所获股权激励收益进行测算，然后实证检验管理层的股利分配决策是否能放大管理层股权激励收益，进一步地，通过比较管理层股权激励收益实现前后公司业绩的变化，来判断管理层股权激励收益的合理性和管理层股权激励的长期效应。

二、研究假说

Martin 等（2016）用行为金融学理论解释了 CEO 股票期权授予和 CEO 决策之间的关系，发现当 CEO 持有大量的股权激励工具时，更倾向于用短视主义行为来尽快地积攒个人财富。为最大化股权激励收益，管理层会尽可能放大每份股权激励工具的增值空间，一方面尽可能地压低授予价格或行权价格，另一方面提升公司的股票价格。因此，持有股权激励工具的管理层在面临股利分配决策时，会从自身财富角度选择能放大股权激励收益的股利分配水平和方式。在我国上市公司为股权激励工具进行股利保护的背景下，行权前提高股利分配水平、更偏好地选择股票股利分配方式是管理层积攒财富的有效措施，因此，可以预期，行权前公司股利分配程度与管理层所获股权激励收益成正比。

基于以上分析，本书提出以下假设：

H6-1：行权前公司股利分配程度越高，则管理层所获股权激励收益越大。

管理层，尤其是董事长或总经理是制订和执行公司各项决策的核心。只有当包括董事长和总经理在内的管理层持有可行权的股权激励工具时，他们才会去密切关注影响股权激励收益的因素并对这些因素施加影响。因此，股权激励收益放大程度应与管理层行权比例相关，行权比例越高的管理层更有动机去影响公司的股利政策来攫取股权激励收益，而董事长和总经理作为股利政策决策者，其行权比例的大小也应与股权激励收益的放大程度成正比。

基于以上分析，本书提出以下假设：

H6-2：管理层行权比例越高，管理层机会主义动机越大，管理层所获股权激励收益越大。

当对管理层约束不足且股权激励契约不完备时，股权激励计划会滋生管理层的“短视主义”行为，即管理层为了私人收益不惜以牺牲公司的长期盈利能力为代价。我国绝大多数股权激励计划有效期为四年左右，即一年锁定期满后管理层在三年内分批行权。这种设计使管理层更加关注股价表现和股权激励工具增值的空间，他们会更多地选择投资那些快速增加短期盈利的项目，而减少对长期项目的投资，从而使公司业绩未来增长空间受限。另一方面，管理层股权激励收益的实现增加了企业的费用，进一步降低了公司的业绩。

基于以上分析，本书提出如下假设：

H6-3：管理层股权激励收益实现后，公司业绩下滑明显。

当股权激励计划成为管理层寻租的工具时，其促进公司价值增长的作用被弱化，公司价值下滑。而管理层股权激励收益实现后的公司业绩变化程度与管理层所获收益规模相关。管理层获得的股权激励收益越高，表明其攫取私利的水平越大，公司和投资者所受的侵害程度越大，公司价值下滑越明显。

基于以上分析，本书提出如下假设：

H6-4：管理层股权激励收益越高，公司业绩下滑程度越大。

第二节 数据、模型与研究变量

一、数据的选择和处理

为检验股权激励管理层机会主义行为的经济后果，本书需测算管理层从行权中所获得的股权激励收益，并分析管理层股权激励收益实现后公司业绩的变化。因此，本章的研究对象为有完整股权激励周期（授予—行权—行权结束）的上市公司。为充分观察行权后公司业绩变化，本书选取 2014 年前已经行权结束且在之后两年内没有实施股权激励计划的上市公司为样本。经筛选，最终获得 249 次股权激励计划行权数据。① 研究管理层股权激励收益实现公司业绩变化时，按同一年份、同一行业、相近规模三个标准为实验组（股权激励上市公司）匹配出对照组样本（非股权激励上市公司），共获得 942 个公司的年观测值。本章的股权激励行权明细数据为笔者根据新浪网的上市公司公告进行手工整理，股价、股利分配、管理层薪酬、财务数据、公司治理数据来自国泰安数据库。为避免离群值的影响，本书对所有连续变量在 1%的水平上进行缩尾处理。

二、股利分配对管理层激励收益的影响模型

本书在进行豪斯曼检验的基础上，建立固定效应模型对假设 6.1 和假设 6.2 进行验证，所建立的回归模型如下：

$$\text{GAINPS}_{it} = \alpha_i + \beta_1 \text{DIVDE}_{it-1} + \gamma' Z_{it} + \delta_t + u_{i+}\varepsilon_{it} \quad \text{模型 6.1}$$

$$\text{GAINPS}_{it} = \alpha_i + \beta_1 \text{DIVDE}_{it-1} + \beta_2 \text{CEOVRT}_{it} + \gamma' Z_{it} + \delta_t + u_{i+}\varepsilon_{it} \quad \text{模型 6.2}$$

$$\text{GAINPS}_{it} = \alpha_i + \beta_1 \text{DIVDE}_{it-1} + \beta_2 \text{EXEVRT}_{it} + \gamma' Z_{it} + \delta_t + u_{i+}\varepsilon_{it} \quad \text{模型 6.3}$$

被解释变量为每股激励收益放大幅度（GAINPS），模型 6.1 考察前期的股利分配程度（DIVDE）与当期每股激励收益放大幅度的逻辑关系，即上市公司股利分配是否能放大股权激励收益。模型 6.2 和 6.3 则在模型 6.1 的基础上，考察管理层机会主义动机变量（董事长和总经理行权比例 CEORT、管理层行权比例 EXERT）对每股激励收益的放大效应。Z_{it} 为控制变量，δ_t 为时间效应，u_i 为个体效应，ε_{it} 为随机干扰项。

三、管理层激励收益实现后公司业绩变化模型

进一步地，本书建立如下固定效应模型考察管理层激励收益实现后公司的业绩变化：

$$\text{Performance}_{it} = \alpha_i + \beta_1 \text{GAINED}_{it} + \gamma' Z_{it} + \delta_t + u_{i+}\varepsilon_{it} \quad \text{模型 6.4}$$

$$\text{Performance}_{it} = \alpha_i + \beta_1 \text{GAINED}_{it} + \beta_2 HG_{it}\,\text{GAINED}_{it} + \beta_3 HG_{it} + \gamma' Z_{it} + \delta_t + u_{i+}\varepsilon_{it} \cdots \quad \text{模型 6.5}$$

被解释变量是公司业绩表现，具体选择了净资产收益率（ROE）、加权平均净资产收益率（ROE_W）和扣除非经常性损益的净资产收益率（ROE_D），

① 样本有效行权数量只有 249 次的原因有两点：一是具有完整股权激励周期的上市公司样本较少；二是部分上市公司在股权激励草案中规定了行权的批次，然而，实践中，会出现行权部分批次的情形。

其中，ROE_W 指标反映公司盈利的动态变化，ROE_D 指标则提出了盈余管理的影响。模型 6.4 考察行权结束前后（股权激励收益实现年份虚拟变量，GAINED）公司业绩的变化，模型 6.5 加入了股权激励收益程度虚拟变量（HG）和交互项，考察股权激励收益大小对公司业绩的调节效应。

四、变量构造与说明

（一）股权激励收益变量

1. 管理层股权激励收益 GAIN

对于限制性股票而言，管理层股权激励收益=行权数量×(市场价格-授予价格)，对于股票期权而言，管理层股权激励收益=行权数量×(市场价格-行权价格)，显然，股权激励收益随着价格、数量变化而变化。由于我国上市公司对股权激励计划设置了股利保护条款，授予数量、授予价格、行权价格都会随着股利分配而调整，同时，管理层所持的股权激励工具数量也会随着分期行权而逐渐调整。股权激励计划的关键时点如图 6-1 中的数轴所示。

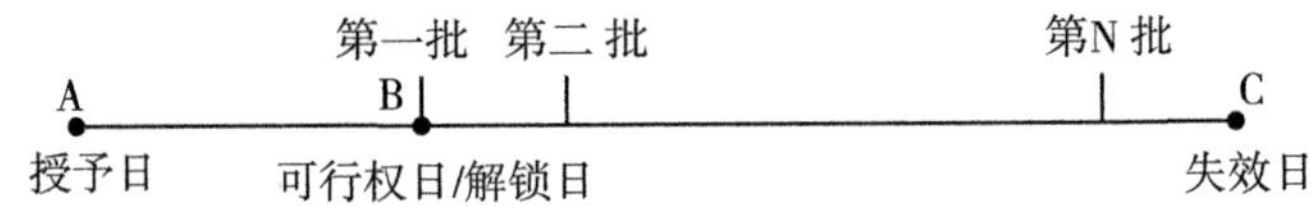

图 6-1 股权激励计划的关键时点

A 点为股权激励工具的授予日，B 点为股票期权的可行权日或限制性股票的解锁日，C 点为股权激励计划的失效日；授予日和可行权日/解锁日之间的时间间隔称为等待期（股票期权）或禁售期（限制性股票），可行权日/解锁日和失效日之间的时间间隔称为行权期（股票期权）或解锁期（限制性股票）。实践中，上市公司多采取分批行权或分批解锁，以数轴上的批次所表示。

在这一过程中，授予价格、授予数量、行权数量、股权激励收益分别如以下公式所示：

$$P_{it} = \frac{P_{it-1} - d_{it-1}}{(1 + s_{it-1})} \tag{6.1}$$

$$Q_{it} = Q_{it-1} * (1 + s_{it-1}) \tag{6.2}$$

$$W_{ik} = Q_{it} * r_{ik} \tag{6.3}$$

$$\mathrm{GAIN}_i = \sum_{k=1}^{n} W_{ik}(\mathrm{stockprice}_{ik} - P_{ik}) \tag{6.4}$$

P_{it} 为第 i 个公司的股权激励计划在 t 时刻的授予价格或行权价格，d_{it-1} 为第 i 个公司在 t 时刻上一期的现金股利发放水平，s_{it-1} 为第 i 个公司在 t 时刻上一期的送股比和转增比之和，Q_{it} 为第 i 个公司的股权激励计划在 t 时刻的授予数量，W_{ik} 为第 i 个公司的股权激励计划的第 k 批可行权/可解锁数量，r_{ik} 为行权比例，GAIN_i 为第 i 个公司的股权激励计划的激励收益，$\mathrm{stockprice}_{ik}$ 为第 i 个公司第 k 批行权/解锁标的股票的售出价格，P_{ik} 为第 i 个公司第 k 批行权/解锁的股权激励工具的授予价格或行权价格。

2. 每股激励收益放大幅度 GAINPS

考虑到绝大多数上市公司要求激励对象所持可行权股权激励工具在一年内行权，所以本书选取自每批可行权日/解锁日算起的一年内公司平均收盘价作为标的股票售出价格的测算变量。此时，每股激励收益放大幅度（GAINPS）可用每股激励收益（$\mathrm{stockprice}_{ik} - P_{ik}$）与 P_{ik} 的比值来测度。

3. 股权激励收益实现年份虚拟变量 GAINED

本书以 2014 年前已经行权结束且随后两年内没有实施股权激励计划的上市公司为研究对象，通过观察行权结束前后公司业绩的变化，来检验管理层股权激励收益实现之后的经济后果。因此，本书设计股权激励收益实现年份虚拟变量为解释变量，即公司某期股权激励计划行权结束当年及以后年份取 1①，授予当年至行权结束的前一年取 0。

4. 股权激励收益程度虚拟变量 HG

为观察股权激励收益实现的公司业绩变化是否因股权激励收益大小不同而不同，本书将上市公司管理层所获股权激励收益按 50%分位划分为两组，股权激励收益值大于 50%分位的上市公司取 1，表示高股权激励收益组，低于 50%分位的上市公司取 0，表示低股权激励收益组。

（二）股利分配程度

上市公司如果在股权激励计划行权之前进行股利分配，则行权价格或授予

---

① 实际数据处理时，考虑了公司发布多期股权激励计划的情形。例如，A 公司在 2006 年发布第一期股权激励计划草案，2011 年第一期股权激励计划行权结束，2014 年 A 公司发布第二期股权激励计划，则该公司的研究期间为 2006—2013 年，之所以将 2014 年及以后年份排除在外，是因为第二期股权激励计划会干扰分析第一期股权激励计划行权对公司业绩的影响。此例中，2006—2010 年，GAINED 变量取 0，2011—2013 年，GAINED 变量取 1。

价格会下调，所以行权价格或授予价格的变动则可以反映公司股利变化，因此，该批行权价格或授予价格变动累计值 $\sum_{t-2}^{t-1} \Delta P_{it-1}$ 与行权价格或授予价格 P_{it-1} 的比值可以度量股利分配程度（DIVDE）。

（三）管理层机会主义动机

理论上而言，管理层机会主义动机越大，则每股激励收益放大幅度越大。本章考察的是管理层行权情况，具体选择了 CEO 行权数量占总行权数量的比值（CEOVRT）、管理层行权数量占总行权数量的比值（EXEVRT）两个变量来衡量管理层机会主义动机。

（四）公司业绩

国内研究多采用会计指标来衡量公司业绩，本书选择经营业绩的核心指标净资产收益率作为公司业绩的代理变量，具体选择了净资产收益率（ROE）、加权平均净资产收益率（ROE_W）和扣除非经常性损益的净资产收益率（ROE_D）。其中，ROE_W 能动态地反映公司净资产创造利润的能力，ROE_D 指标控制了公司盈余管理因素，能更真实公允地反映公司的盈利能力。

（五）其他变量

本章第一组模型考察股利分配程度、管理层机会主义动机对每股激励收益放大幅度的影响，在控制变量上，借鉴已有研究（顾小龙等，2015；肖浩和孔爱国，2014；权小锋等，2010；王雄元和何捷，2012），我们控制了以下因素的影响：公司股权性质（STATE）、总经理和董事长兼职情况（DUAL）、股权制衡程度（SINDEX）、资产规模（LNA）、盈利状况（ROA）、资产负债率（ALRATIO）、换手率（DTURN）和机构投资者持股比例（INSHLD）。

本章第二组模型考察管理层股权激励收益实现后的公司业绩变化，在控制变量上，借鉴已有研究（林大庞和苏东蔚，2011；刘孟辉和高友才，2015；Cornett，2008；高雷和宋顺林，2007），我们控制了以下因素的影响：公司股权性质（STATE）、总经理和董事长兼职情况（DUAL）、股权集中度（HINDEX）、无形资产比例（INTRT）、资产负债率（ALRATIO）、机构投资者持股比例（INSHLD）、独立董事所占比例（INDIRT）和审计质量变量（AUDITTYE）。变量定义和说明见表 6-1。

表 6-1　　**变量定义和说明**

变量简写	变量名称	变量计算及说明
GAINPS	每股激励收益放大幅度	每股激励收益/该批股权激励计划的行权价格或授予价格，具体计算参见变量构造
ROE	净资产收益率	当期净利润/［（期初净资产+期末净资产）/2］
ROE_W	加权平均净资产收益率	当期净利润/［（期初净资产+期末净资产）/2+当期发行新股或配股新增净资产×（自缴款结束日下一月份至报告期末的月份数-6）/12］
ROE_D	扣除非经常性损益后的加权平均净资产收益率	（净利润-非经常性损益）/［（期初净资产+期末净资产）/2］
DIVDE	股利分配幅度	该批行权价格或授予价格变动累计值与上期行权价格或授予价格之比，具体计算参见变量构造
GAINED	股权激励收益实现年份虚拟变量	公司某期股权激励计划行权结束当年及以后年份取 1，否则取 0
HG	股权激励收益程度虚拟变量	股权激励收益值大于 50%分位的上市公司取 1，低于 50%分位的上市公司取 0
CEOVRT	CEO 行权数量占比	董事长或总经理行权数量占行权数量的比例
EXEVRT	管理层行权数量占比	管理层行权数量占行权数量的比例
STATE	上市公司股权性质	最终控制人为国有则取 1，其他取 0
DUAL	总经理和董事长兼职情况	董事长和总经理为同一人则取 1，否则取 0
SINDEX	S 指数	第二大股东至第十大股东持股比例和
HINDEX	H 指数	第一大股东持股比例的平方
LNA	资产对数	年末资产总额的自然对数
INTRT	无形资产比例	年末无形资产总额/年末总资产总额
ROA	资产收益率	当年净利润/［（期初资产总额+期末资产总额）/2］
ALRATIO	资产负债率	年末负债总额/年末资产总额
DTURN	换手率	当期交易股数/当期流通股股数
INDHLD	机构投资者持股比例	年末机构投资者持股比例
INDIRT	独立董事占比	独立董事人数占董事会人数的比值
AUDITTYE	审计意见虚拟变量	出具标准无保留意见取 1，否则取 0

第三节　实证结果与分析

一、管理层股权激励收益

表6-2列示了样本期间249次管理层股权激励行权所获激励收益测算结果。整体来看，上市公司管理层股权激励收益均值为3684万元，显然股权激励计划给公司管理层来带颇为可观的财富。所含样本中，估算的股权激励薪酬最大值为7.288亿元①，股权激励薪酬均值最高值则出现在2007年，管理层所获股权激励薪酬高达1.831亿元，最小均值出现在2011年，也有1508万元。此外，可以发现2006年和2007年的上市公司管理层股权激励均值最高，均超过了1亿元，原因可能是在股权激励计划开展初期，法律监管、资本市场、公司治理各因素对管理层行为约束严重不足，导致管理层通过股权激励计划获得了巨大的股权激励收益。为了比较，本书选取上市公司公布的管理层报告期②薪酬作为参照物，总体来看，样本期内，管理层报告期薪酬均值为553万元，远远少于股权激励收益的均值。此外，本书还计算了股权激励收益占管理层总报酬的比例（股权激励收益/股权激励收益与报告期薪酬之和），样本期间所有年份的管理层股权激励收益薪酬占管理层总薪酬比例均在60%以上。

表6-2　　**上市公司管理层股权激励收益测算结果**

年份	N	股权激励收益（百万元）			报告期薪酬（百万元）			股权激励收益占比%		
		最小值	均值	最大值	最小值	均值	最大值	最小值	均值	最大值
2006	12	6.12	111.7	360.3	1.11	2.16	3.91	78.2	93.2	99.39
2007	5	8.38	183.1	661.5	0.87	6.4	20.03	29.51	83.73	99.28
2008	11	2.03	18.48	67.04	1.31	3.9	8.15	47.29	70.35	96.32

① 2012年8月6日，青海贤称矿业股份有限公司公布了首期股票期权授予公告，授予价格定为4.76元，首次授予期权数量为9350万份，其中包括董事长和总经理在内的7位管理层所获授予数量高达7820万份，占总授予数量的76.67%。2012年8月8日，青海贤称矿业股份有限公司根据股利分配对授予价格进行了调整，经调整后的授予价格为4.31元。

② 管理层薪酬数据来自于国泰安数据库，报告期间选取股权激励授予年份。

续表

年份	N	股权激励收益（百万元）			报告期薪酬（百万元）			股权激励收益占比%		
		最小值	均值	最大值	最小值	均值	最大值	最小值	均值	最大值
2009	7	0.36	31.06	132.2	2.32	3.46	5.66	5.98	68.74	98.28
2010	17	0.6	28.93	129.8	2.07	6.71	20.58	16.2	65.24	94.61
2011	33	0.67	15.08	73.09	1.05	6.59	65.57	10.46	60.91	95.71
2012	70	0.45	32.97	728.8	0.47	5.79	48.54	15.31	63.52	99.94
2013	94	0.55	33.59	212.4	1.26	5.46	25.54	12.08	75.63	98.60
合计	249	0.36	36.84	728.8	0.47	5.53	65.57	5.98	69.99	99.94

我国在2006年9月发布的《国有控股上市公司（境内）实施股权激励施行办法》明确管理层个人股权激励预期收益占薪酬总水平（含股权激励收益）的比例不超过30%，2008年10月发布的《关于规范国有控股上市公司实施股权激励制度有关问题的通知》中进一步明确境内上市公司及境外H股公司股权激励薪酬占比原则上不超过40%。对比我国对股权激励预期收益的上限规定和本书的测算结果，可以发现，我国上市公司管理层股权激励收益远远高于国家规定的上限，说明我国管理层通过股权激励计划获得了超额的股权激励薪酬。

二、股利分配对管理层股权激励收益的影响

（一）主要变量描述性统计

表6-3为股利分配对管理层激励收益影响模型主要变量的描述性统计结果。结果显示，每股激励收益放大幅度（GAINPS）均值为1.843，说明每股股权激励激励工具标的股票出售价格（以每批可行权日/解锁日算起的一年内公司平均收盘价为测算依据）平均是行权价格或授予价格的2.843倍，GAINPS变量中值为0.808，说明股权激励收益放大程度较高；股利分配程度（DIVDE）的均值为0.3291，说明管理层在行权前，因股利分配导致行权价格或授予价格的平均下调幅度为32.91%；CEOVRT、EXEVRT变量的均值结果反映出在249次行权中，董事长或总经理、管理层的行权数量分别占到总行权数量的9.31%和41.32%。从其他变量来看，公司股权性质变量（STATE）均值较小，说明样本中绝大多数为非国有上市公司，总经理和董事长兼职情况

(DUAL)、股权制衡程度（SINDEX)、资产规模（LNA)、盈利状况（ROA)、资产负债率（ALRATIO)、换手率（DTURN）和机构投资者持股比例(INSHLD）的统计值处在正常范围之内。

表 6-3　　主要变量描述性统计

变量名	样本量	均值	标准差	最小值	中值	最大值
GAINPS	249	1.8430	3.3612	0.0012	0.8080	21.9500
DIVDE	249	0.3291	0.4393	0.0000	0.1690	2.3440
CEOVRT	249	0.0931	0.1656	0.0000	0.0423	1.0000
EXEVRT	249	0.4132	0.3730	0.0000	0.3372	1.0000
STATE	249	0.0680	0.2523	0	0	1
DUAL	249	0.2490	0.4334	0	0	1
SINDEX	249	0.2314	0.1032	0.0264	0.2263	0.4564
LNA	249	8.4190	1.1970	6.5560	8.4220	11.5700
ROA	249	0.0742	0.0562	0.0013	0.0601	0.3414
ALRATIO	249	0.4021	0.1854	0.0262	0.4133	0.8235
DTURN	249	4.4868	2.8804	0.6090	3.6988	14.6208
INDHLD	249	0.1247	0.1129	0.0220	0.9630	0.4802

(二) 回归结果分析

表 6-4 报告了股利分配对管理层激励收益影响模型的回归结果。第一列和第二列报告了股利分配程度对每股股权激励收益的影响，在不加入任何控制变量时，股利分配程度（DIVDE）的回归系数为 2.0896，加入控制变量后回归系数为 1.8082 且都在 1%水平上显著，说明行权前公司股利分配程度越高，则管理层所获每股股权激励收益越高。第三列和第四列分别报告了董事长或总经理行权数量占比（CEOVRT)、管理层行权数量占比（EXEVRT）对每股股权激励收益的影响，CEOVRT 和 EXEVRT 系数分别为 5.3639 和 1.6373 且都在 1%的水平上显著，说明股权激励计划中董事长或总经理、管理层行权比例越高，则每股股权激励收益越大。股利分配对管理层激励收益影响模型的回归结果表明，管理层的确通过影响公司股利分配决策放大了股权激励收益且管理层

的机会主义动机越大，则股权激励收益放大程度越高。显然，回归结果支持了假设 6-1 和假设 6-2。

表 6-4 股利分配对管理层激励收益影响模型回归结果

	(1)	(2)	(3)	(4)
DIVDE	2. 0896 *** (3. 79)	1. 8082 *** (3. 46)	1. 6564 *** (3. 31)	1. 8937 *** (3. 68)
CEOVRT			5. 3639 *** (4. 02)	
EXEVRT				1. 6374 *** (2. 64)
STATE		-0. 5014 (-0. 50)	-0. 1057 (-0. 11)	-0. 3923 (-0. 40)
DUAL		-0. 2896 (-0. 52)	-0. 5372 (-1. 00)	-0. 3541 (-0. 64)
SINDEX		-0. 0544 ** (-2. 19)	-0. 0487 ** (-2. 05)	-0. 0631 ** (-2. 56)
LNA		-0. 4075 (-1. 46)	-0. 3660 (-1. 37)	-0. 4092 (-1. 50)
ROA		13. 6511 *** (3. 48)	11. 6569 *** (3. 08)	12. 1069 *** (3. 11)
ALRATIO		-2. 4364 (-1. 57)	-2. 2266 (-1. 50)	-3. 1339 ** (-2. 03)
DTURN		0. 0695 (0. 78)	0. 0575 (0. 67)	0. 0439 (0. 50)
INDHLD		7. 2816 *** (3. 16)	6. 4404 *** (2. 91)	6. 8867 *** (3. 04)
_CONS	1. 1772 *** (3. 90)	4. 1128 * (1. 68)	3. 5578 (1. 52)	4. 2788 * (1. 78)
年份	控制	控制	控制	控制
N	249	249	249	249
R^2	0. 0762	0. 2779	0. 3436	0. 3076

注：*** 、** 、* 分别表示 1%、5%、10%的显著性水平；括号中输出了经公司年度调整后的聚类标准误所对应的 T 值。

三、管理层股权激励收益实现后公司业绩变化

（一）主要变量描述性统计

表 6-5 为管理层激励收益实现后公司业绩变化模型主要变量描述性统计结果。从表中可以看出度量公司业绩的核心指标净资产收益率（ROE）的均值为 13.30%，反映公司动态盈利能力的加权平均净资产收益率（ROE_W）和扣除非经常性损益的净资产收益率（ROE_D）均值比 ROE 指标略低，样本量少于 ROE 指标，原因是上市公司财务报表中 2007 年才公布 ROE_W 和 ROE_D 值。股权激励收益实现年份虚拟变量（GAINED）均值为 0.2028，表明样本中股权激励上市公司行权结束后的年份占到了 20.28%。从其他变量来看，公司股权性质（STATE）、总经理和董事长兼职情况（DUAL）、股权集中度（HINDEX）、无形资产比例（INTRT）、资产负债率（ALRATIO）、机构投资者持股比例（INSHLD）、独立董事所占比例（INDIRT）和审计质量变量（AUDITTYE）的统计值处在正常范围之内。

表 6-5　　主要变量描述性统计

变量名	样本量	均值	标准差	最小值	中值	最大值
ROE	942	0.1330	0.4346	0.0007	0.0975	1.1977
ROE_W	918	0.1288	0.1200	0.0020	0.1058	0.9480
ROE_D	918	0.1217	0.2430	0.0000	0.0922	0.9239
GAINED	942	0.2028	0.4023	0	0	1
STATE	942	0.1254	0.3314	0.0000	0	1
HINDEX	942	0.1306	0.1199	0.0013	0.0900	0.6085
INSHLD	842	0.0989	0.1371	0.0000	0.0462	0.8293
INTRT	942	0.0299	0.0399	0.0000	0.0182	0.4395
ALRATIO	942	0.4138	0.2119	0.0019	0.4119	0.9920
DUAL	942	0.2593	0.4385	0	0	1
INDIRT	942	0.3662	0.0486	0.2500	0.3333	0.6250
AUDITTYE	942	0.8693	0.1744	0	1	1

（二）配对样本 T 检验

为观察管理层股权激励收益实现前后公司业绩变化情况，本书对股权激励激励公司与非股权激励公司的公司业绩进行配对样本 T 检验（结果见表 6-2），图 6-2、图 6-3 则反映了两类公司业绩指标的平均值变化。可以看出，在授予后的第一年，股权激励上市公司的业绩显著高于非股权激励上市公司，然而这种差异持续非常短暂，而当管理层的股权激励收益实现之后，股权激励公司的业绩低于非股权激励上市公司。纵向来看，自股权激励计划行权结束当年起，其公司业绩下滑十分明显，说明股权激励计划的长期激励效应并不存在。

表 6-6　**股权激励公司与非股权激励公司业绩变化的配对样本 *T* 检验**

		加权平均净资产收益率			扣除非经常性损益后的加权平均净资产收益率		
	年份	处理组	对照组	均差	处理组	对照组	均差
授予开始	t	14.2815	14.1225	0.1590	13.1143	11.2272	1.8871
	t+1	14.6096	10.2105	4.3991***	13.3084	9.7656	3.5428**
	t+2	14.3373	13.0593	1.2781	12.9071	11.9743	0.9328
行权完成	T	12.6877	11.8314	0.8563	10.6497	11.1303	-0.4806
	T+1	10.7997	11.8435	-1.0438	9.5624	12.7420	-3.1796**
	T+2	10.5783	11.6559	-1.0776	9.1621	12.9873	-3.8251**
	T+3	10.3028	11.7292	-1.4264*	10.2760	11.8167	-1.5407

注：***、**、*分别表示 1%、5%、10%的显著性水平。

（三）回归结果分析

表 6-7 报告了管理层激励收益实现后的经济后果模型回归结果。第一列、第二列和第三列考察股权激励收益实现年份虚拟变量（GAINED）与净资产收益率（ROE）、加权平均净资产收益率（ROE_W）、扣除非经常性损益的净资产收益率（ROE_D）之间的关系，可以看出，前三列 GAINED 变量回归系数在 1%的水平上显著为负，说明当管理层实现股权激励收益之后，公司业绩下滑明显，管理层的“自肥”行为最终会损害公司价值。第四列、第五列和第六列考察了股权激励收益大小对管理层行权后公司业绩变化的影响，股权激励

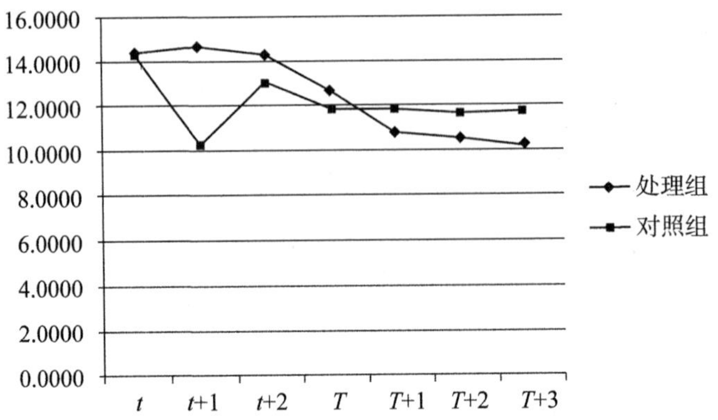

图 6-2　股权激励公司与非股权激励公司的加权平均净资产收益率均值

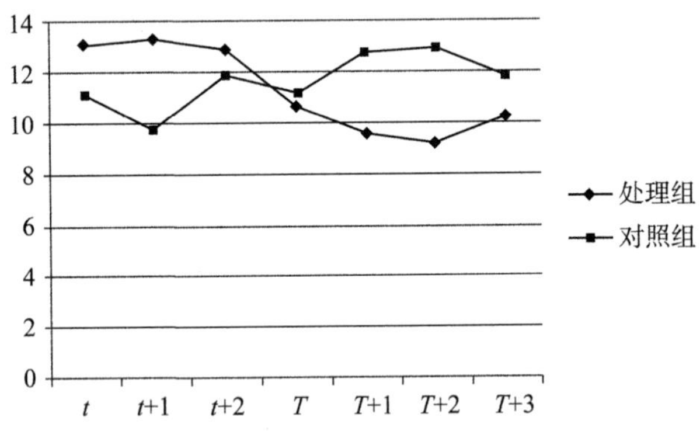

图 6-3　股权激励公司与非股权激励公司扣除非经常性损益的净资产收益率均值

收益程度虚拟变量（HG）与 GAINED 的交互项系数至少在 10%的水平上显著为负，说明管理层所获股权激励收益更高的公司业绩下滑程度更大。显然，回归结果支持了假设 6-3 和假设 6-4。

表 6-7　　**管理层激励收益实现后的经济后果模型回归结果**

	(1)	(2)	(3)	(4)	(5)	(6)
GAINED	-0. 0224*** (-3. 26)	-0. 0340*** (-4. 49)	-0. 0330*** (-4. 34)	-0. 0225*** (-2. 62)	-0. 0355*** (-3. 98)	-0. 0345*** (-3. 86)
GAINED * HG				-0. 0305** (-2. 04)	-0. 0291* (-1. 96)	-0. 0136* (-1. 93)

续表

	(1)	(2)	(3)	(4)	(5)	(6)
HG				0.0371*** (3.52)	0.0646*** (3.58)	0.0566*** (3.01)
STATE	0.0079 (0.73)	0.0080 (0.69)	0.0044 (0.35)	0.0236* (1.77)	0.0028 (1.28)	0.0123* (1.81)
HINDEX	0.2035*** (3.18)	0.2390*** (2.85)	0.2184*** (2.79)	0.0044 (0.14)	0.0457 (0.63)	0.0571 (1.08)
INSHLD	0.0173 (1.11)	0.0285* (1.68)	0.0237 (1.35)	0.1329*** (5.28)	0.1719*** (6.48)	0.1625*** (6.20)
INTRT	0.0455 (0.75)	-0.0341 (-0.45)	-0.0018 (-0.02)	-0.1867* (-1.84)	-0.2917** (-2.10)	-0.3717*** (-2.83)
ALRATIO	-0.0945*** (-2.86)	-0.0511** (-2.02)	-0.0524* (-1.89)	-0.0102 (-0.56)	-0.0255 (-1.08)	-0.0330 (-1.49)
DUAL	0.0125 (1.54)	0.0037 (0.37)	0.0011 (0.13)	0.0255*** (3.50)	0.0273*** (2.88)	0.0204** (2.10)
INDIRT	-0.0784 (-0.90)	-0.0966 (-1.13)	-0.0468 (-0.53)	0.0326 (0.43)	0.1143 (0.80)	0.1241 (1.04)
AUDITTYE	-0.0186 (-0.21)	0.0075 (0.12)	0.0123 (0.19)	-0.0617* (-1.90)	-0.0029 (-0.45)	-0.0280 (-1.15)
_CONS	0.0944 (0.97)	0.1046 (1.36)	0.0710 (0.88)	0.1373*** (2.89)	0.0723** (2.00)	0.0869** (2.26)
年份	控制	控制	控制	控制	控制	控制
N	942	918	918	471	459	459
R^2	0.0489	0.0837	0.0801	0.2371	0.2822	0.2737

注：***、**、*分别表示1%、5%、10%的显著性水平；括号中输出了经公司年度调整后的聚类标准误所对应的 T 值。

四、稳健型检验

用解锁日/行权日当日股票价格收盘价来替代自行权日/解锁日算起的一年内公司平均收盘价作为标的股票市场价格，以此重新计算每股股权激励收益放大程度，回归结果见表6-8。可见，本书的研究结论依然稳健，股利分配程度越高，则越能放大股权激励收益，董事长或总经理、管理层行权比例越高，则股权激励收益放大程度越高。

表 6-8 **稳健性检验 1**

	(1)	(2)	(3)	(4)
DIVDE	1.8489*** (3.28)	1.5168*** (2.79)	1.3606** (2.60)	1.6020*** (2.98)
CEOVRT			5.5191*** (3.97)	
EXEVRT				1.6306** (2.51)
STATE		-0.1271 (-0.12)	0.2801 (0.28)	-0.0185 (-0.02)
DUAL		-0.0440 (-0.08)	-0.2987 (-0.53)	-0.1082 (-0.19)
SINDEX		-0.0485* (-1.87)	-0.0426* (-1.72)	-0.0572** (-2.22)
LNA		-0.2040 (-0.70)	-0.1612 (-0.58)	-0.2056 (-0.72)
ROA		13.3230*** (3.26)	11.2711*** (2.86)	11.7852*** (2.90)
ALRATIO		-2.8674* (-1.78)	-2.6516* (-1.71)	-3.5620** (-2.21)
DTURN		0.0382 (0.41)	0.0259 (0.29)	0.0127 (0.14)
INDHLD		5.7308** (2.39)	4.8652** (2.11)	5.3375** (2.25)
_CONS	1.2349*** (4.01)	2.7851 (1.09)	2.2141 (0.91)	2.9504 (1.18)
年份	控制	控制	控制	控制
N	249	249	249	249
R^2	0.0584	0.2333	0.3012	0.2621

注：***、**、*分别表示 1%、5%、10%的显著性水平；括号中输出了经公司年度调整后的聚类标准误所对应的 T 值。

本书更换了公司业绩衡量指标，用资产收益率（ROA）、基本每股收益（EPS）、扣除非经常性损益的每股收益（EPS_D）来替换净资产收益率（ROE）、加权平均净资产收益率（ROE_W）和扣除非经常性损益的净资产收益率（ROE_D），重新考察了管理层"自肥"行为的经济后果，回归结果见表6-9。可见，本书的结论依然稳健。

表 6-9　　**稳健性检验 2**

	(1)	(2)	(3)	(4)	(5)	(6)
GAINED	-0.0149***	-0.1292***	-0.1215***	-0.0108***	-0.1705***	-0.1643***
	(-3.26)	(-3.51)	(-3.35)	(-2.97)	(-2.89)	(-2.84)
GAINED * HG				-0.0159*	-0.1064*	-0.0766*
				(-1.84)	(-1.76)	(-1.90)
HG				0.0319***	0.2556***	0.2182***
				(6.00)	(5.00)	(4.35)
STATE	0.0045	-0.0280	-0.0239	0.0066	-0.1026	-0.0652
	(0.60)	(-0.63)	(-0.59)	(0.87)	(-1.36)	(-0.89)
HINDEX	0.1075***	0.8750***	0.8363***	0.0010	0.1180	0.1808
	(2.65)	(2.79)	(2.84)	(0.06)	(0.70)	(1.10)
INSHLD	0.0187*	0.2127***	0.2013**	0.0784***	0.9593***	0.9022***
	(1.78)	(2.68)	(2.34)	(5.48)	(7.08)	(6.79)
INTRT	0.0517	0.5127	0.5531	-0.1187**	-0.1566***	-0.1173***
	(1.52)	(0.44)	(0.47)	(-2.08)	(-4.01)	(-4.02)
ALRATIO	-0.0118	-0.2016	-0.2414	-0.1367***	-0.2713***	-0.2812***
	(-0.93)	(-0.72)	(-0.85)	(-13.45)	(-2.79)	(-2.94)
DUAL	0.0055	0.0383	0.0346	0.0191***	0.0549	0.0337
	(1.34)	(0.90)	(0.88)	(4.62)	(1.40)	(0.88)
INDIRT	-0.0403	0.3325	0.3622	0.0445	0.7249*	0.6835*
	(-0.92)	(0.68)	(0.80)	(1.05)	(1.81)	(1.74)
AUDITTYE	0.0283	0.2083	0.2091	0.0220	0.1755	0.0807
	(1.00)	(0.97)	(1.02)	(1.21)	(1.02)	(0.48)

续表

	(1)	(2)	(3)	(4)	(5)	(6)
_CONS	0.0377 (1.00)	0.0260 (0.07)	-0.0479 (-0.14)	0.0663** (2.49)	0.1215 (0.48)	0.1877 (0.76)
N	942	918	918	471	459	459
R^2	0.0933	0.0779	0.0680	0.2825	0.2593	0.2377

注：***、**、*分别表示1%、5%、10%的显著性水平；括号中输出了经公司年度调整后的聚类标准误所对应的 T 值。

第四节　案例分析

一、案例研究的目的

前文对2006—2013年间上市公司管理层所获股权激励收益进行了测算，结果发现样本期间管理层通过股权激励计划获得了巨额的股权激励收益。实证研究表明，股权激励引致管理层的“短视行为”，并不具有长期激励效应，管理层的“自肥”行为以股东的利益为代价。本节对A公司的股权激励案例进行研究，试图进一步提供支撑性证据。

在大样本研究中探讨股权激励下管理层“自肥”行为的经济后果，可能存在内生性问题，原因在于公司之间存在巨大差异，譬如产权性质、股权结构、资本结构、管理层偏好等，使得很难判断出上市公司业绩变化的原因是完全由管理层的“自肥”行为所致的。然而，对其中一家股权激励上市公司进行案例研究，分析管理层从中获得的预期激励收益，以同期行业公司业绩变化为参照物，比较管理层行权完毕节点前后公司业绩变化，可以在控制其他因素不变的前提下分析管理层“自肥”行为的经济后果。

A公司是《上市公司股权激励管理办法（试行）》正式颁布后实行股权激励计划的上市公司，分别于2006年和2008年推出了股权激励计划，2013年全部行权结束，从时间跨度来看，不仅可以完整地计算该公司管理层从每次行权中所获股权激励收益，而且能对比行权完毕节点前后A公司的业绩变化，由此判断管理层股权激励的经济后果。此外，研究期间A公司的经营范围、管理层、主营业务几乎没有发生变化。因此，A公司非常符合股权激励案例研究的标准。

目前，国内学者对股权激励案例分析的侧重点并不一致：辛宇和吕长江（2012）考察了国企泸州老窖的股权激励计划，并推断国企的股权激励计划存在定位困境，激励、福利和奖励三种性质交织混杂，从而阻碍了激励效果的发挥。邵帅等（2014）以经历国有向民营转变的上海家化为研究对象，考察产权性质对股权激励计划设计动机的影响，并得出民营性质的股权激励计划比国企性质的更加合理的结论。聂常虹和武香婷（2017）对中国科学院研究所为分析对象，考察了股权激励计划对科技成果转化的促进作用。相比之下，本书的案例研究目的并非仅仅考察 A 公司施行股权激励计划给公司带来的业绩变化，而侧重点在于：一是计算管理层所获得股权激励收益，二是根据激励结束前后公司的业绩变化来判断管理层股权激励收益是否合理。

二、A 公司股权激励情况

（一）A 公司的基本情况

A 公司成立于 1989 年，属于房地产业，主营业务为土地开发、房产销售及租赁、物业管理。公司于 1992 年在深圳证券交易所上市，2005 年完成股权分置改革，控股股东为深圳市国有资产监督管理局。

（二）A 公司股权激励计划情况

2006 年 11 月 18 日，A 公司实施了第一期股权计划，其中，激励股份来源为控股股东深圳市国资委，激励股份性质为限制性股票，激励股份数量为 6087996 股，激励对象总共有 22 名。第一期股权激励计划的授予价格按照“股权激励计划草案摘要公布前 1 个交易日的公司标的股票收盘价”与“股权激励计划草案摘要公布前 30 个交易日内的公司标的股票平均收盘价”之较高者确定，事实上，A 公司股权激励计划公告前 30 个交易内的公司股票平均收盘价为 4.07 元每股，股权激励计划公布前 1 个交易日的公司的股票收盘价为 3.89 元每股，按照孰高原则，最终确定授予价格为 4.07 元每股。第一期限制性股票的禁售期为 3 年。

2008 年 1 月 25 日，A 公司实施了第二期股权激励计划，其中，激励股份来源为控股股东深圳市国资委，激励股份性质为限制性股票，激励股份数量为6076209股，激励对象总共有24名。第二期股权激励计划的授予价格以股份分配方案的董事会决议公告日为定价基准日，以基准日前一个交易日标的股票收盘价6.26元/股与前30个交易日内标的股票平均收盘价5.11元/股中的较高者确定，最后将授予价格定于6.26元/股。禁售期2年，按照匀速解锁条件的要求，分3批解锁。A公司股权激励计划汇总如表6-10所示。

表6-10 **A公司股权激励计划汇总**

	提出时间	授予人数	授予数量	授予价格	行权条件	限制条件
第一期	2006.11	22人	6087996股	4.07元/股	2005年、2006年、2007年度，公司加权平均净资产收益率分别不低于7%、9%、11%。	禁售期为2006年1月至2009年1月
第二期	2008.01	24人	6076209股	6.26元/股	加权平均净资产收益率高于同行业上市公司水平并完成董事会下达的业绩指标	禁售期2年，分3批解锁，各占1/3

数据来源：笔者根据A公司股权激励公告整理。

（三）A公司管理层股权激励授予情况

表6-11列示了A公司两期股权激励计划中管理层授予情况。第一期股权激励计划授予人数共22人，其中包括董事长、总经理等6名管理层人员，管理层获授的股份数量为457.9468万股，占到总授予数量的75.22%；第二期股权激励计划授予人数共24人，其中包括董事长、总经理等7名管理层人员，管理层获授的股份数量为308.5734万股，占到总授予数量的68.45%。显然，A公司的两期股权激励计划向管理层倾斜严重，管理层有影响股权激励契约制定、实现自我奖励的嫌疑。

表 6-11 **A 公司管理层股权激励授予情况**

年度	职务	授予数量	占本期授予数量的比例	授予价格
2006	董事长	1346903	22.12%	4.07 元/股
	总经理	646513	10.62%	
	党委副书记	646513	10.62%	
	副总经理	646513	10.62%	
	副总经理	646513	10.62%	
	董事会秘书	646513	10.62%	
	合计	4579468	75.22%	
2008	董事长	889261	19.72%	6.26 元/股
	总经理	426845	9.47%	
	党委副书记	426845	9.47%	
	副总经理	426845	9.47%	
	副总经理	426845	9.47%	
	副总经理	62248	1.38%	
	董事会秘书	426845	9.47%	
	合计	3085734	68.45%	

数据来源：笔者根据 A 公司股权激励公告整理。

三、A 公司管理层股权激励收益测算

对管理层股权激励收益测算需根据公司股利分配而动态调整。A 公司的 2007 年股利分配方案为每 10 股送 5 股并派现 1 元（税前），公积金资本每 10 股转增 5 股；2008 年的股利分配方案为每 10 股派现 0.8 元。经过 2 次股利分配调整，解锁前第一次股权激励计划授予价格由 4.07 元/股调整为 1.945 元/股，具体行权数量见下表。① A 公司第一期股权激励计划的解锁期为 2009 年 1 月 15 日，笔者以自解锁期日算起的一年内的平均收盘价衡量成交价格，以此

① 我国上市公司对股权激励计划设有股利保护条款，授予价格和授予数量随着股利发放调整，A 公司第一期股权激励授予价格的调整为：(4.07－0.1－0.08) / (1+1) = 1.945 元/股，授予数量因 10 送 5 并转增 5，所以调整后的数量是原来的两倍。

为依据计算 A 公司第一期股权激励计划的管理层股权激励预期收益，结果见表 6-12。结果显示 A 公司第一期股权激励计划给 6 位管理层带来丰厚的激励收益，其合计值为 80305550. 85 元，远远超过公布的报告期薪酬。

表 6-12　　**A 公司管理层股权预期激励收益（第一期）**

职务	解锁数量（1）	授予价格（2）	预期成交价格（3）	激预期励收益[(3)-(2)]*[1]	报告期薪酬	预期激励收益占比
董事长	2693806	1. 945	10. 713	23619291. 01	662200	97. 27%
总经理	1293026	1. 945	10. 713	11337251. 97	648000	94. 59%
党委副书记	1293026	1. 945	10. 713	11337251. 97	512600	95. 67%
副总经理	1293026	1. 945	10. 713	11337251. 97	542900	95. 43%
副总经理	1293026	1. 945	10. 713	11337251. 97	394700	96. 63%
董事会秘书	1293026	1. 945	10. 713	11337251. 97	517300	95. 64%
合计	9158936	1. 945	10. 713	80305550. 85	3377700	95. 96%

数据来源：管理层职务、报告期薪酬来自国泰安数据库，股权激励数据由笔者根据公告整理。

A 公司第二期股权激励计划涉及 5 个年度，其中 2 年禁售期，分 3 批解锁，解锁期分别为 2011 年 5 月 11 日，2012 年 5 月 8 日，2013 年 5 月 11 日。A 公司的 2008 年股利分配方案为每 10 股派现 0. 8 元（税前）；2009 年的股利分配方案为每 10 股送 5 股并派现 1. 2 元（税前）；2010 年的股利分配方案为每 10 股送 3 股并派现 0. 6 元（税前）；2011 年的股利分配方案为每 10 股送 3 股并派现 0. 4 元（税前）；2012 年的股利分配方案为每 10 股送 0. 5 股并派现 1 元（税前）。第二期股权激励计划授予数量和授予价格根据股利分配动态调整，至每批解锁日，授予价格由最初的 6. 26 元/股调整为 3. 06 元/股①、2. 32 元/股、2. 12 元/股。笔者以自解锁期日算起的一年内的平均收盘价衡量成交价格，以此估算授予给 A 公司第二期股权激励计划管理层的股权激励报酬，结果见表 6-13。结果显示 A 公司第二期股权激励计划给 7 位管理层带来丰厚的激励收益，其合计值为

① A 公司第二期股权激励第一批解锁时的授予价格的调整为：（6. 26－0. 08－0. 12）/（1+0. 5）= 4. 04 元/股，（4. 04－0. 06）/（1+0. 3）= 3. 06 元/股。依此计算方法，同样可以获得第二批、第三批解锁时的授予价格。实际解锁数量数据来自上市公司公告。

31166301 元，远远超过授予日后三年报告期薪酬合计值 16425975 元。

表 6-13 **A 公司管理层股权预期激励收益（第二期）**

年度	职务	解锁数量(1)	授予价格(2)	预期成交价格(3)	预期激励收益[(3)-(2)]*[1]	报告期薪酬	预期激励收益占比
2011	董事长	880368	3.06	5.435	2090874	906600	69.75%
	总经理	422577	3.06	5.435	1003620	876900	53.37%
	党委副书记	422577	3.06	5.435	1003620	702200	58.84%
	副总经理	422577	3.06	5.435	1003620	695600	59.06%
	副总经理	0	3.06	5.435	0	698600	0.00%
	副总经理	61626	3.06	5.435	146362	695600	17.38%
	董事会秘书	422577	3.06	5.435	1003620	698600	58.96%
	合计	2632302	3.06	5.435	6251717	5274100	54.24%
2012	董事长	1144478	2.32	4.741	2770781	856409	76.39%
	总经理	549350	2.32	4.741	1329976	829736	61.58%
	党委副书记	549350	2.32	4.741	1329976	710432	65.18%
	副总经理	549350	2.32	4.741	1329976	714221	65.06%
	副总经理	549350	2.32	4.741	1329976	710432	65.18%
	副总经理	80114	2.32	4.741	193956	714221	21.36%
	董事会秘书	549350	2.32	4.741	1329976	710432	65.18%
	合计	3971342	2.32	4.741	9614619	5245883	64.70%
2013	董事长	1532927	2.12	4.714	3976413	1028838	79.44%
	总经理	735795	2.12	4.714	1908652	797890	70.52%
	党委副书记	735795	2.12	4.714	1908652	811786	70.16%
	副总经理	735795	2.12	4.714	1908652	817830	70.00%
	副总经理	735795	2.12	4.714	1908652	820032	69.95%
	副总经理	686311	2.12	4.714	1780291	817830	68.52%
	董事会秘书	735795	2.12	4.714	1908652	811786	70.16%
	合计	5898213	2.12	4.714	15299965	5905992	72.15%

数据来源：管理层职务、报告期薪酬来自国泰安数据库，股权激励数据由作者根据公告整理。

值得说明的是，在2002—2015年，除了2003年亏损没有派现外，A公司每年都进行了不同程度的派现，现金股利发放最多的年份是2006年，为每10股派3.5元（税前），而其他年份多在每股1元左右。2006年11月A公司施行了第一期股权激励计划，无疑，高派现可以降低限制性股票的授予价格，为管理层放大股权激励收益提供机会。而在股票股利的发放上，A公司于2007年、2009年、2010年、2011年、2012年进行了送转股，这些年份均处在股权激励实施期间，在股权激励实施前和股权激励结束后，A公司没有送转股行为，说明A公司管理层利用了股利分配政策来最大化自身财富。

综合表6-4和表6-5，可以发现管理层从两期股权激励计划中获得的股权激励预期收益远远高于报告期薪酬水平，显然，A公司通过股权激励计划向管理层进行了利益输送，股权激励机制成为管理层“自我奖励”。在深圳国资委控股的A公司中，国有股东缺位，管理层集执行权、控制权、监督权于一身，股权激励因国有股东的缺位而变成管理层的自行设计，管理层在股权激励有效期内进一步通过派现和送转股不断压低授予价格和扩大授予数量，放大股权激励收益，管理层的“自肥”行为最终由投资者买单。

四、管理层实现激励收益后A公司的业绩变化

A公司管理层获得的高额股权激励预期收益合理吗？以往文献更多考察股权激励实施阶段公司业绩的变化，而本书则重点考察A公司股权激励管理层通过逐步解锁实现股权激励收益后公司业绩变化，依此检验管理层的激励收益的合理性。

本书将A公司实施股权激励后的年份分为两个阶段：股权激励实施阶段和激励完成阶段。A公司分别于2006年和2008年实施了两次股权激励，2013年5月11日股权激励结束，因此，股权激励实施阶段为2006—2013年，激励完成阶段对应2014—2015年。本书选取了三类指标来检验A公司股权激励的经济后果：一类是加权平均净资产收益率和扣除非经常性损益后的加权平均净资产收益率；二是每股指标（每股收益、每股营业总收入、每股企业自由现金流量）；三是营运指标（营业资金周转率、流动资产周转率、固定资产周转率）。

为缓解股权激励公司存在的自我选择问题，本书首先比较了A公司股权激励实施阶段和激励完成阶段的经营业绩指标的变化，然后采用双重差分方法，计算A公司相对于同行业指标的相对变化。具体步骤为：（1）选取A公司所属行业（房地产行业）的各指标均值作为比较标准。（2）计算A公司激

励实施阶段指标与行业均值的差异，该差异大小可反映激励实施阶段A公司相对于该行业的业绩表现。（3）计算A公司激励完成阶段指标与行业均值的差异，该差异大小可反映激励完成阶段A公司相对于该行业的业绩表现。（4）用第三步骤的差异减去第二步骤的差异，即双重差分差异，如果该差异为负，则有足够的理由证明A公司股权激励完成后，公司的经营业绩下降。

表6-14报告了A公司加权平均净资产收益率的变化情况。之所以选择加权平均净资产收益率指标，是因为A公司将该指标作为限制性股票的解锁条件。从表中可以看出，A公司股权激励完成阶段加权平均净资产收益率均值为10.97%，股权激励阶段的均值为16.959%，完成后比完成前下降了5.989%。进一步，A公司股权激励实施阶段的加权平均净资产收益率比行业均值要高3.414%，然而，股权激励完成阶段的加权平均净资产收益率比行业均值低1.147%，双重差分后的结果为-4.561。可见，A公司股权激励完成后，A公司的加权平均净资产收益率呈现显著下降状态。为剔除盈余管理的影响，本书选取扣除非经常性损益后的加权平均净资产收益率作为参照指标，比较结果表明，即使扣除了非经常性损益的影响，股权激励完成后，A公司的净资产收益率依然表现出显著的下降。

表6-14 **A公司加权平均净资产收益率变化**

	加权平均净资产收益率%			扣除非经常性损益后的加权平均净资产收益率%		
年度	A公司	行业均值	差异	A公司	行业均值	差异
2007	16.250	15.152	1.098	13.030	12.404	0.626
2008	9.070	10.580	-1.510	8.950	10.269	-1.319
2009	17.590	16.192	1.398	11.710	15.490	-3.780
2010	21.140	14.541	6.599	20.100	13.023	7.077
2011	16.510	13.552	2.958	16.490	11.666	4.824
2012	19.710	12.088	7.622	19.650	10.795	8.855
2013	18.440	12.710	5.730	18.380	11.183	7.197
激励实施阶段均值	16.959	13.545	3.414	15.473	12.119	3.354
2014	12.170	12.697	-0.527	6.340	11.419	-5.079
2015	9.770	11.537	-1.767	9.800	10.222	-0.422

续表

	加权平均净资产收益率%			扣除非经常性损益后的加权平均净资产收益率%		
激励完成阶段均值	10.970	12.117	-1.147	8.070	10.821	-2.751
两阶段差异	-5.989	-1.428		-7.043	-1.298	
双重差异			-4.561			-6.105

数据来源：国泰安数据库。由于数据库样本缺失，加权平均净资产收益率数据起始于2007年。

表6-15报告了A公司每股指标的变化情况。A公司股权激励实施阶段的每股收益、每股营业总收入、每股企业自由现金流量均值都高于股权激励完成阶段，而2006—2013年，A公司的每股收益、每股营业总收入、每股企业自由现金流量均值均高于行业均值，然而，2014—2015年行业均值却高于A公司每股指标均值，三个指标双重差异都小于零。该结果揭示了在A公司股权激励完成阶段，A公司的每股收益、每股营业总收入、每股企业自由现金流呈现出不同幅度的下滑，而同期的行业指标却呈现一定程度的上升，这说明股权激励结束后，公司业绩和公司现金流状况都呈现出明显的恶化状态。

表6-15 **A公司每股指标变化**

	每股收益			每股营业总收入			每股企业自由现金流量		
	A公司	行业均值	差异	A公司	行业均值	差异	A公司	行业均值	差异
2006	0.833	0.342	0.491	4.573	1.978	2.595	1.932	0.656	1.276
2007	0.995	0.438	0.557	4.038	2.533	1.505	2.922	0.841	2.081
2008	0.296	0.521	-0.224	2.015	1.716	0.298	2.708	0.654	2.054
2009	0.661	0.334	0.327	3.646	1.588	2.058	1.017	0.673	0.344
2010	0.356	0.374	-0.018	2.479	2.019	0.460	1.633	0.853	0.780
2011	0.509	0.377	0.132	2.526	2.215	0.311	1.355	0.725	0.630
2012	0.490	0.550	-0.060	2.393	3.262	-0.869	1.701	0.883	0.818
2013	0.517	0.622	-0.104	3.415	3.791	-0.375	0.987	1.263	-0.276
激励实施阶段均值	0.582	0.445	0.138	3.136	2.388	0.748	1.782	0.818	0.963

续表

	每股收益			每股营业总收入			每股企业自由现金流量		
	A 公司	行业均值	差异	A 公司	行业均值	差异	A 公司	行业均值	差异
2014	0. 380	0. 473	-0. 093	1. 725	3. 838	-2. 113	0. 529	1. 614	-1. 085
2015	0. 325	0. 453	-0. 128	2. 707	3. 667	-0. 961	0. 526	1. 361	-0. 835
激励完成阶段均值	0. 352	0. 463	-0. 110	2. 216	3. 753	-1. 537	0. 527	1. 487	-0. 960
两阶段差异	-0. 230	0. 018		-0. 920	1. 315		1. 255	0. 669	
双重差异			-0. 248			-2. 285			-1. 923

数据来源：国泰安数据库。

表 6-16 报告了 A 公司营运指标的变化情况。A 公司股权激励实施阶段和股权激励完成阶段，营业资金周转率、流动资产周转率、固定资产周转率均值均高于行业均值，然而，相较于股权激励实施阶段，三个指标在股权激励完成阶段的均值显著下降且下降的幅度都远高于行业均值下降的幅度，从而使三个指标的双重差异都小于零。该结果表明，A 公司股权激励结束后，公司的运营情况呈现一定程度的下滑。

表 6-16 **A 公司营运指标变化**

	营业资金周转率			流动资产周转率			固定资产周转率		
	A 公司	行业均值	差异	A 公司	行业均值	差异	A 公司	行业均值	差异
2006	4. 736	1. 078	3. 658	0. 761	0. 447	0. 314	0. 430	0. 293	0. 137
2007	0. 365	1. 073	-0. 708	0. 228	0. 409	-0. 182	0. 184	0. 297	-0. 113
2008	0. 742	0. 792	-0. 050	0. 230	0. 319	-0. 088	0. 169	0. 218	-0. 049
2009	0. 383	0. 468	-0. 085	0. 296	0. 256	0. 040	0. 254	0. 164	0. 091
2010	0. 845	0. 581	0. 264	0. 321	0. 274	0. 047	0. 236	0. 200	0. 035
2011	1. 307	0. 555	0. 752	0. 369	0. 243	0. 125	0. 311	0. 190	0. 122
2012	0. 961	0. 679	0. 282	0. 398	0. 268	0. 130	0. 329	0. 221	0. 108
2013	0. 997	0. 601	0. 396	0. 599	0. 268	0. 331	0. 463	0. 222	0. 241

续表

	营业资金周转率			流动资产周转率			固定资产周转率		
	A 公司	行业均值	差异	A 公司	行业均值	差异	A 公司	行业均值	差异
激励实施阶段均值	1.292	0.728	0.564	0.400	0.311	0.090	0.297	0.225	0.071
2014	0.572	0.617	-0.044	0.246	0.262	-0.016	0.198	0.224	-0.025
2015	0.588	0.542	0.046	0.349	0.244	0.105	0.288	0.181	0.106
激励完成阶段均值	0.580	0.579	0.001	0.297	0.253	0.044	0.243	0.202	0.040
两阶段差异	-0.712	-0.149		-0.103	-0.058		-0.054	-0.023	
双重差异			-0.563			-0.045			-0.031

数据来源：国泰安数据库。

五、案例研究结论

本书通过对 A 公司股权激励计划管理层所获激励收益及其经济后果进行分析，得出以下结论：首先，A 公司在股权激励计划实施期间，通过现金分红、公积金转增、送红股股利分配方式大幅地下调了股权激励工具的授予价格，为管理层更轻易获得股权激励收益提供条件；其次，A 公司管理层从股权激励计划中获得了巨额股权激励收益，远远超过了报告期薪酬，A 公司有通过股权激励计划向管理层进行利益输送的嫌疑；最后，通过比较 A 公司股权激励实施阶段和完成阶段的业绩，发现 A 公司股权激励实施阶段公司业绩高于行业均值，然而，行权结束后，盈利指标、营运指标、现金流均呈现较大程度的下滑且下降幅度远远超过行业均值变化幅度，由此折射出 A 公司股权计划的长期激励效应并不存在，反而成为管理层借机操纵、侵占股东利益的工具。

本章小结

股权激励下管理层机会主义行为的目标是最大化股权激励收益。有效契约论认为管理层追求激励收益的同时促进了公司业绩的提升，而管理层权力论和行为金融学支持者却认为股权激励下管理层机会主义行为带来破坏性的短视主义，甚至牺牲了公司的长期价值和股东利益。

前面章节的实证研究找到了股权激励管理层通过影响股利政策不同方面，以实现放大股权激励收益的证据，然而，并没有对股权激励收益进行量化。为此，本章从股权激励计划关键时点出发，用经股利分配动态调整后的行权价格（授予价格）和授予数量、以分批行权（解锁）日一年内公司平均收盘价作为标的股票市场价格，以此测算了样本期间上市公司管理层所获股权激励预期收益均值。结果发现样本期间，股权激励计划给管理层带来颇为可观的财富，以管理层报告期薪酬为参照，我国上市公司管理层获得了超额的股权激励薪酬。实证研究发现：公司股利分配程度与每股激励收益放大程度正相关且管理层机会主义动机越大，股权激励收益放大程度越高；股权激励计划的激励效应持续时间短暂，当管理层股权激励收益实现后，股权激励公司业绩下滑显著，即管理层的“自肥”行为最终给公司带来负面效应；管理层所获股权激励收益更高的公司业绩下滑程度更大。

为进一步为股权激励下管理层机会主义行为的经济后果研究提供支撑性证据，本章对A公司的股权激励计划进行案例研究，测算出A公司管理层从两期股权激励计划中获得的股权激励预期收益共高达1.1亿元，远远高于报告期薪酬水平，A公司通过股权激励计划向管理层进行了利益输送。进一步发现管理层股权激励收益实现后，A公司业绩下滑非常明显，由此说明A公司的股权激励计划的长期激励效应并不能持续，管理层的“自肥”行为最终由投资者买单。

第七章　研究结论与政策建议

一、主要研究结论

管理层机会主义行为是制约股权激励计划激励效应发挥的主要障碍。本书以2006—2015年上市公司数据为样本，在对国内外相关文献和股权激励理论梳理的基础上，构建基于股利政策视角的股权激励管理层机会主义行为理论框架，对管理层通过股利政策进行机会主义寻租的目的、路径和约束管理层机会主义行为的因素作理论分析，综合运用计量模型和案例研究等研究方法，先关注了股权激励契约设计中的管理层机会主义行为，然后重点考察了股权激励计划及关键契约要素、管理层机会主义动机、管理层机会主义行为实现能力对股利分配水平、股利方式偏好、股利平滑的影响，最后分析股权激励下管理层机会主义行为的经济后果。

本书得出以下主要结论。

第一，管理层在股权激励计划关键性契约要素设计中存在机会主义行为，为管理层在股利决策中进一步自利提供条件。实证研究发现：单一行权业绩指标设计中，管理层机会主义行为更加明显，但并非业绩指标维数越多，则越能抑制管理层机会主义行为；初始行权价格设定中的管理层机会主义行为与股权激励工具有关，股票期权初始行权价格设定中管理层自利程度很低，然而限制性股票初始行权价格设定中管理层自利程度较高；政府对国有上市公司股权激励监管更严，使国有上市公司在股权激励契约设计中的管理层自利程度更低；第一大股东持股比例、融资约束能制约股权激励契约设计中的管理层机会主义行为；股权激励契约设计中的管理层机会主义行为受管理层特征的影响，管理层权力越大（任期越长、持股）则公司选择较短股权激励期限、较低初始行权价格的概率越大。

第二，股权激励管理层通过提高股利发放水平来增大激励收益上涨空间。实证研究发现：相比于非股权激励上市公司，股权激励上市公司的股利分配水平更高，说明在我国对股权激励工具进行保护的背景下，股权激励管理层通过提高股利分配水平来降低行权价格或授予价格，为放大股权激励收益作准备；股票期权和限制性股票这两种不同的股权激励工具对股利分配水平的影响存在差异性，持有限制性股票的管理层享有股票期权所不具备的分红收益权，导致限制性股票激励方式显著正向影响现金股利水平，而股票期权与每股现金股利水平之间正向关系并不显著；股权激励计划越向包括董事长和总经理在内的管理层倾斜，管理层授予比例越高，则管理层机会主义动机越大，相应的股利分配水平越高；以管理层权力衡量的管理层机会主义行为实现能力越强，股权激励上市公司股利分配水平越高。

第三，股权激励管理层对股利分配方式进行倾向性偏好来放大激励收益。实证发现：在我国资本市场缺乏效率的环境下，股权激励上市公司不同的股利分配方式存在差异化的股价效应，股票股利分配方式的“超额定价”明显；相比于非股权激励公司，股权激励公司偏好股票股利的概率更大，说明管理层利用股票股利分配方式的“超额定价”，以实现最大化股权激励收益的目的；相比于股票期权，限制性股票激励管理层对股票股利和现金股利分配的偏好程度更大；股权激励计划契约设计中，包含董事长或总经理的比例越高、管理层授予人数越多、管理层授予比例越高，则管理层机会主义动机越大，其最偏好股票股利方式的概率越大；以管理层权力衡量的管理层机会主义行为实现能力越强，优先选择股票股利方式的可能性越高。

第四，管理层为了维持股权激励收益，有意识地根据公司的长期盈利对股利分配进行了平滑。实证发现：基于 Lintner（1956）模型计算得出的股利调整速度（SOA）介于0.47~0.75，说明我国上市公司存在股利平滑行为；相较于非股权激励上市公司，股权激励上市公司实施股权激励计划后，其股利平滑程度显著增强，证明股权激励管理层有动机通过股利平滑来维持甚至放大股权激励收益；股权激励计划授予对象、授予数量越向管理层倾斜，则股利平滑程度越高，说明管理层机会主义动机与股利平滑程度成正比；股权激励计划的实施对国有上市公司的股利平滑行为影响不显著，但非国有上市公司实施股权激励计划后其股利平滑程度显著上升。同时本书还发现现金流、盈利、负债、成长性、股权集中度等公司财务和特征变量是影响上市公司股利平滑的因素。

第五，股权激励计划给管理层带来颇为可观的财富，但管理层的“自肥”行为给公司带来负面效应。实证和案例研究发现：以管理层报告期薪酬为参照，我国上市公司管理层获得了超额的股权激励薪酬，尤其是在股权激励计划开展初期，法律监管、资本市场、公司治理各因素对管理层行为约束严重不足，管理层通过股权激励计划获得的股权激励收益更多；公司股利分配程度与每股激励收益放大程度正相关且管理层机会主义动机越大，股权激励收益放大程度越高；股权激励计划的激励效应持续时间短暂，当管理层股权激励收益实现后，股权激励公司业绩下滑显著，管理层激励收益较高的上市公司业绩下滑更明显，管理层的“自肥”行为最终由投资者买单。

二、政策建议

基于对我国股权激励上市公司股利分配行为的考察，本书发现我国股权激励计划并非完全有效，会滋生管理层的机会主义行为，引致负面经济后果。然而，股权激励计划潜在负面效应并非股权激励制度本身所致，而是其所处的制度环境、资本市场有效程度、公司治理机制、股权激励契约设计共同影响的结果。因此，要发挥股权激励制度的激励效应，抑制股权激励下管理层机会主义行为，需从宏观到微观，从制度层面到契约设计各个方面、各个环节进行完善与优化。依据本书的研究结论，本书构建了抑制股权激励下管理层机会主义行为的整体框架，如图 7-1 所示，并提出如下政策建议。

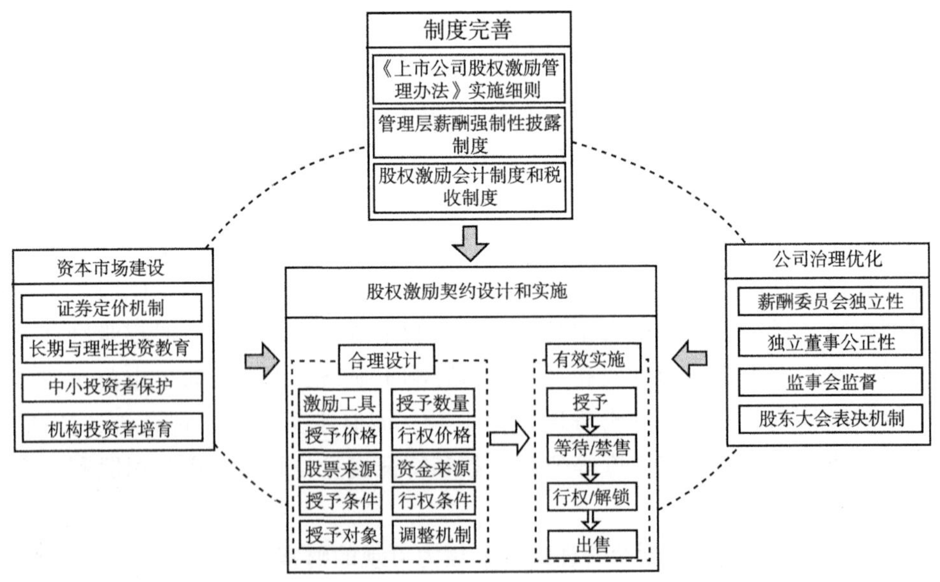

图 7-1　抑制股权激励下管理层机会主义行为的整体框架

（一）合理设计股权激励契约，保障激励契约的有效实施

在新制度经济学中，机会主义行为得以发生的前提是契约的不完备和信息的不对称，因为契约不能穷尽每一个利益相关者的利益归属，所以处于信息劣势的一方就会以损害他人的利益为代价增进自己的利益。股权激励契约本身不完备，使得管理层根据自身的利益取向扭曲公司决策，弱化了股权激励计划的激励效果。因此，需合理设计股权激励契约，从源头上抑制股权激励管理层的机会主义行为，以保障激励契约的有效实施。

股权激励计划的关键性要素包括激励工具、授予对象、授予数量、行权价格、授予价格、行权条件、授予条件、股票来源、资金来源、调整机制等，股权激励计划的关键时点则包括授予日、等待期或禁售期、可行权日或解锁日、行权期或解锁期，授予对象出售标的股票时实现股权激励收益。就本书的研究结论而言，本书针对股权激励契约要素提出以下政策建议。

第一，重构股权激励契约的调整机制。为避免股权激励工具的价值随着股利分配而下降，我国对股权激励工具设置股利保护性条款，调整后的行权价格或授予价格等于调整前的价格减去相应的股利分配额，这种简单而直接的调整机制并不能反映股权激励工具的内在价值，反而滋生了股权激励工具授予者的自利倾向，同时也为激励对象获取非努力性激励收益提供了契机。因此，股权激励工具的内在价值需根据定价模型来测算，上市公司在设计股权激励契约调整机制时，应根据股利分配对股权激励工具进行重新定价，而非简单地下调。

第二，理性选择激励工具。本书实证发现，股权激励管理层在股权激励工具选择偏好上存在机会主义行为，原因在于相比于股票期权，限制性股票给管理层的综合利益更高，该结果与我国股权激励工具的演化趋势不谋而合（近年来，不仅限制性股票增幅远超股票期权增幅，而且施行限制性股票的上市公司数量已经超过股票期权）。因此，上市公司不应该根据管理层的利益来选择股权激励工具，而应该综合考虑公司行业、规模、成长性、盈利能力等特征，结合不同激励工具的优势和劣势，并随着制度环境的改变动态调整股权激励工具选择。

第三，科学规划授予对象，合理测算授予数量。本书实证发现，股权激励计划授予对象包括董事长和总经理的概率越大、管理层授予人数占比越高，管理层授予数量占比越高，则管理层越可能实施机会主义行为。因此，当上市公司股权激励授予对象和授予数量过于向管理层倾斜时，股权激励计划会变成管

理层肆意侵害利益相关者的工具。上市公司应根据员工对企业价值边际贡献的大小、风险承担程度来甄选股权激励工具适用对象，每个激励对象获得的合理份额须反复科学地测算，严格保证公正公平。

第四，契约设计整体应体现契合性与创新性。实施股权激励的上市公司体现出明显的行业和市场属性特征，上市公司规模、盈利能力、成长性等公司特征的差异性使得不同的上市公司存在不同的股权激励需求，然而在上市公司股权激励实践中，股权激励方案盲目效仿的现象比比皆是，这样并不利于股权激励计划激励效应的有效发挥。因此，上市公司应综合考虑自身所处行业、公司特征以及激励需求，设计适合自己的激励数量、激励工具、激励对象、授予条件或行权条件，合理安排不同类型的激励工具契约设计。

（二）优化公司治理机制，寻求激励与约束的平衡

我国特殊的制度背景为上市管理层机会主义行为创造了条件，董事长和总经理、总经理和董事两职合一非常普遍，公司内部治理形同虚设，虽然我国公司治理结构齐全，但这些形式上的机构，并不能发挥对管理层的监督作用，引入独立董事的上市公司的独立董事基本上独立性不强，无法对管理层权力形成有效制约和监督。上市公司治理结构的不完善，使得股权激励计划未能发挥应有的激励作用，反而可能沦为管理层攫取私利的面具。为寻求激励与约束的平衡，上市公司可从以下四个方面促进股权激励方案正效应的实现。

第一，提高薪酬委员会独立性。董事会下设的薪酬委员会是制订管理层激励机制和薪酬方案的核心机构。管理层权力论认为，薪酬委员会制订 CEO 报酬时受到管理层权力和管理层“抽租”利益倾向的影响，使管理层薪酬偏离最优契约水平，即薪酬委员会独立性不高时，管理层薪酬方案的激励作用被弱化。自 2002 年《上市公司治理准则》发布后，我国上市公司才展开薪酬委员会实践，然而事实上，我国的薪酬委员会并非独立于管理层，使得管理层的股权激励薪酬远远超过报告期薪酬。因此，本书认为应优化薪酬委员会成员的选拔和任命，强化薪酬委员会的独立性和客观性，减少管理层对股权激励薪酬契约制订过程中的干预。

第二，提高独立董事的公正性。虽然我国将独立董事排除在股权激励对象之外，但独立董事在股权激励计划设计与实施过程中应发挥重要作用，独立董事在上市公司薪酬委员会居主导地位，对董事会决议行监督之责。然而实践

中，管理层倾向于任命与自己有关系的独立董事①，使得独立董事任命后的监督行为难以保持独立性和公正性，无法制订客观有效的股权激励薪酬方案。因此，本书建议完善独立董事提名、任命、考核制度，建立独立董事与公司实际控制人、管理层回避制度，健全独立董事声誉机制，提高独立董事的监督努力程度。

第三，发挥监事会的监督作用。监事会是大陆法系国家公司治理结构中的一种制度安排，是对董事会和管理层进行监督的机构。我国将监事也排除在股权激励对象之外，目的是减少监事对股权激励计划的干预。监事会应对股权激励授予对象的主体资格进行审慎核查，保证主体资格的合法有效，对股权激励计划中可能存在的公司利益损害行为进行监督，要求董事、高级管理人员予以纠正，定期向股东大会汇报股权激励计划实施过程中可能存在的问题，并确保监督程序的合法完备性。

第四，完善股东大会表决机制。股东大会是公司治理中基础的制度安排，通过表决权的行使，对股东和管理层的行为进行限制，例如股东对管理层薪酬进行投票是规制薪酬过度的一种重要且有效的途径。我国《公司法》为保障中小投资者的利益，赋予了中小股东的股东会召集权、提案权，增加了累计投票制，然而，实践中仍然出现了大量滥用表决权侵害中小股东利益的现象。因此，要从根本上保障中小投资者的利益，不能仅凭国家的外部保护，而应该增强中小投资者自身保护能力，提高中小投资者的话语权，健全股东投票和表决机制。

（三）建设资本市场，提高证券定价效率

资本市场有效性是股权激励制度激励效应发挥的前提。在有效的市场中，股价只反映公司内在价值，受到冲击时会迅速地回归合理水平。然而，在我国资本市场缺乏效率的环境下，投资者存在非理性偏好，股票非效率定价明显，诱使管理层施行刺激股票价格的决策来放大股权激励收益，削弱了股权激励制度的实施效果。为遏制管理层机会主义行为，最有效的手段之一就是建设我国资本市场，让股价真实反映公司业绩。为此，本书提出以下建议。

第一，提升证券定价机制效率。证券定价效率是反映证券市场成熟程度的重要标志，有效的证券市场中，证券价格能被有效定价，资金得到有效的配

① 刘诚、杨继东、周斯洁：《社会关系、独立董事任命与董事会独立性》，载《世界经济》2012 年第 12 期。

置。然而，在非有效定价的市场上，公司决策对股票价格会产生显著影响，此时管理层会利用资本市场的非效率定价为自己谋求激励收益的最大化。为提高证券定价机制效率，可推进注册制、退出机制改革，从媒体信息管理方面完善信息披露机制，减少代理成本和信息不对称，促进资本市场定价效率的提高。

第二，对投资者进行长期和理性投资教育。行为金融学认为，投资者的非理性偏好和投资行为对股价产生持续的影响，而相对理性的管理层很可能迎合投资者的非理性偏好，获得持续的股票溢价。因此，培养投资者理性投资观念，树立长期价值投资意识十分重要。具体操作上，可对投资者进行模拟投资培训，提高投资者对股票价值形成、风险的认知水平，引导投资者基于公司基本面信息进行投资。这些举措对股权激励制度的健康发展必将起到积极促进作用。

第三，加强中小投资者保护。投资者利益保护程度、外部投资者的参与度和证券市场发达程度往往呈正比例关系，对投资者利益进行保护，可扩展资本市场的规模和深度，抑制大股东和管理层对公司价值的掠夺行为。我国资本市场的投资者结构中，中小投资者数量众多，信息不对称、上市公司违法违规、维权渠道不畅等损害了中小投资者的利益，制约了资本市场的健康运行。因此，须从投资者适当性制度、多元化纠纷解决机制、中小投资者知情权等多方面构筑保护中小投资者合法权益的制度体系。

第四，积极发挥机构投资者的治理效应。大力发展机构投资者不仅能增强我国资本市场的有效性，对股权激励机制的发挥也能起到促进作用。壮大合格的专业机构投资者，让投资理念更加成熟、参与公司治理能力和意愿更强的机构投资者积极参与公司决策，监督管理层激励薪酬的合理设定。在机构投资者的培育上，应加强机构投资者的责任投资、价值投资理念，引进国内外各种专业化的机构投资者，同时加强机构投资者的合规管理和风险控制。

（四）强化股权激励监督机制，完善配套措施

上市公司股权激励计划有效性植根于制度环境，股权激励的实施离不开政府的推动与监督。政府通过制定并调整完善管理办法，对管理层的机会主义行为进行合理有效的监管，能提升股权激励制度的效力。自我国股权激励探索试点以来，政府不断用政策法规加以规范，力图以市场化导向制度，推进上市公司股权激励的实践。2016 年 5 月，我国出台《上市公司管理办法》，进一步完善了股权激励制度监管制度和运行规范。结合本书的研究结论，具体提出以下政策建议。

第一，制定《上市公司股权激励管理办法》实施细则。修订后的上市公司股权激励管理办法更加重视股权激励实施程序的规范化，强调信息的全过程披露，突出了公司内部治理如独立董事、监事会在股权激励计划中的作用，以及外部治理如律师事务所等中介机构应发挥的作用。显然，新办法给予上市公司股权激励契约设计更大的选择空间。然而，规范文件总体比较宽泛和笼统，建立进一步制定股权激励管理办法的明细条款，限制股权激励设计和实施中可能发生的机会主义行为。

第二，健全股权激励薪酬强制性披露制度。我国《证券法》和《公司法》对上市公司高管薪酬披露提出了原则性的要求，但并没有明确披露细则，《股票发行与交易管理暂行条例》《上市公司信息披露管理办法》则要求上市公司年报中对高管薪酬进行披露。然而，上市公司高管薪酬披露存在薪酬结构不清晰、披露不充分等问题，不利于市场和社会公众的监督。此外，本书研究发现管理层所获得的股权激励薪酬远远超过了报告期薪酬，而此信息并没有在上市公司年报中充分体现（年报中公布了管理层股权激励授予情况，但没有公布管理层的股权激励收益）。因此，本书建议健全股权激励薪酬强制性披露制度，在上市公司年报中管理层薪酬汇总表中纳入股权激励薪酬，同时披露股权激励工具按公允价值计量的金额。

第三，完善股权激励的会计制度和税收制度。股权激励工具公允价值的确定是股权激励会计处理的重点和难点。《企业会计准则第 11 号——股份支付》规定以权益结算的股份支付应当以权益工具的公允价值计量，对现金结算的股份支付以承担负债的公允价值计量。实际操作中，上市公司选择多样化的公允价值计量模型，参数的选择依据也不尽相同，使股权激励工具公允价值计量结果缺乏可比性。建议使用统一的期权定价模型计量股权激励工具的公允价值。就股权激励的税收制度而言，目前不同激励工具的税负差异较大，因此完善股权激励所得税制度，能提升股权激励制度的激励效果。

最后，本书认为应该健全上市公司股利政策监控机制。实证研究表明，在我国资本市场缺乏效率的环境下，股权激励计划也诱使管理层采用更平滑的股利政策操纵向投资者传达的公司信息。股利平滑行为切断了当期股利支付率和当期盈余之间的关联，使得股利发放指标难以预测公司的实际盈余状况，从而，股利的信号传递作用失真，投资者应用公司股利分配信息来指导投资行为的难度增加。股利政策是规范利润分配的必然路径，因此应对上市公司股利分配进行市场监管，鼓励理性派现行为，增加公司股利政策的透明度。

参考文献

[1] 陈胜蓝、卢锐：《新股发行、盈余管理与高管薪酬激励》，载《管理评论》2011年第7期，第155~162页。

[2] 陈信元、陈冬华、时旭：《公司治理与现金股利：基于佛山照明的案例研究》，载《管理世界》2003年第8期，第118~126页，第151~154页。

[3] 陈艳、李鑫、李孟顺：《现金股利迎合、再融资需求与企业投资——投资效率视角下的半强制分红政策有效性研究》，载《会计研究》2015年第11期，第69~75页，第97页。

[4] 程子健、张俊瑞：《交叉上市、股权性质与企业现金股利政策——基于倾向得分匹配法（PSM）的分析》，载《会计研究》2015年第7期，第34~41页。

[5] 程仲鸣、夏银桂：《制度变迁、国家控股与股权激励》，载《南开管理评论》2008年第4期，第89~96页。

[6] 丑建忠、黄志忠、谢军：《股权激励能够抑制大股东掏空吗》，载《经济管理》2008年第17期，第48~53页。

[7] 邓剑兰、顾乃康、陈辉：《上市公司现金股利受再融资监管政策的驱动吗》，载《山西财经大学学报》2014年第8期，第103~113页。

[8] 方辰君：《机构投资者“迎合”交易行为分析——基于上市公司送转股事件的价格异象》，载《金融经济学研究》2016年第5期，第48~64页。

[9] 董艳、李凤：《管理层持股、股利政策与代理问题》，载《经济学（季刊）》2011年第3期，第1015~1038页。

[10] 高雷、宋顺林：《管理层人员持股与企业绩效——基于上市公司2000~2004年面板数据的经验证据》，载《财经研究》2007年第3期，第134~143页。

[11] 顾斌、周立烨：《我国上市公司股权激励实施效果的研究》，载《会计研究》2007年第2期，第79~84页，第92页。

[12] 顾小龙、李天钰、辛宇：《现金股利、控制权结构与股价崩溃风险》，载

《金融研究》2015 年第 7 期，第 152~169 页。
[13] 雷光勇、刘慧龙：《控股股东性质、利益输送与盈余管理幅度——来自中国 A 股公司首度亏损年度的经验证据》，载《中国工业经济》2007 年第 8 期，第 90~97 页。
[14] 雷光勇、王文忠、刘荣：《政治不确定性、股利政策调整与市场反应》，载《会计研究》2015 年第 4 期，第 33~39 页，第 95 页。
[15] 雷霆、周嘉南：《股权激励、高管内部薪酬差距与权益资本成本》，载《管理科学》2014 年第 6 期，第 12~26 页。
[16] 李斌、孙月静：《 经营者股权激励、约束水平与公司业绩——基于民营上市公司的实证分析》，载《中国软科学》2009 年第 8 期，第 119~131 页。
[17] 李常青、魏志华、吴世农：《半强制分红政策的市场反应研究》，载《经济研究》2010 年第 3 期，第 144~154 页。
[18] 李茂良、李常青、魏志华：《中国上市公司股利政策稳定吗——基于动态面板模型的实证研究》，载《山西财经大学学报》2014 年第 3 期，第 33~42 页。
[19] 黎文靖、胡玉明：《国企内部薪酬差距激励了谁?》，载《经济研究》2012 年第 12 期，第 125~136 页。
[20] 李心丹、俞红海、陆蓉和徐龙炳：《中国股票市场“高送转”现象研究》，载《管理世界》2014 年第 11 期，第 133~145 页。
[21] 林川、曹国华：《现金股利支付倾向与迎合理论——基于中小板上市公司数据的检验》，载《经济与管理研究》2010 年第 11 期，第 92~97 页。
[22] 林大庞、苏东蔚：《股权激励与公司业绩——基于盈余管理视角的新研究》，载《金融研究》2011 年第 9 期，第 162~177 页。
[23] 刘春、孙亮：《薪酬差距与企业绩效：来自国企上市公司的经验证据》，载《南开管理评论》2010 年第 2 期，第 30~39 页。
[24] 刘银国、焦健、张琛：《股利政策、自由现金流与过度投资——基于公司治理机制的考察》，载《南开管理评论》2015 年第 8 期，第 139~150 页。
[25] 刘孟辉、高友才：《现金股利的异常派现、代理成本与公司价值——来自中国上市公司的经验证据》，载《南开管理评论》2015 年第 2 期，第 152~160 页。
[26] 刘佑铭：《关于上市公司股权激励效应的实证研究》，载《华南师范大学

学报（社会科学版）》2012 年第 3 期，第 109~114 页，第 164 页。

[27] 吕长江、王克敏：《上市公司股利政策的实证分析》，载《经济研究》1999 年第 12 期，第 31~38 页。

[28] 吕长江、王克敏：《上市公司结构、股利分配及管理股权比例相互作用机制研究》，载《会计研究》2002 年第 3 期，第 1~13 页。

[29] 吕长江、许静静：《基于股利变更公告的股利信号效应研究》，载《南开管理评论》2010 年第 4 期，第 90~96 页。

[30] 吕长江、赵宇恒：《国有企业管理者激励效应研究——基于管理者权力的解释》，载《管理世界》2008 年第 11 期，第 99~109 页。

[31] 吕长江、张海平：《上市公司股权激励计划对股利分配政策的影响》，载《管理世界》2012 年第 11 期，第 133~143 页。

[32] 吕长江、周县华：《公司治理结构与股利分配动机——基于代理成本和利益侵占的分析》，载《南开管理评论》2005 年第 3 期，第 9~17 页。

[33] 吕长江、郑慧莲、严明珠、许静静：《上市公司股权激励制度设计：是激励还是福利?》，载《管理世界》2009 年第 9 期，第 133~147 页。

[34] 卢锐：《管理层权力，薪酬与业绩敏感性分析——来自中国上市公司的经验证据》，载《当代财经》2008 年第 7 期，第 107~112 页。

[35] 罗琦、李辉：《企业生命周期、股利决策与投资效率》，载《经济评论》2015 年第 3 期，第 115~125 页。

[36] 聂常虹、武香婷：《股权激励促进科技成果转化——基于中国科学院研究所案例分析》，载《管理评论》2017 年第 4 期，第 254~272 页。

[37] 彭元：《股权分置改革、股权性质与管理层股权激励效应》，载《江西社会科学》2012 年第 11 期，第 181~184 页。

[38] 强国令：《股权分置制度变迁、股权激励与现金股利——来自国有上市公司的经验数据》，载《上海财经大学学报》2012 年第 4 期，第 48~55 页。

[39] 强国令：《板块倒置、声誉机制与股利政策》，载《投资研究》2016 年第 1 期，第 49~60 页。

[40] 权小锋、吴世农、文芳：《管理层权力、私有收益与薪酬操纵》，载《经济研究》2010 年第 11 期，第 73~87 页。

[41] 任有泉：《中国上市公司股利政策稳定性的实证研究》，载《清华大学学报（哲学社会科学版）》2006 年第 1 期，第 119~126 页。

[42] 邵帅、周涛、吕长江：《产权性质与股权激励设计动机——上海家化案

例分析》，载《会计研究》2014 年第 10 期，第 43~50 页，第 96 页。

[43] 史永东、王谨乐：《中国机构投资者真的稳定市场了吗?》，载《经济研究》2014 年第 12 期，第 100~112 页。

[44] 苏冬蔚、林大庞：《股权激励、盈余管理与公司治理》，载《经济研究》2010 年第 11 期，第 88~100 页。

[45] 盛明泉、车鑫：《管理层权力、管理层薪酬与公司绩效》，载《中央财经大学学报》2016 第 5 期，第 97~104 页。

[46] 肖浩、孔爱国：《融资融券对股价特质性波动的影响机理研究：基于双重差分模型的检验》，载《管理世界》2014 第 8 期，第 30~43 页，第 187~188 页。

[47] 田宝新、王建琼：《上市公司再融资与股利政策的市场反应实证研究》，载《中国软科学》2016 年第 7 期，第 117~124 页。

[48] 王雄元、何捷：《行政垄断、公司规模与 CEO 权力薪酬》，载《会计研究》2012 年第 11 期，第 33~38 页，第 94 页。

[49] 肖珉：《自由现金流量、利益输送与现金股利》，载《经济科学》2005 年第 2 期，第 67~76 页。

[50] 肖淑芳、喻梦颖：《股权激励与股利分配——来自中国上市公司的经验数据》，载《会计研究》2012 年第 8 期，第 49~57 页。

[51] 肖淑芳、张晨宇、张超、轩然：《股权激励计划公告前的盈余管理——来自中国上市公司的经验证据》，载《南开管理评论》2009 年 12 期，第 113~119 页。

[52] 肖淑芳、彭云华：《股票股利与公积金转增的长期超额收益研究》，载《北京理工大学学报（社会科学版）》2014 年第 1 期，第 96~104 页。

[53] 夏纪军、张晏：《控制权与激励的冲突——兼对股权激励有效性的实证分析》，载《经济研究》2008 年第 3 期，第 87~97 页。

[54] 谢德仁、林乐、陈运森：《薪酬委员会独立性与更高的经理人报酬——业绩敏感度》，载《管理世界》2012 年第 1 期，第 121~140 页。

[55] 谢获宝、李粉莉：《管制政策与现金红利的粘性研究——来自我国上市公司的经验证据》，载《证券市场导报》2017 年第 2 期，第 28~36 页。

[56] 辛宇、吕长江：《激励、福利还是奖励：薪酬管制背景下国有企业股权激励的定位困境——基于泸州老窖的案例分析》，载《会计研究》2012 年第 6 期，第 67~75 页。

[57] 徐寿福、徐龙炳：《现金股利政策、代理成本与公司绩效》，载《管理科

学》2015 年第 1 期，第 96~110 页。
[58] 薛祖云、刘万丽：《中国上市公司送转股行为动因的实证研究》，载《厦门大学》2009 年 9 月，第 114~121 页。
[59] 魏志华、李茂良、李常青：《半强制分红政策与中国上市公司分红行为》，载《经济研究》2014 年第 6 期，第 100~113 页。
[60] 汪健、卢煜、朱兆珍：《股权激励导致过度投资吗？——来自中小板制造业上市公司的经验证据》，载《审计与经济研究》2013 年第 5 期，第 70~79 页。
[61] 汪平、孙士霞：《我国国有上市公司股权结构与股利政策实证研究》，载《经济与管理研究》2019 年第 5 期，第 63~71 页。
[62] 王烨、叶玲、盛明泉：《管理层权力、机会主义动机与股权激励计划设计》，载《会计研究》2012 年第 10 期，第 35~95 页。
[63] 王茂林、何玉润、林慧婷：《管理层权力、现金股利与企业投资效率》，载《南开管理评论》2014 年第 2 期，第 13~22 页。
[64] 吴育辉、吴世农：《企业管理层自利行为及其影响因素研究》，载《管理世界》2010 年第 5 期，第 141~149 页。
[65] 吴育辉、吴世农：《管理层薪酬：激励还是自利？——来自中国上市公司的证据》，载《会计研究》2010 年第 11 期，第 40~48 页。
[66] 熊德华、刘力：《股利支付决策与迎合理论——基于中国上市公司的实证研究》，载《经济科学》2007 年第 5 期，第 89~99 页。
[67] 徐宁、徐向艺：《股票期权激励契约合理性及其约束性因素——基于中国上市公司的实证分析》，载《中国工业经济》2010 年第 2 期，第 100~109 页。
[68] 俞鸿琳：《国有上市公司管理者股权激励效应的实证检验》，载《经济科学》2006 年第 1 期，第 108~116 页。
[69] 杨兴全、张丽平、吴昊旻：《市场化进程、管理层权力与公司现金持有》，载《南开管理评论》2014 年第 2 期，第 34~45 页。
[70] 张俊瑞、张健光、王丽娜：《中国上市公司股权激励效果考察》，载《西安交通大学学报（社会科学版）》2009 年第 1 期，第 1~5 页。
[71] 张路、罗婷、岳衡：《超募资金投向、股权结构与现金股利政策》，载《金融研究》2015 年第 10 期，第 142~158 页。
[72] 张治理、肖星：《我国上市公司股权激励计划择时问题研究》，载《管理世界》2012 年第 7 期，第 180~181 页。

[73] 支晓强、胡聪慧、童盼、马俊杰：《股权分置改革与上市公司股利政策——基于迎合理论的证据》，载《管理世界》2014 年第 3 期，第 139~147 页。

[74] 周建波、孙菊生：《经营者股权激励的治理效应研究——来自中国上市公司的经验证据》，载《经济研究》2003 年第 5 期，第 74~82 页，第 93 页。

[75] 周黎安、陈烨：《中国农村税费改革的政策效果：基于双重差分模型的估计》，载《经济研究》2005 年第 8 期，第 44~53 页。

[76] 周权雄、朱卫平：《国企锦标赛激励效应与制约因素研究》，载《经济学（季刊）》2010 年第 2 期，第 571~596 页。

[77] 周仁俊、杨战兵、李礼：《管理层激励与企业经营业绩的相关性——国有与非国有控股上市公司的比较》，载《会计研究》2010 年第 12 期，第 69~75 页。

[78] 祝继高、王春飞：《金融危机对公司现金股利政策的影响研究——基于股权机构的视角》，载《会计研究》2013 年第 2 期，第 38~44 页，第 94 页。

[79] Abernethy Margaret A., Kuang Yu Flora, Qin Bo. The Influence of CEO Power on Compensation Contract Design. Accounting Review, 90, 2015, pp. 1265-1306.

[80] Aboody D., Kasznik R.. CEO Stock Option Awards and the Timing of Corporate Voluntary Disclosures. Journal of Accounting and Economics, 29, 2000, pp. 73-100.

[81] Aboody D., Kasznik R.. Discussion of "Executive Stock-based Compensation and Firms' Cash Payout: the Role of Shareholders' Tax-related Payout Preferences". Review of Accounting Studies, 13, 2008, pp. 252-265.

[82] Aboody D., Johnson N. B., Kasznik R.. Employee Stock Options and FutureFirm Performance: Evidence from Option Repricings. Journal of Accounting and Economics, 50, 2010, pp. 74-92.

[83] Acharya Viral V., Lambrecht Bart M.. A Theory of Income Smoothing When Insiders Know More Than Outsiders. Review of Financial Studies, 28, 2015, pp. 2534-2574.

[84] Aggarwal Reena, Isil Erel, Miguel Ferreira, Pedro Matos. Does Governance Travel around the World? Evidence from Institutional Investors. Journal of Financial Economics, 100, 2011, pp. 154-181.

[85] Allen Franklin, Bernardo Antonio E., Welch Ivo. A Theory of Dividends

Based on Tax Clienteles. The Journal of Finance, 55, 2000, pp. 2499-2536.

[86] Allen Frankling, Michaely Roni. Payout Policy. Elsevier, 2003, pp. 337-429.

[87] Amihud Y, Li K.. The Declining Information Content of Dividend Announcements and the Effects of Institutional Investors. Journal of Financial and Quantitative Analysis, 41, 2002, pp. 637-660.

[88] Amedeo De Cesari, Neslihan Ozkan. Excecutive Incentives and Payout Policy: Empirical Evidence from Europe. Journal of Banking and Finance, 55, 2015, pp. 70-91.

[89] Andres Christian, Andre' Betzer, Inga van den Bongard, Christian Haesner, Erik Theissen. The Information Content of Dividend Surprises: Evidence from Germany. Journal of Business Finance and Accounting, 40, 2013, pp. 620-645.

[90] Andres Christian. Large Shareholders and Firm Performance: An Empirical Examination of Founding-family Ownership. Journal of Corporate Finance, 14, 2008, pp. 431-445.

[91] Angelis David De, Grinstein Yaniv. Performance Terms in CEO Compensation Contract. Review of Finance, 19, 2014, pp. 1-33.

[92] Antia M., Pantzalis C., Park J. C.. CEO Decision Horizon and Firm Performance: an Empirical Investigation. Journal of Corporate Finance, 16, 2010, pp. 288-301.

[93] Arnold Markus C., Gillenkirch Robert M.. Stock Options and Dividend Protection. Journal of Institutional and Theoretical Economics, 161, 2005, pp. 453-472.

[94] Arya A., Mittendorf B.. Offering Stock Options to Gauge Managerial Talent. Journal of Accounting and Economics, 40, 2005, pp. 189-210.

[95] Babenki Ilona, Tserlukevich Yuri, Vedrashko Alexander. The Credibility of Open Market Share Repurchase Signaling. Journal of Financial and Quantitative Analysis, 47, 2012, pp. 1059-1088.

[96] Baker Malcolm, Greenwood Robin, Wurgler Jeffrey. Catering through Nominal Share Prices. Journal of Finance, 64, 2009, pp. 2559-2590.

[97] Baker Malcolm, Wurgler Jeffrey. A Catering Theory of Dividends. Journal of Finance, 59, 2004, pp. 1125-1165.

[98] Balsam Steven, Krishnan Jagan, Yang Joon S.. Auditor Industry Specialization and Earnings Quality. Auditing: A Journal of Practice and Theory, 22, 2003, pp. 71-98.

[99] Barber Brad M., Lyon John D.. Detecting Long-run Abnormal Stock Returns: The Empirical Power and Specification of Test Statistics. Journal of Financial Economics, 43, 1997, pp. 341-372.

[100] Bargeron Leonce, Kulchania Manoj, Thomas Shawn. Accelerated Share Repurchases. Journal of Finance Economics, 101, 2011, pp. 69-89.

[101] Barontini R., Bozzi S.. Board Compensation and Ownership Structure: Empirical evidence forItalian Listed Companies. Journal of Management and Governance, 15, 2009, pp. 59-89.

[102] Bates T. W., Kahle K. M., Stulz R. M.. Why do U. S. Firms Hold So Much More Cash Than They Used To? Journal of Finance, 64, 2009, pp. 1985-2021.

[103] Bebchuk Lucian, Fried Jesse, Walker David I.. Managerial Power and Rent Extraction in the Design of Executive Compensation. The University of Chicago Law Review, 69, 2002, pp. 751-846.

[104] Bebchuk Lucian, Grinstein Yaniv. The Growth of Executive Pay. Oxford Review of Economic Policy, 21, 2005, pp. 283-303.

[105] Bebchuk Lucian, Fried Jesse. Pay without Performance: The Unfulfilled Promise of Executive Compensation. Harvard University Press, 2004, pp. 61-87.

[106] Bebchuk Lucian, Jackson Jr., Robert J.. Executive Pensions. Journal of Corporation Law, 30, 2005, pp. 823-855.

[107] Bebchuk Lucian, Fried Jesse. Pay without Performance: Overview of the Issue. The Academy of Management Perspectives, 20, 2006, pp. 5-24.

[108] Bebchuk Lucian, Cohen Alma, Holger Spamann. The Wages of Failure: Executive Compensation at Bear Stearns and Lehman 2002-2008. Yale Journal on Regulation, 27, 2010, pp. 257-282.

[109] Bebchuk Lucian A.. The Myth that Insulating Boards Serves Long-Term Value. Columbia Law Review, 113, 2013, pp. 1637-1694.

[110] Bebchuk Lucian, Grinstein Yaniv, Urs Peyer. Lucky CEOs and Lucky Directors. The Journal of Finance, 65, 2010, pp. 2362-2401.

[111] Beer Francisca M.. An Empirical Investigation of the Stable Dividend Hypothesis Using the Brussels Stock Exchange. American Business Review, 12, 1994, pp. 54-68.

[112] Benmelech Efraim, Kandel Eugene, Veronesi Pietro. Stock-based Compensation and CEO (Dis) Incentives. The Quarterly Journal of Economics, 125, 2010, pp. 1769-1820.

[113] Ben-Rephael Azi, Oded Jacob, Whol Avi. Do Firms Buy Their Stock at Bargain Prices? Evidence From Actual Stock Repurchase Disclosures. Review of Fiance, 18, 2014, pp. 1299-1340.

[114] Bergstresser D., Philippon T.. CEO Incentives and Earnings Management. Journalof Financial Economics, 80, 2006, pp. 511-529.

[115] Bernile Gennaro, Jarrell Gregg A.. The Impact of the Options Backdating Scandal on Shareholders. Journal of Accounting and Economics, 47, 2009, pp. 2-26.

[116] Bertrand Marianne, Mullainathan Sendhil. Are CEOs Rewarded for Luck? The Ones without Principals Are. The Quarterly Journal of Economics, 116, 2001, pp. 901-932.

[117] Bertrand M., Mullainathan S.. Enjoying the Quiet Life? Corporate Governance and Managerial Preferences, Journal of Political Economy, 111, 2003, pp. 1043-1075.

[118] Bettis Carr, Bizjak John, Coles Jeffrey, Kalpathy Swaminathan. Stock and Option Grants with Performance-based Vesting Provisions. The Review of Financial Studies, 23, 2010, pp. 3849-3888.

[119] Beyer Anne, Ilan Guttman, Ivan Marinovic. Optimal Contracts with Performance Manipulation. Journal of Accounting Research, 52, 2014, pp. 817-847.

[120] Bhattacharya S.. Imperfect Information, Dividend Policy, and the 'Bird in the Hand' Fallacy. Bell Journal of E conomics, 10, 1979, pp. 259-270.

[121] Bhattacharyya Nalinaksha, Mawani Amin, Morrill Cameron. Dividend Payout and Executive Compensation: Theory and Evidence. Accounting and Finance, 48, 2008, pp. 521-541.

[122] Black F., Scholes M.. The pricing of options and corporate liabilities, Journal of Political Economy, 81, 1973, pp. 637-654.

[123] Blasi Joseph, Freeman Richard, Kruse Douglas. Do Broad-based Employee Ownership, Profit Sharing and Stock Option Help the Best Firms Do Even Better? British Journal of Industrial Relations, 54, 2016, pp. 55-82.

[124] Brav A., Graham C., Michaely R.. Payout Policy in the 21st Century. Journal ofFinancial Economics, 77, 2005, pp. 483-527.

[125] Brick I. E., Palmon O., Wald J. K.. CEO Compensation, Director Compensation, and Firm Performance: Evidence of Cronyism? Journal of Corporate Finance, 12, 2006, pp. 403-423.

[126] Brown, L. D., LeeY. J.. The Relation between Corporate Governance and CEOs' Equity Grants, Journal of Accounting and Public Policy 29, 2010, pp. 533-558.

[127] Brown J. R., Liang N., Weisbenner S.. Executive Financial Incentives and Payout Policy: Firm Responses to the 2003 Dividend Tax Cut. Journal of Finance, 62, 2007, pp. 1935-1965.

[128] Brisley N.. Executive Stock Options: Early Exercise Provisions and Risk-taking Incentives. Journal of Finance, 61, 2006, pp. 2487-2509.

[129] Burcu S. Avci, Schipani A. Cindy, Nejat H. Seyhun. Ending Executive Manipulations of Incentive Compensation. Journal of Corporation Law, 42, 2016, pp. 277-326.

[130] Burns Brian C., McTier, Krstina Minnick. Equity-incentive Compensation and Payout Policy in Europe. Journal of Corporatc Financc, 30, 2015, pp. 85-97.

[131] Bushman R. M., Indjejikian R. J.. Accounting Income, Stock Price, and Managerial Compensation. Journal of Accounting and Economics, 16, 1993. pp. 3-23.

[132] Cadman Brian D., Rusticus Tjomme O., Sunder Jayanthi. Stock Option Grant Vesting Terms: Economic and Financial Reporting Determinants. Review if Accounting Studies, 18, 2013, pp. 1159-1190.

[133] Callaghan Sandra Renfro, Saly Jane P.. Subramaniam Chandra, The Timing of Option Repricing. The Journal of Finance, 59, 2004, pp. 1651-1676.

[134] Canarella G., Nourayi M.. Executive Compensation and Firm Performance: Adjustment Dynamics, Non-Linearity, and Asymmetry. Managerial and Decision Economics, 29, 2008, pp. 293-315.

[135] Carter M., Ittner C., Zechman S.. Explicit Relative Performance Evaluation in Performance-vested Equity Grants. Review of Accounting Studies, 14, 2009, pp. 269-306.

[136] Chae Joon, Kim Sungmin, Lee Eun Jung. How Corporate Governance Affect Payout Policy under Agency Problems and External Financing Constraints. Journal of Banking and Finance, 33, 2009, pp. 2093-2101.

[137] Chan Chia-Ying, Tai Vivian W.. Chan Chi-Hung, Li Kuo-An., The Effects of Executive Stock Options and Stock Bonuses on Payout Policies in Taiwan. Asia-Pacific journal of financial studies, 41, 2012, pp. 146-174.

[138] Chatterjee A., Hambrick D. C.. It's All about Me: Narcissistic Chief Executive Officers and Their Effects on Company Strategy and Performance, Administrative Science Quarterly, 52, 2007, pp. 351-386.

[139] Chauvin K. W., Shenoy C.. Stock Price Decreases Prior to Executive Stock Option Grants. Journal of Corporate Finance, 7, 2001, pp. 53-76.

[140] Chen Chung, Wu Chunchi. The Dynamics of Dividends, Earnings and Prices: Evidence and Implications for Dividend Smoothing and Signaling. Journal of Empirical Finance, 6, 1999, pp. 29-58.

[141] Chen Donghua, Jian Ming, Xu Ming. Dividends for Tunneling in a Regulated Economy: The Case of China. Pacific-Basin Finance Journal, 17, 2009, pp. 209-223.

[142] Chen J.. Managerial Power Theory, Tournament Theory, and Executive of China. Journal of Corporate Finance, 17, 2011, pp. 1176-1199.

[143] Chen L., Da Z., Priestley R.. Dividend Smoothing and Predictability. Management Science, 58, 2012, pp. 1834-1855.

[144] Chen T., J. Harford, Lin C.. Do Analysts Matter for Governance? Evidence from Natural Experiments. Journal of Financial Economics, 115, 2015, pp. 383-410.

[145] Cheng Q., Farber D. B.. Earnings Restatements, Changes in CEO Compensation, and Firm Performance. The Accounting Review, 83, 2008, pp. 1217-1250.

[146] Chetty R., Saez E.. Dividend Taxes and Corporate Behavior: Evidence from the 2003 Dividend Tax Cut. Quarterly Journal of Economics, 120, 2005, pp. 791-883.

[147] Choe Chongwoo, Gloria Y. Tian, Xiangkang Yin. CEO Power and the Structure of CEO Pay. International Review of Financial Analysis, 35, 2014, pp. 237-248.

[148] Cicero D. C.. The Manipulation of Executive Stock Option Exercise Strategies: Information Timing and Backdating. Journal of Finance, 64, 2009, pp. 2627-2663.

[149] Conyon M. J., Murphy K. J.. The Prince and the Pauper? CEO Pay in theUnited States and United Kingdom. The Economic Journal, 110, 2000, pp. 640-671.

[150] Core John, Guay Wayne. The Use of Equity Grants to Manage Optimal Equity Incentive Levels. Journal of Accounting and Economics, 28, 1999, pp. 151-184.

[151] Core J., Guay W.. Stock Option Plans for Non-Executive Employees. Journal of Financial Economics, 61, 2001, pp. 253-287.

[152] Cornett M., Marcus A., Tehranian H.. Corporate Governance and Pay-for-performance: The Impact of Earnings Management. Journal of Financial Economics, 87, 2008, pp. 357-373.

[153] Cornett M. M., Marcus A. J., Tehranian H.. Corporate Governance and Pay-for-Performance: The Impact of Earnings Management. Journal of Financial Economics, 87, 2008, pp. 357-373.

[154] Crane A. D., Michenaud S., Weston J. P.. Thc Effcct of Institutional Ownership on Payout Policy: Evidence from Index Thresholds. Working paper. Rice University. 2014.

[155] Cuny C., Martin G., Puthenpurackal J.. Stock Options and Total Payout. Journal and Financial Quantitative Analysis, 44, 2009, pp. 391-410.

[156] DeAngelo H., DeAngelo, L.. Managerial ownership of voting rights: A study of public corporations with dual classes of common stock. Journal of Financial Economics 14, 1985, pp. 33-70.

[157] DeAngelo, Harry, DeAngelo, Linda. The Irrelevance of MM dividend Irrelevance Theorem. Journal of Finance, 79, 2006, pp. 293-315.

[158] Defusco Richard A., Johnson Robert R., Zorn Thomas S.. The Effect of Executive Stock Option Plans on Stockholders and Bondholders. The Journal of Finance, 45, 1990, pp. 617-627.

[159] DeAngelo Harry, DeAngelo Linda. Payout Policy Pedagogy: What Matters and Why? European Financial Management, 13, 2007, pp. 11-27.

[160] DeMarzo P. M., Sannikov Y. Learning, termination, and payout policy in dynamic incentive contracts. Working Paper, Stanford/Princet, 2014.

[161] Denis D., Osobov I.. Why do Firms Pay Dividends? International Evidence on the Determinants of Dividend Policy. Journal of Financial Economics 89, 2008, pp. 62-82.

[162] Devers Cynthia E., McNamara Gerry, Wiseman Robert M., Arrfelt Mathias. Moving Closer to the Action: Examining Compensation Design Effects on Firm Risk. Organization Science, 19, 2008, pp. 548-566.

[163] Devos Erik, Elliottb William B., Warrc Richard S.. CEO Opportunism? Option Grants and Stock Trades around Stock Splits. Journal of Accounting and Economics, 60, 2015, pp. 18-35.

[164] Dittmaraa Amy, Fieldb Laura Cassares. Can Managers time market? Evidence using repurchases price data. Journal of Financial Economics, 115, 2015, pp. 261-286.

[165] Dittmann I., Maug E.. Lower Salaries and No Options? On the Optimal Structure of Executive Pay. Journal of Finance, 62, 2007, pp. 303-43.

[166] Dittmann I., Maug E., O. Spalt.. Sticks or Carrots? Optimal CEO Compensation When Managers Are Loss-Averse. Journal of Finance, 65, 2010, pp. 2015-50.

[167] Easterbrook F.. Two Agency Cost Explanations of Dividends. American Economic Review, 74, 1984, pp. 650-659.

[168] Edmans Alex, Gabaix Xavier, Sadzik Tomasz, Sannikov Yuliy. Dynamic CEO Compensation. Journal of Finance, 67, 2012, pp. 1603-1647.

[169] Essen Marc Van, Jordan Otten, Carberry Edward J.. Assessing Managerial Power Theory: A Meta-Analytic Approach to Understanding the Determinants of CEO Compensation. Journal of Management, 41, 2015, pp. 164-202.

[170] Eije H., Megginson W. L.. Dividends and Share Repurchases in the European Union. Journal of Financial Economics, 89, 2008, pp. 347-374.

[171] Espahbodi Reza, Liu Nan, Westbrook Amy. The Effects of the 2006 SEC Executive Compensation Disclosure Rules on Managerial Incentives. Journal

of Contemporary Accounting & Economics, 12, 2016, pp. 241-256.

[172] Fama Eugene F., French Kenneth R.. Disappearing Dividends: Changing Firm Characteristics or Lower Propensity to Pay? Journal of Financial Economics, 60, 2001, pp. 3-43.

[173] Farre-Mensa Joan, Michaely Roni, Martin Schmalz. Payout Policy. Annual Review of Financial Economics, 6, 2014, pp. 75-134.

[174] Feltham G. A., Xie J.. Performance Measure Congruity and Diversity in Multi-task Principal Agent Relations. The Accounting Review, 69, 1994, pp. 429-453.

[175] Fenn G. W., Liang N.. New Resources and New Ideas: Private Equity for Small Businesses. Journal of Banking and Finance, 22, 1998, pp. 1077-1084.

[176] Fenn G. W., Liang N.. Corporate Payout Policy and Managerial Stock Incentives. Journal of Finance of Economics, 60, 2001, pp. 45-72.

[177] Finkelstein Sydney. Power in Top Management Teams: Dimensions, Measurement, and Validation. The Academy of Management Journal, 35, 1992, pp. 505-538.

[178] Floyd Eric, Li Nan, Douglas J. Skinner. Payout Policy Through the Financial Crisis: The Growth of Repurchases and the Resilience of Dividends. Journal of Financial Economics, 118, 2015, pp. 299-316.

[179] Frydman Carola, Jenter Dirk. CEO Compensation. Annual Rcvicw of Financial Economics 2, 2010, pp. 75-102.

[180] Frydman C., Saks R. E.. Executive Compensation: A New View from a Long-term Perspective, 1936—2005. Review of Financial Studies, 23, 2010, pp. 2099-2138.

[181] Fudenberg Drew, Tirole Jean. A Theory of Income and Dividend Smoothing Based on Incumbency Rents. The Journal of Political Economy, 103, 1995, pp. 75-93.

[182] Gabaix Xavier, Landier Augustin. Why has CEO Pay Increased So Much? The Quarterly Journal of Economics, 123, 2008, pp. 49-100.

[183] Garrett Daniel F., Pavan Alessandro. Dynamic Managerial Compensation: A Variational Approach. Journal of Economic Theory, 159, 2015, pp. 775-818.

[184] Geiler Philipp, Renneboog Luc. Executive Remuneration and the Payout Decision. Corporate Governance: An International Review, 24, 2016, pp. 42-63.

[185] Gerard Hoberg, Gordon Phillips, Nagpurnanand Prabhala. Product Market Threats, Payout, and Financial Flexibility. The Journal of Finance, 69, 2014, pp. 293-324.

[186] Grinstein Yaniv, Michaely Roni. Institutional Holdings and Payout Policy. Journal of Finance, 60, 2005, pp. 1389-1426.

[187] Grullon G., Michaely R.. Dividends, Share Repurchases, and the Substitution Hypothesis. Journal of Finance, 57, 2002, pp. 1649-1684.

[188] Guttman I., Kadan O., Kandel E.. Dividend Stickiness and Strategic Pooling. Review of Financial Studies, 23, 2010, pp. 4455-4459.

[189] Hagendorff Jens, Vallascas Francesco. CEO Pay Incentives and Risk-taking: Evidence from Bank Acquisitions. Journal of Corporate Finance, 17, 2011, pp. 1078-1095.

[190] Hall Brian J., Liebman, Jeffrey B.. Are CEOs Really Paid Like Bureaucrats? Quarterly Journal of Economics, 113, 1998, pp. 653-691.

[191] Hall Brian J., Murphy Kevin J.. Stock Options for Undiversified Executives, Journal of Accounting and Economics, 33, 2002, pp. 3-42.

[192] Hall Brian J., Murphy Kevin J.. The Trouble with Stock Options, Journal of Economic Perspectives, 17, 2003, pp. 49-70.

[193] Hanson Robort C., Song Moon H.. Managerial Ownership, Board Structure, and the Division of Gain in Divestures. Journal of Corporate Finance, 6, 2000, pp. 55-70.

[194] Hashi I., Hashani A. Determinants of Financial Participation in theEU: Employers' and Employees' Perspective, In D. Kruse (ed.), Sharing Ownership, Profits, and Decision-making in the 21st Century. Bingley, UK: Emerald Publishing, 2013.

[195] Hartzell Jay, Laura Starks. Institutional Investors and Executive Compensation. Journal of Finance, 58, 2003, pp. 2351-2374.

[196] Holmstrom B., Tirole J.. Market Liquidity and Performance Monitoring. Journal of Political Economy, 101, 1993, pp. 678-709.

[197] Holmstrom Bengt, Kaplan Steven N.. Corporate Governance and Merger

Activity in the United States: Making Sense of the 1980s and 1990s. Journal of Economic Perspectives, 15, 2001, pp. 121-144.

[198] Hual A., Kumar P.. Managerial Entrenchment and Payout Policy. Journal of Financial and Quantitative Analysis, 39, 2004, pp. 759-790.

[199] Huang Chin-Sheng, You Chun-Fan, Lin Szu-Hsien. Cash Dividends, Stock Dividends and Subsequent Earnings Growth. Pacific-Basin Finance Journal, 17, 2009, pp. 594-610.

[200] Huddart Steven. Employee Stock Options. Journal of Accounting and Economics, 18, 1994, pp. 207-231.

[201] Ikenberrya David L., Graeme Rankinea, Sticea Earl K.. What Do Stock Splits Really Signal? The Journal of Financial and Quantitative Analysis, 31, 1996, pp. 357-375.

[202] Ittner C., Lambert R., Larcker D.. The Structure and Performance Consequences of Equity Grants to Employees of New Economy Firms. Journal of Accounting and Economics, 34, 2003, pp. 89-127.

[203] Javakhadzea David, Ferrisb Stephen P., Senc Nilanjan. An International Analysis of Dividend Smoothing. Journal of Corporate Finance, 29, 2014, pp. 200-220.

[204] Jensen M. C., Meckling W. H.. Theory of the Firm: Managerial Behavior, AgencyCosts and Ownership Structure. Journal of Financial Economics, 20, 1976, pp. 305-360.

[205] Jensen M.. Agency Costs of Free Cash Flow, Corporate Finance and Takeovers. The American Economic Review, 76, 1986, pp. 323-339.

[206] Jensen M. C., Murphy K. J.. Performance Pay and Top-management Incentives. Journal of Political Economy, 98, 1990, pp. 225-264.

[207] Jiang Zhan, Kim Kenneth A., Lie Erik, Yang Sean. Share Repurchases, Catering, and Dividend Substitution. Journal of Corporate Finance, 21, 2013, pp. 36-50.

[208] John Kose, Williams Joseph. Dividends, Dilution, and Taxes: A Signalling Equilibrium. The Journal of Finance, 40, 1985, pp. 1053-1070.

[209] Jolls Christine. The Role of Incentive Compensation in Explaining the Stock-repurchase Puzzle. Mimeo, Harvard Law School. 1998.

[210] Kadan Ohad, Yang Jun. Executive Stock Options and Earnings Management:

A Theoretical and Empirical Analysis. Quarterly Journal of Finance, 6, 2016, pp. 1-26.

[211] Kahle K.. When A Buyback Isn't A Buyback: Open Market Repurchases and Employee Options. Journal of Finance of Economics, 63, 2002, pp. 235-261.

[212] Kaplan Steven N., Rauh Josh. Wall Street and Main Street: What Contributes to the Rise in the Highest Incomes? Review of Financial Studies, 23, 2010, pp. 1004-1050.

[213] Karpavicius Sigitas. Dividends: Relevance, Rigidity, and signaling. Journal of Corporate Finance, 25, 2014, pp. 289-312.

[214] Kato Hideaki Kiyoshi, Michael Lemmon, Mi Luo, James Schallheim. An Empirical Examination of the Costs and Benefits of Executive Stock Options: Evidence from Japan. Journal of Financial Economics, 78, 2005, pp. 435-461.

[215] Kim, O., Suh, Y.. Incentive Efficiency of Compensation Based on Accounting and Market Performance. Journal of Accounting and Economics, 16, 1993, pp. 25-53.

[216] Klein April. Economic Determinants of Audit Committee Independence. Accounting Review, 77, 2002, pp. 435-452.

[217] Kouki M.. Stock Options and Firm Dividend Policy: Evidence from Toronto Stock Exchange. International Research Journal of Finance and Economics, 25, 2009, pp. 97-113.

[218] Kuang Y. F.. Performance-vested Stock Options and Earnings Management. Journal of Business Finance and Accounting, 35, 2008, pp. 1049-1078.

[219] Kuang Y. F., Qin B.. Performance-vested Stock Options and Interest Alignment. The British Accounting Review, 41, 2009, pp. 46-61.

[220] Kumar Praveen. Shareholder-Manager Conflict and the Information Content of Dividends. The Review of Financial Studies, 1, 1988, pp. 111-136.

[221] Kumar P., Lee B.. Shareholder-manager Conflict and the Information Content of Dividends. Finance Management, 30, 2001, pp. 55-76.

[222] Lambert, Richard A., William N. Lanen, David F. Larcker. Theory of the Firm: Managerial Behavior, Agency Costs, and Ownership Structure. Journal of Financial Economics, 3, 1989, pp. 305-360.

[223] Lambrecht Bart M. , Myers Stewart C.. A Lintner Model of Payout and Managerial Rents. The Journal of Finance, 67, 2012, pp. 1761-1810.

[224] Lambrecht Bart M. , Myers Stewat C.. The Dynamics of Investment, Payout and Debt. Working Paper, 2017, https://papers.ssrn.com/sol3/papers.cfm?abstract_id=2512172

[225] Langmann Christian. Stock Market Reaction and Stock Option Plans: Evidence from Germany. Schmalenbach Business Review, 59, 2007, pp. 85-106.

[226] Larcker D. F. , Richardson S. A. , Tuna I.. Corporate Governance, Accounting Outcomes, and Organizational Performance, The Accounting Review, 82, 2007, pp. 963-1008.

[227] Larkin Yelena, Leary Mark T. , Michaely Roni. Do Investors Value Dividend Smoothing Stocks Differently. Management Science, 2016, pp. 1-23.

[228] Larcker David F.. The Association between Performance Plan Adoption and Corporate Capital Investment. Journal of Accounting and Economics, 5, 1983, pp. 3-30.

[229] La Porta R. , Lopez-De-Silanes F. , Shleifer A. , Vishny R. W.. Agency Problems and Dividend Policies around the World. Journal of Finance, 55, 2000, pp. 1-33.

[230] Laux Christian, Laux Volker. Board Committes, CEO Compensation, and Earnings Management. The Accounting Review, 84, 2009, pp. 869-891.

[231] Leary M. T. , Michaely R.. Determinants of Dividend Smoothing: Empirical Evidence. Review of Financial Studies, 24, 2011. pp. 3197-3249.

[232] Liljeblom E. , Pasternack D.. Share Repurchases, Dividends and Executive Options: Empirical Evidence from Filand. Swedish School of Economics and Business Administration Working Papers. 2002.

[233] Lie Erik. On the Timing of CEO Stock Option Awards. Management Science, 51, 2005, pp. 802-812.

[234] Lin J. , Singh A. , Yu W.. Stock Splits, Trading Continuity, and the Cost of Equity Capital. Journal of Financial Economics, 93, 2009, pp. 474-489.

[235] Lintner John. Distribution of Incomes of Corporations Among Dividends, Retained Earnings, and Taxes. American Economics Review, 46, 1956, pp. 97-113.

[236] Liu Linxiao, Liu Harrison, Yin Jennifer. Stock Option Schedules and Managerial Opportunism. Journal of Business Finance and Accounting, 41, 2014, pp. 652-684.

[237] Marsh Terry A., Merton Robert C.. Dividend Variability and Variance Bounds Tests for the Rationality of Stock Market Prices. American Economic Review, 76, 1986, pp. 483-498.

[238] Martin G. P., Gomez-Mejia L. R., Wiseman R. M.. ExecutiveStock Options as Mixed Gambles: Re-visiting theBehavioral Agency Model. Academy of Management Journal, 56, 2012, pp. 451-472.

[239] Martin Geoffrey P., Wiseman Robert M., Gomez-Mejia Luis R.. Going Short-term or Long-term? CEO Stock Options and Temporal Orientation in the Presence of Slack. Strategic Management Journal, 37, 2016, pp. 2463-2480.

[240] Mc Connell, J. and H. Servaes. Additional Evidence on Equity Ownership and Corporate Value. Journal of Financial Economics, 27, 1990, pp. 595-612.

[241] Melis A., Carta S., Gaia S.. Executive Remuneration in Blockholder-dominated Firms. How doItalian Firms Use Stock Options? Journal of Management and Governance, 16, 2012, pp. 511-541.

[242] Merton H. Miller, Kevin Rock. Dividend Policy under Asymmetric Information. The Journal of Finance, 40, 1985, pp. 1031-1051.

[243] Michaely Roni, Thaler Richard H., Womack Kent L.. Price Reaction to Dividend Initiations and Omissions: Overreaction or Drift? The Journal of Finance, 50, 1995, pp. 573-608.

[244] Michaely Roni, Michael R. Roberts. Corporate Dividend Policies: Lessons from Private Firms. The Review of Financial Studies, 25, 2012, pp. 711-746.

[245] Miller Merton H., Rock Kevin. Dividend Policy under Asymmetric Information. The Journal of Finance, 40, 1985, pp. 1031-1051.

[246] Miller Merton H., Modigliani Franco. Dividend Policy, Growth, and the Valuation of Shares. The Journal of Business, 34, 1961, pp. 411-433.

[247] Minnick K. L., Rosenthal L.. Stealth Compensation: Do CEOs Increase Their Pay by Influencing Dividend Policy? Journal of Corporate Finance,

25, 2014, pp. 435-454 .

[248] Morck R. , Shleifer A. , Vishny R.. Management Ownership and Market Valuation. Journal of Financial Economics, 20, 1988, pp. 290-315.

[249] Morse A. , Nanda V. K. , Seru, A.. Are Incentive Contracts Rigged by Powerful CEOs? Journal of Finance, 66, 2011. pp. 1779-1821.

[250] Murphy Kevin J. , Ján Zábojník. CEO Pay and Appointments: A Market-Based Explanation for Recent Trends. The American Economic Review, 94, 2004, pp. 192-196.

[251] Murphy Kevin J.. Performance Standards in Incentive Contracts. Journal of Accounting and Economics, 30, 2000, pp. 245-278.

[252] Narayanan M. P.. Schipani, Cindy A. , Seyhun, H. Nejat. The Economic Impact of Backdating of Executive Stock Options. Michigan Law Review, 105, 2007, pp. 1597-1641.

[253] Narayanan M. P. , Seyhun H. N.. The Dating Game: Do Managers Designate Option Grant Dates to Increase Their Compensation? Review Finance Study, 21, 2008, pp. 1907-1945.

[254] Ndofor Hermann Achidi, Wesley Curtis, Priem Richard L.. Providing CEOs With Opportunities to Cheat: The Effects of Complexity-Based Information Asymmetries on Financial Reporting Fraud. Journal of Management, 41, 2015, pp. 1774-1797.

[255] Newman H. A. , Mozes H. A.. Does the Composition of the Compensation Committee Influence CEO Compensation Practices? Financial Management 28, 1999, pp. 41-53.

[256] Nguyen Nhut H. , Wang David Y.. Stock Dividends in China: Signalling or Liquidity Explanations? Accounting and Finance, 53, 2013, pp. 513-535.

[257] Pantzalis Christos, Park Jung Chul. Agency Costs and Equity Mispricing. Asia-Pacific Journal of Financial Studies, 43, 2014, pp. 89-123.

[258] Peyer Urs, Vermaelen Theo. The Nature and Persistence of Buyback Anomalies. The Review of Financial Studies, 22, 2009, pp. 1693-1745.

[259] Qin B.. The Influence of Firm and Executive Characteristics on Performance-vested Stock Option Grants, International Business Review, 21, 2012, pp. 906-928.

[260] Rajgopal S. , Shevlin T.. Empirical Evidence on the Relation between Stock

Option Compensation and Risk Taking. Journal of Accounting and Economics, 33, 2002, pp. 145-171.

[261] Rangvid Jesper, Schmeling Maik, Schrimpf Andreas. Dividend Predictability around the World. Journal of Financial and Quantitative Analysis, 49, 2014, pp. 1255-1277.

[262] Renneboog Luc, Trojanowski Grzegorz. Patterns in Payout Policy and Payout Channel Choice. Journal of Banking and Finance, 35, 2011, pp. 1477-1490.

[263] Roll Richard, Schwartz, Eduardo, Subrahmanyam, Avanidhar. The Relative trading activity in options and stock. Journal of Financial Economics, 96, 2010, pp. 1-17.

[264] Rozycki John J.. A Tax Motivation for Smoothing Dividends. Quarterly Review of Economics and Finance, 37, 1997, pp. 563-578.

[265] Sautner, Z., Weber M.. Corporate governance and the design of stock option contracts, Business Administration Review, 4, 2011, pp. 330-353.

[266] Seppo Ikäheimo, Anders Kjellman, Jan Holmberg, Sari Jussila. Employee Stock Option Plans and Stock Market Reaction: Evidence from Finland, The EuropeanJournal of Finance, 10, 2004, pp. 105-122.

[267] Shen Carl Hsin-han, Zhang Hao. CEO Risk incentives and Firm Performance following R&D increases. Journal of Banking and Finance, 31, 2013, pp. 1176-1194.

[268] Skinner, Douglas J.. The Evolving Relation Between Earnings, Dividends, and Stock Repurchases. Journal of Financial Economics 87, 2006, pp. 582-609.

[269] Short H., Keasey K.. Magagerial Ownership and the Performance of Firms: Evidence from the UK. Journal of Corporate Finance, 5, 1999, pp. 79-101.

[270] Short H., Keasey K., Zhang H.. The Link between Dividend Policy and Institutional Ownership. Journal of Corporate Finance, 8, 2002, pp. 105-122.

[271] Stephens C. P., Weisbach M. S. Actual Share Re-acquisitions in Open Market Repurchase Programs. Journal of Finance, 1998, 53, pp. 313-333.

[272] Tanseli Savaser, Elif Sisli-Ciamarra. Managerial Performance Incentives and Firm Risk During Economic Expansions and Recessions. Review of Finance,

21, 2016, pp. 1-34.

[273] Thanatawee Yordying. Ownership Structure and Dividend Policy: Evidence from Thailand. International Journal of Economics and Finance, 5, 2012, pp. 121-132.

[274] Wang Li-Hsun, Lin Chu-Hsiung, Fung Hung-Gay, Chen Hsien-Ming. An Analysis of Stock Repurchase in Taiwan. International Review of Economics and Finance, 27, 2013, pp. 497-513.

[275] Weisbenner S.. Corporate Share Repurchases in the 1990s: What Role Do Stock Options Play? Working paper, University of Illinois, Urbana-Champaign. 2000.

[276] Wu Ming-Cheng, Erin H. C. Kao and Hung-Gay Fung. Impact of Dividend-Protected Employee Stock Options on Payout Policies: Evidence from Taiwan. Pacific Economic Review, 4, 2008, pp. 431-452.

[277] Yermack D.. Good timing: CEO Stock Option Awards and Company News Announcements, The Journal of Finance, 52, 1997, pp. 449-456.

[278] Zhang Dan. CEO Dividend Protection, 2013, Available at SSRN: http://ssrn.com/abstract=2292847.

[279] Carrion Allen, Kolay Madhuparna. Do Managerial Stock Options Distort Dividend Policy? http://home.utah.edu/~u0519018/Working%20Paper%20-%20DoOptionsDistortDividends%20-%2020110916.pdf

后　　记

本书的研究内容和成果来自作者博士毕业论文。相关研究工作大部分完成于2017年，由于上市公司数据存在滞后性，在数据采集中主要使用2016年前的数据。其中，部分研究成果已经公开发表。由于作者水平和时间有限，本书不足之处在所难免，望读者批评指正，不胜感激！

作　者

2020年6月于湖北武汉